그러나 내게는
우리 주 예수 그리스도의 십자가 외에
결코 자랑할 것이 없으니 그리스도로 말미암아
세상이 나를 대하여 십자가에 못박히고
내가 또한 세상을 대하여 그러하니라

갈라디아서 6장 14절

ἐμοὶ δὲ
μὴ γένοιτο καυχᾶσθαι
εἰ μὴ ἐν τῷ σταυρῷ τοῦ κυρίου ἡμῶν Ἰησοῦ Χριστοῦ,
δι' οὗ ἐμοὶ κόσμος ἐσταύρωται
κἀγὼ κόσμῳ.

ΠΡΟΣ ΓΑΛΑΤΑΣ 6. 14.

십자가 아래서

내 눈물로 정한수 삼아
찢기신 주님의 이마의 핏자욱을 닦아 드리고
내 머리카락을 잘라 신발 삼아
벗으신 그 발에 신겨 드리고
내 살가죽을 벗겨 고운 홍포를 지어
벗으신 몸에 덮어 드리고
점점이 살을 에어
못박혀 뚫어진 손바닥,
창으로 구멍난 옆구리를 메워 드리리이다.
그리하고도
남은 살과 피가 있다 하여도
그것도 내 것은 아니옵나이다.

김남준

십자가를 경험하라

김남준

김남준 현 안양대학교의 전신인 대한신학교 신학과를 야학으로 마치고, 총신대학교에서 목회학 석사와 신학 석사 학위를 받았으며, 신학 박사 과정에서 공부했다. 안양대학교와 현 백석대학교에서 전임 강사와 조교수를 지냈다. 1993년 **열린교회**(www.yullin.org)를 개척하여 담임하고 있으며, 현재 총신대학교 신학과 조교수로도 재직하고 있다. 저자는 영국 퓨리턴들의 설교와 목회 사역의 모본을 따르고자 노력해 왔으며, 아우구스티누스를 비롯한 보편교회의 신학과 칼빈, 오웬, 조나단 에드워즈와 17세기 개신교 정통주의 신학에 천착하면서 조국교회에 신학적 깊이가 있는 개혁교회 목회가 뿌리내리기를 갈망하며 섬기고 있다.

주요 저서로는 **1997년도 기독교 출판문화상**을 수상한 『예배의 감격에 빠져라』와 **2003년도 기독교 출판문화상**을 수상한 『거룩한 삶의 실천을 위한 마음지킴』, **2005년도 기독교 출판문화상**을 수상한 『죄와 은혜의 지배』, **2015년도 기독교 출판문화상**을 수상한 『가슴 시리도록 그립다, 가족』을 비롯하여 『깊이 읽는 주기도문』, 『인간과 잘 사는 것』, 『영원 안에서 나를 찾다』, 『교회와 그리스도의 남은 고난』, 『신학 공부, 나는 이렇게 해왔다 제1권』, 『기도 마스터』, 『내 인생의 목적 하나님』 등 다수가 있다.

십자가를 경험하라

© 생명의말씀사 1996, 1999, 2017

1996년 12월 10일 1판 1쇄 발행
1999년 1월 20일 10쇄 발행
1999년 10월 10일 2판 1쇄 발행
2013년 3월 30일 17쇄 발행
2017년 4월 17일 3판 1쇄 발행
2023년 10월 24일 3쇄 발행

펴낸이 | 김창영
펴낸곳 | 생명의말씀사

등록 | 1962. 1. 10. No.300-1962-1
주소 | 서울시 종로구 경희궁1길 6 (03176)
전화 | 02)738-6555(본사) · 02)3159-7979(영업)
팩스 | 02)739-3824(본사) · 080-022-8585(영업)

지은이 | 김남준

기획편집 | 태현주, 김정주
디자인 | 조현진, 윤보람
인쇄 | 영진문원
제본 | 정문바인텍

ISBN 978-89-04-16587-2 (04230)
ISBN 89-04-18050-3 (세트)

저작권자의 허락 없이 이 책의 일부 또는 전체를
무단 복제, 전재, 발췌하면 저작권법에 의해 처벌을 받습니다.

십자가를
경험하라

개정판에 부치며

예수 그리스도의 십자가 그늘에서 사는 삶

이 책은 1996년 12월에 초판이 발행되어 20년간 꾸준히 독자들의 사랑을 받아 온 책입니다. 당시 저는 순결한 마음으로 하나님을 사랑하는 것에 대해 깊은 관심을 가지고 있었습니다.

그 관심은 영적인 부흥과 각성, 그리고 분명한 회심이 조국 교회 가운데 보편적으로 일어나기를 열망하는 마음으로 이어졌고, 인간의 깊은 죄성을 깨뜨리고 그리스도인으로 하여금 성화의 길을 걸어가게 하는 힘은 십자가의 예수를 만나는 경험이라고 확신하였기에 이 주제로 설교를 하게 되었습니다. 그리고 당시의 설교들이 바탕이 되어 이 책이 출간되게 되었습니다.

이미 5만여 명 가까운 독자들이 이 책을 읽었으나, 여전히 우리 주변에는 복음의 핵심인 십자가의 사랑에 대해 배워야만 하는 사람들이 많이 있습니다. 그들에게 이 책이 보다 더 가까이 다가가기를 소망하는 마음으로

개정판을 내놓습니다.

그러나 처음의 원고를 대대적으로 수정하거나 추가 부연을 더 달거나 하지는 않았습니다. 문장을 좀더 세련되게 다듬고 새로운 내용을 덧붙이고 싶은 마음이 없었던 것은 아닙니다. 그러나 이 책을 천천히 다시 읽으며 생각이 바뀌었습니다. 비록 시대가 바뀌고 유행도 달라졌으나 적어도 이 책이 담고 있는 주제와 내용에 있어서만큼은 처음 이 책이 나왔을 때 담고 있던 것을 고스란히 전달하는 것이 더 중요하다고 여겨졌던 까닭입니다.

우리는 모두 예수 그리스도의 십자가 공로로 그리스도인이 되었습니다. 우리가 누리게 된 하나님의 생명은 중생을 통해 이미 주어졌지만, 성화를 통해 현재화해야만 실제로 향유하며 살아갈 수 있습니다. 우리가 믿음으로 예수 그리스도의 십자가 죽으심과 부활을 우리 안에 현재화할 때 우리가 살아가는 모든 삶은 그것이 고난이건 축복이건 비로소 의미 있는 것이 됩니다.

오직 예수님만이 생명이고 사랑이십니다. 우리가 인생 가운데 경험하는 모든 문제는 생명과 사랑이신 예수 그리스도가 우리 안에 충만하지 않기 때문에 발생합니다.

신앙은 "내 인생을 예수 그리스도를 위해 아낌없이 드리리라."라고 한 번 다짐함으로써 성취되는 것이 아닙니다. 매일 십자가에 대한 경험 속에서 매일 자신의 옛 사람을 죽여야 합니다. 매일 우리 안에서 십자가에 대한 감격이 새롭게 솟아나야 하는 것입니다.

그래서 사도 바울은 말합니다. "형제들아 내가 그리스도 예수 우리 주 안에서 가진 바 너희에 대한 나의 자랑을 두고 단언하노니 나는 날마다 죽노라"(고전 15:31).

이 비밀을 터득하시고 날마다 예수 그리스도와 함께, 예수 그리스도의 십자가 그늘에서, 그 십자가의 능력으로 살아가는 성도 여러분이 되시기를 바랍니다. 이 책을 읽는 모든 분들에게 죄인된 자신이 죽는 것만큼 충만한 생명이신 그리스도가 다시 사시는 것을 삶 속에서 경험하는 은혜가 임하기를 진심으로 소망합니다.

2017년 1월의 마지막 날
그리스도의 노예 김남준

책을 열며

세상을 이기는 위대한 능력의 비밀

참된 그리스도인이라면 누구든지 그의 신앙을 십자가에 대한 감격으로 시작했을 것입니다. 비록 십자가에 대한 분명한 체험이 부족하더라도 더 중요한 것은 지금 그리스도 예수의 십자가의 사랑이 그를 붙들고 있는가 하는 것입니다. 너무나 많은 사람들이 두드러진 성경의 진리들을 놓치고 덜 두드러진 것들을 붙들고 씨름하고 있습니다.

교회가 위대한 부흥을 누리던 시대에는 언제나 사자처럼 살다가 간 성도들이 있었습니다. 거목처럼 살다가 간 그리스도인들이 있었습니다. 그들에게 있어서 십자가는 신앙과 삶의 모든 것이었습니다.

사실은 그들에게 있어서, 세상을 이기는 위대한 능력의 비밀과 오류와 죄가 가득한 세상을 끌어 안으면서도 거룩한 삶을 이어갔던 비결은 십자가에 있었습니다. 그러므로 십자가의 진리는 기독교 신앙의 마르지 않는 샘입니다. 성경의 모든 교훈도 십자가에 걸리지 아니하면 그것은 한낱 윤

리적인 교훈이나 한 종파의 종교적 습관의 나열에 불과한 것입니다. 왜냐하면 하나님께서는 그리스도의 십자가를 통하여 우리를 향한 사랑을 보이셨기 때문입니다.

그러므로 하나님의 사랑의 깊이와 넓이는 십자가를 통해 경험됩니다. 십자가를 통하지 않고 하나님의 사랑을 알았다고 말하는 사람이 있다면 그는 분명 하나님의 사랑을 잘못 알았거나 더 위대한 사랑을 경험해야 할 필요가 있는 사람입니다.

견고하고 거룩한 삶을 유지하기 위하여 불굴의 싸움에 자신을 드려 하나님께 영광 돌리고, 잃어버린 영혼들의 구원을 위하여 어두운 세상을 불꽃처럼 살았던 사람들은 모두 십자가를 개인적으로 깊이 체험한 사람들이었습니다.

이데올로기에 빠진 사람들은 십자가에 대한 경험이 없어도 헌신된 그리스도인으로 살아갈 수 있을 것처럼 생각하지만 그러나 그들의 영혼은 그것으로 충분하지 않다는 사실을 느낍니다. 빗나간 열심으로 허한 심령을 달래 보려고 애쓰는 사람들의 신앙 생활은 형식적인 신자들의 무감각한 교회 생활과 똑같이 위험한 것입니다. 그들은 생수의 샘을 버리고 살아가는 사람들입니다.

조국 교회가 신속히 복음에서 떠나는 가슴 아픈 현실을 보며 하나님의 목메이는 마음으로 십자가를 전하고자 애써 왔습니다. 여기 실린 몇 편의 글들은 이러한 조국 교회의 형편과 그 속에서 벗어나는 길을 십자가를 통해 제시해 보고 싶어서 적은 것들입니다.

많은 사람들이 참된 복음을 하찮게 생각해도, 어디서든지 십자가의 진리를 목마르게 그리워하고, 그 진리와 만날 때 거룩한 감격에 사로잡혀 어두운 신앙의 눈이 뜨이는 복스러운 각성은 언제나 일어나는 일이기에,

기대하며 이 글을 책으로 내놓습니다. 이 작은 글들이 미로에서 헤매는 그리스도인들에게 참된 신앙을 되찾는 길잡이가 될 수 있다면 감사하겠습니다.

끝으로 이 책을 펴내는 데 수고를 아끼지 아니한 생명의말씀사 가족들과 원고를 정리하기 위하여 수고한 진광희 선생에게 감사한 마음을 전합니다. 그리고 언제나 저를 위하여 기도해 주는 열린교회 성도들과 아내에게도 고마운 마음을 전합니다.

그리스도의 노예 **김남준**

목 차

개정판에 부치며 예수 그리스도의 십자가 그늘에서 사는 삶 6
책을 열며 세상을 이기는 위대한 능력의 비밀 10

시작하는 글 어느 신학자의 눈물 21

노(老)학자의 눈물 | 불꽃처럼 산 사람들 | '진정한' 이 필요함 | 십자가와 부흥 | 십자가를 경험하라 | 한 가지 질문

제1부

교회답지 못한 교회
그리스도인답지 못한 그리스도인

제1장 십자가를 사랑합니까? 31

참기름집 이야기 | 감탄과 통탄 | 십자가에 눈뜰 때 | 우리를 힘들게 하는 것 | 유일한 자랑거리 | 문제의 심각성 | 잊혀져 가는 십자가 | 체험이 없는 복음 | 복음을 체험하라 | 오순절의 또 다른 의미 | 잃어버린 선포 | 그리스도인의 삶과 십자가 | 사죄 이상의 능력 | 회심은 단지 시작이다 | 십자가로 불꽃처럼 | 이어져야 할 고난 | 교회의 회복과 십자가 | 세상은 언제나 세상이다 | 카이퍼와 십자가 | 넘치는 헌신의 원동력 | 그리스도의 고난을 기리라 | 감격하게 하라 | 마르지 않아야 할 감동 | 그 십자가 때문에

제2장 십자가가 말하는 두 가지 진리   61

부서진 참호 | 사단의 전략 | 변함없는 구원 방법 | 거절당하는 십자가 | 체험적인 고백 | 말하는 십자가 | 죄인임을 말함 | 이상한 교회 성장론 | 죄인임을 안다는 것 | 용서받은 자의 고백 | 빗나간 하나님과의 관계 | 젊은 관원의 갈등 | 약한 것을 자랑하리라 | 백발의 고백 | 십자가를 아는 지식 | 십자가에 빚진 자 | 십자가 앞에 서라 | 세상을 사랑한 표적 | 위대한 사랑의 힘 | 인내로 온 사랑 | 동전을 거절한 거지 | 사랑을 저버리지 말라 | 하나되게 함 | 회복에 이르는 길 | 시간이 지나도 바래지 않는 것

제2부

예수 그리스도를 통해 나타난 하나님의 사랑

제3장 십자가의 지혜와 능력   97

이상한 전도지 | 바울과 고린도 | 문제 많은 교회 | 십자가를 말한 배경 | 육체 사랑과 자랑 | 어찌 이런 일이 | 이상한 결심 | 쓰라린 경험 | 작정하였노라 | 두 종류의 사람들 | 제3의 인간들 | 두 폭의 그림 | 도시의 특징 | 물이 바다를 덮음같이 | 육체 사랑의 극치 | 십자가의 정신으로 살게 하라 | 자기 사랑에 빠져 | 교회도 세상처럼 | 십자가를 놓친 교회 | 우린 무얼 배우나? | 하나님의 사랑 | 구원받지 못한 이들을 위하여 | 형식적인 그리스도인들에게 | 흐느끼는 노(老)사도 | 순교의 종소리를 들으며

제4장 십자가와 생명의 은혜   129

맛시의 사긴 | 하늘의 양식 | 입맛과 변심 | 해갈시키신 방법 | 결핍 속에서 들리는 음성 | 지질학자가 웃을 이야기 | 반석과 그리스도 | 터진 바위, 깨어진 옥체 | 불신하는 세상 | '한 사람'에 매인 종교 | 예고된 불신 | 근원적인 고통 | 비극의 원인 | 넘쳐난 샘물 | 깨어진 반석과 고난 | 생수를 내신 방법 | 아, 하나님의 지혜로 | 심판의 지팡이 | 십자가로 심판하심 | 깨어진 육체 사이로 | 마르지 않는 물 | 승리의 원동력 | 갈급했던 사람들 | 기쁨의 근원 | 만세 반석 열리니 | 깨어 있다는 의미 | 십자가를 묵상하라 | 나를 깨뜨려 | 세상을 사랑하라 | 생명 샘물로 나아오라

제3부
십자가를 따라 산다는 것

제5장 십자가와 자기 사랑   169

공포의 보수 | 신자의 세상 사랑 | 세 개의 십자가 | 갈라디아 교회 | 육체를 자랑함 | 세상은 세상을 사랑한다 | 바울도 한때는 | 그러나 지금은 | 십자가의 고난을 앎 | 숙명적인 사랑 | 욕망은 불꽃처럼 | 겁 없는 정욕 | 하나님 없이 살아가는 세상 | 영원을 준비하라 | 현재완료의 십자가 | 소명의 원천 | 십자가가 지배합니까? | 두 개의 십자가 | 살아 있는 세상 | 이 세상 죽이기 | 나 달려 죽은 십자가 | 십자가의 능력 | 왜 죽으셨습니까? | 세상아, 네가 나를 버리려느냐?

제6장 십자가와 거룩한 삶　201

왜 사십니까? | 아름다운 고백 | 왜 구원하셨나? | 못박힌 나 | 십자가를 깨닫고 | 십자가와 영적 삶 | 공급하는 십자가 | 종식된 지배력 | 삶의 목적을 회복시키는 십자가 | 그 나라와 의를 위하여 | 당신의 비문은 무엇입니까? | 기쁜 소식 | 문제는 현실 | 체험과 지식 | 때로는 절망했다 | 십자가가 살아 있게 하라 | 느껴야 할 진리 | 자동 후각기 | 신령한 삶에 깃든 정서 | 모든 진리는 경험을 요구함 | 육체 가운데 | 담배 이야기 | 몸부림으로 구원을 | 십자가의 중심성 | 회심과는 다른 성화 | 격렬한 적대감으로 싸우라 | 십자가 앞에서 생각함

마치는 글　눈물로 따라간 예수　237

애통하는가? | 불법한 재판 | 골고다 가는 길 | 따라온 사람들 | 구경하러 온 사람들 | 지금도 있는 사람들 | 이적을 경험하고도 | 주님이 누구시길래 | 그가 찔림은 | 십자가는 어디에? | 통곡하는 여인들 | 끝없는 그 사랑 | 여전히 있는 두 무리

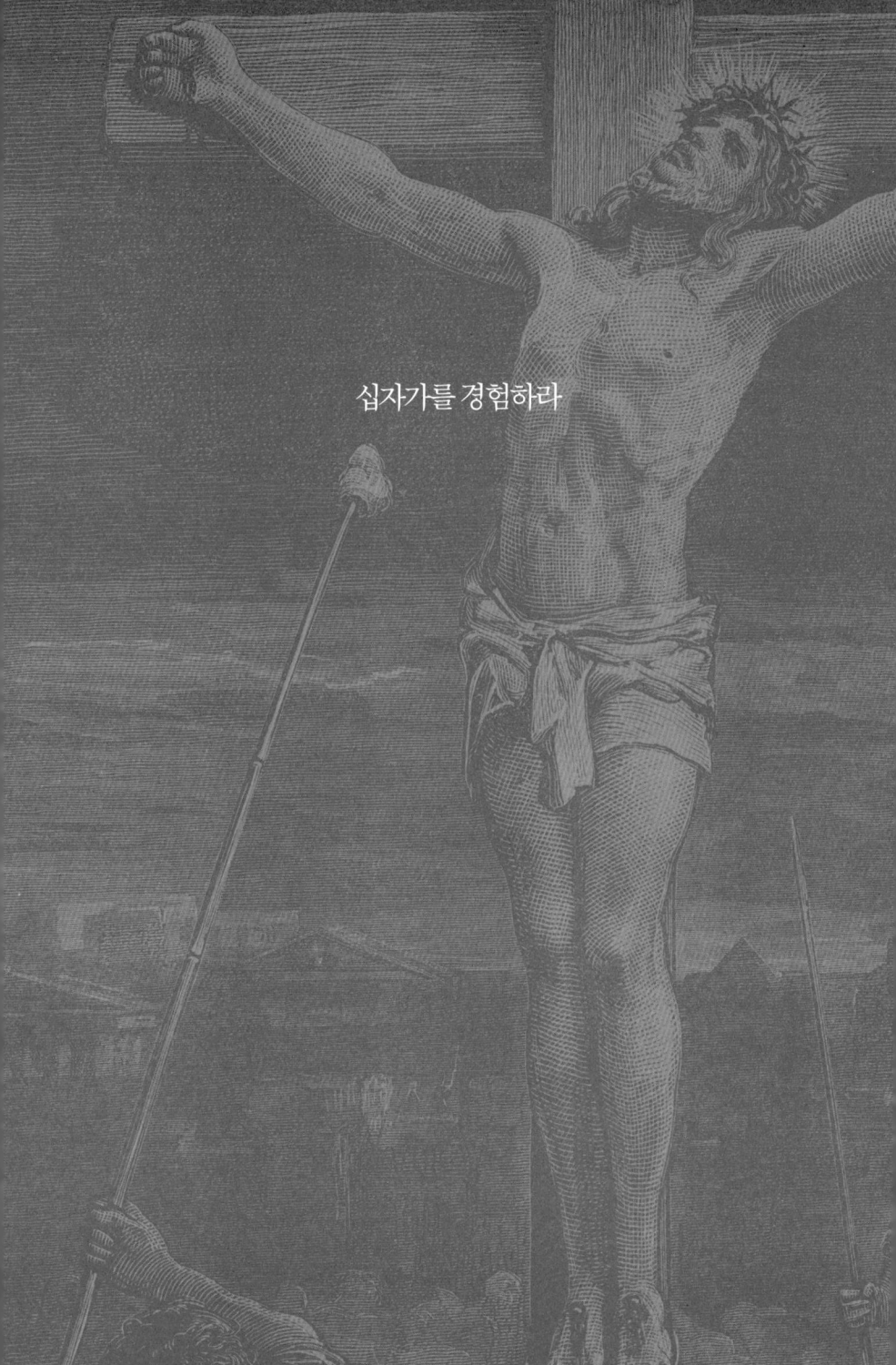

십자가를 경험하라

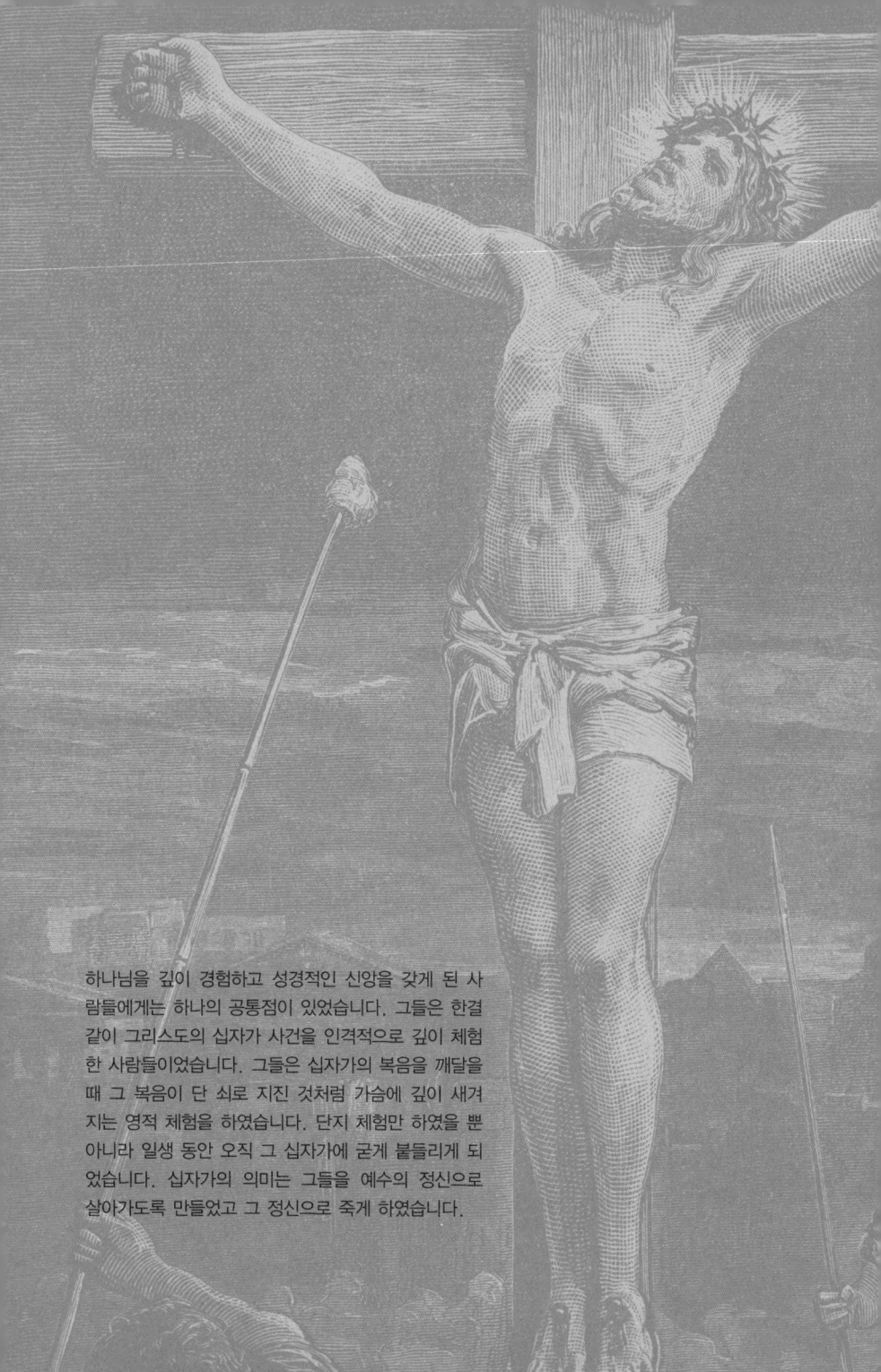

하나님을 깊이 경험하고 성경적인 신앙을 갖게 된 사람들에게는 하나의 공통점이 있었습니다. 그들은 한결같이 그리스도의 십자가 사건을 인격적으로 깊이 체험한 사람들이었습니다. 그들은 십자가의 복음을 깨달을 때 그 복음이 단 쇠로 지진 것처럼 가슴에 깊이 새겨지는 영적 체험을 하였습니다. 단지 체험만 하였을 뿐 아니라 일생 동안 오직 그 십자가에 굳게 붙들리게 되었습니다. 십자가의 의미는 그들을 예수의 정신으로 살아가도록 만들었고 그 정신으로 죽게 하였습니다.

시작하는 글

어느
신학자의
눈물

"우리가 살아도 주를 위하여 살고
죽어도 주를 위하여 죽나니
그러므로 사나 죽으나 우리가 주의 것이로다
이를 위하여 그리스도께서 죽었다가
다시 살아나셨으니 곧 죽은 자와
산 자의 주가 되려 하심이라"

롬 14:8-9

노(老)학자의 눈물

1740년 스코틀랜드 캠버스랭에서는 놀라운 영적 각성과 부흥이 일어났습니다. 그때 많은 사람들이 회심을 경험하였습니다. 형식적인 신앙 생활을 하거나 복음을 믿지 않던 사람들이 대대적인 회심을 경험하게 되는 일은 이러한 부흥의 시기에 빼놓을 수 없는 특징입니다. 참회하며 기도하는 회중 가운데는 백발이 성성한 노인이 한 사람 있었습니다.

평범한 설교자의 십자가 설교 앞에서 이 노인은 어린아이처럼 한없이 울며 회개하고 있었습니다. 그는 바로 다름 아닌 그 지방의 신학교에서 교리학을 가르치고 있는 노교수였습니다. 그는 이렇게 말했습니다. "나는 이제껏 속죄의 교리를 알고 가르치기는 하였으나 속죄하시는 주님을 만나지는 못한 채 살아왔습니다. 전에는 십자가에 대해 단지 알았으나 이제는 내가 가르치던 것들을 느끼고 있습니다."

불꽃처럼 산 사람들

이 세상에는 주님을 한없이 사랑했기 때문에 오직 하나님의 영광만을 위하여 넘치도록 수고하면서 살았던 사람들이 있습니다. 자신의 인생을 불꽃처럼 태워서 드렸던, 오직 믿음으로만 살다가 간, 많은 사람들이 있었습니다. 그리고 그들을 그렇게 불꽃처럼 살아가도록 만들어 준 비결은 십자가였습니다.

저는 그 사람들의 생애를 읽고 듣기 좋아합니다. 비록 그들처럼 살고 있지는 못하더라도 언제나 그들처럼 살고 싶은 목마른 마음과 그들처럼 죽고 싶은 사모함이 있기 때문입니다. 그들은 어떻게 해서 그렇게 높아만 보이는 위대한 수준의 신앙의 삶을 우리를 에워싸고 있는 것과 동일한 연약함과 박해와 도전이 가득한 세상 속에서 이어갈 수 있었을까요? 어린 양과 같이 연약했던 그 사람들이 어떻게 그렇게 상상을 뛰어넘는 열정과 거룩한 집념으로 오직 주님만을 위해서 사자처럼 살다가 용사처럼 죽어 갔는지 저는 그저 어린아이와 같은 경외심을 가지고 바라볼 뿐입니다.

오늘날 우리는 그리스도인의 영적인 생활과 세상 속에서의 거룩한 삶에 대하여 부끄러울 정도로 낮아진 기준을 가지고 신앙 생활하고 있습니다. 진정으로 그리스도인다운 삶을 살았던 신앙의 선진들이 와서 우리의 낮아진 영적인 수준과 부도덕한 삶을 본다면 그들은 아마 우리가 그리스도인들이라고 일컬어지는 사실 자체에 대하여 당황할 것입니다.

'진정한'이 필요함

이제는 우리가 사용하고 있는 많은 기독교적인 용어들에 대하여 '진정한 (true)이라는 수식어구를 붙이지 아니하면 오늘날 유행하고 있는 신앙과 성경이 증언하고 있는 기독교 신앙 사이의 골 깊은 격차를 해명할 수 없게 되었습니다.

'기독교와 진정한 기독교', '그리스도인과 진정한 그리스도인', '신앙과 진정한 신앙', '기도와 진정한 기도', '선교와 진정한 선교', '교회와 진정한 교회.' 우리는 이런 식으로 생각할 필요가 있는 시대를 살아가고 있습니다.

무엇보다도 오늘날의 신앙이 성경으로부터 이탈되고 있는 가장 결정적인 문제의 시발점은 십자가에 대한 이해입니다. 오늘날과 같이 자유스러운 신앙의 태도와 신학에 대한 방만한 자세가 유행하고 있는 시대에 십자가에 대하여 우리 가운데 통용되고 있는 정도의 동의를 갖는 것도 자랑거리가 될 수 있을지도 모릅니다.

그러나 참된 신앙을 꿈꾸던 사람들은 언제나 절대 신앙을 가진 사람들이었습니다. 그들의 신앙의 기준은 다른 교회나 다른 사람들이 아니었습니다. 물론 그들은 다른 교회와 다른 시대의 역사로부터 많은 것들을 배웠습니다. 그리고 그러한 교회와 그리스도인들의 경험과 그 많은 저작들을 무가치한 것처럼 교만하게 행하지 아니하였습니다.

그러나 그들은 언제나 성경 속에서만 자신들의 신앙의 진위를 판별받고 싶어하였습니다.

십자가와 부흥

부흥의 위대한 역사를 살펴볼 때마다 우리는 한 가지 사실을 배우게 됩니다. 참되고 성경적인 기독교 신앙을 가져왔던 순수한 부흥이 있는 곳에는 언제나 십자가와 회심에 대한 단호한 교리를 가지고 있었던 사람들이 있었습니다. 피상적이고 형식적인 회심을 단호히 거부하고, 참된 회심과 거짓된 회심을 분명하게 구별하려고 노력하였습니다.

오늘날 우리들 가운데 유행하고 있는 교회 부흥의 신학이나 대규모 모임들을 통하여 신앙의 변화를 꾀하고 전도를 계획해 보는 시도들은 모두 그 근대적인 기원을 1800년대에 있었던 켄터키의 신앙 부흥 운동(revivalism)에서 찾아볼 수 있습니다.

이러한 인간적인 부흥 운동들이 찰스 피니(Charles G. Finney)에 의하여 본격화되고 이론적으로 정돈되기에 앞서, 이미 지극히 인위적이고 비성경적인 요소를 가지고 있는 '운동 차원의 전도 활동'(evangelistic campaign)을 '부흥'(revival)이라고 부르고 있었던 것입니다. 그런데 이러한 잘못된 신학을 가지고 있는 사람들의 부흥 운동은 곧 십자가와 회심에 대한 잘못된 견해들을 초래하였습니다. 그리하여 당대에는 미처 생각지 못했던 악한 결과들을 그 다음 세대에 만들어 내게 되었던 것입니다.

교회가 십자가와 회심에 대하여 어떠한 유의 교리들을 가지고 있는지가 신앙 부흥의 순수성 여부와 어떻게 관련을 갖는가 하는 것도 당시에 일어났던 미국 동북부 지역의 영적 각성과 부흥의 역사를 통해서도 입증됩니다. 요점은 이것입니다. 교회가 성경이 말하고 있는 기독교 신앙의 본질을 현실과 조화시켜 보려고 할 때 언제나 복음 진리에 대한 왜곡된 이해를 낳았다는 것입니다.

십자가를 경험하라

하나님을 깊이 경험하고 성경적인 신앙을 갖게 된 사람들에게는 하나의 공통점이 있었습니다. 그들은 한결같이 그리스도의 십자가 사건을 인격적으로 깊이 체험한 사람들이었습니다. 그들은 십자가의 복음을 깨달을 때 그 복음이 단 쇠로 지진 것처럼 가슴에 깊이 새겨지는 영적 체험을 하였습니다. 단지 체험만 하였을 뿐 아니라 일생 동안 오직 그 십자가에 굳게 붙들리게 되었습니다. 십자가의 의미가 그들을 사로잡았고, 그것이 그들을 예수의 정신으로 살아가도록 만들었고, 십자가의 정신으로 죽게 하였습니다. 이 모든 위대한 삶은 그들이 십자가의 의미와 거기에 나타난 하나님의 위대한 사랑을 체험하였기 때문입니다.

피 묻은 복음을 가슴에 품고 한 영혼을 얻는 기쁨으로, 구령의 열정에 불타는 마음으로 어두운 땅을 누볐던 믿음의 선진들을 보십시오. 그들은 한결같이 십자가에 못박히신 예수 그리스도의 죽으심을 통하여 자신을 향한 하나님의 위대한 사랑을 맛본 사람들이었습니다.

주님의 사랑을 맛본 사람들이 주님을 사랑하게 되는 법입니다. 체험하지 못한 그리스도를 어떻게 사랑하겠으며, 만져 보지 못한 십자가를 위하여 어떻게 자신을 불사를 수 있겠습니까?

한 가지 질문

그들은 우리 주 예수 그리스도께서 십자가에 못박히신 사실을 한 번도 당연한 것으로 여기지 아니하려는 듯이 살았습니다. 영원이시므로 순간에 죽으실 수 없는 분이셨으며, 하나님이시므로 인간에게 생명을 빼앗기

실 수 없는 그분이 십자가에서 죽음을 경험하신 것은 하나님의 위대한 사랑 때문이라는 사실을 알았습니다. 그들은 예수 죽인 것을 몸에 짊어지고 살고자 하였던 사람들이었습니다.

고통받는 세상에 대한 유일한 대안이 하나님의 이 놀라운 사랑을 받아들이는 것뿐이라는 결론을 가지고 산 것은 그러므로 당연한 것이었습니다. 그들을, 믿지 않는 불신의 땅에 복음 전도자로 보낸 것은 자신의 결심이나 본국의 선교 계획이 아니라 그들 안에 역사하고 있는 십자가의 복음이었습니다. 그들은 자신들이 만난 그 십자가의 예수를 전하지 아니하고는 견딜 수 없었습니다.

여러분은 십자가의 예수를 만나셨습니까? 지금 제가 하나님을 만났느냐고 묻는 대신에 '십자가의 예수'를 만났느냐고 묻는 것에 유의하시기 바랍니다. 이 세상에는 나름대로 하나님의 존재를 경험한 사람들이 있습니다. 죄에 대한 각성을 경험한 사람들도 있을 것입니다. 그러나 하나님의 존재를 경험하거나 죄에 대한 각성을 경험한 것이 곧 구원을 의미하는 것은 아닙니다.

지금 제가 묻고 있는 것은 여러분과 십자가의 개인적인 만남입니다. 여러분이 아무리 많은 간증과 추억들을 하나님에 대하여 가지고 있다 할지라도, 구원받은 것이 확실하다 할지라도 십자가와의 만남에 대한 개인적인 체험이 없다면 다른 모든 신앙의 경험들은 불안하기 때문입니다.

한걸음 더 나아가서 이러한 질문을 들어야 합니다. "당신이 경험한 십자가의 주님과의 만남은 당신으로 하여금 그리스도만을 위하여 살게 하기에 충분합니까?"

이제 이 책을 읽는 당신이 답할 차례입니다.

제1부

교회답지 못한 교회
그리스도인답지 못한 그리스도인

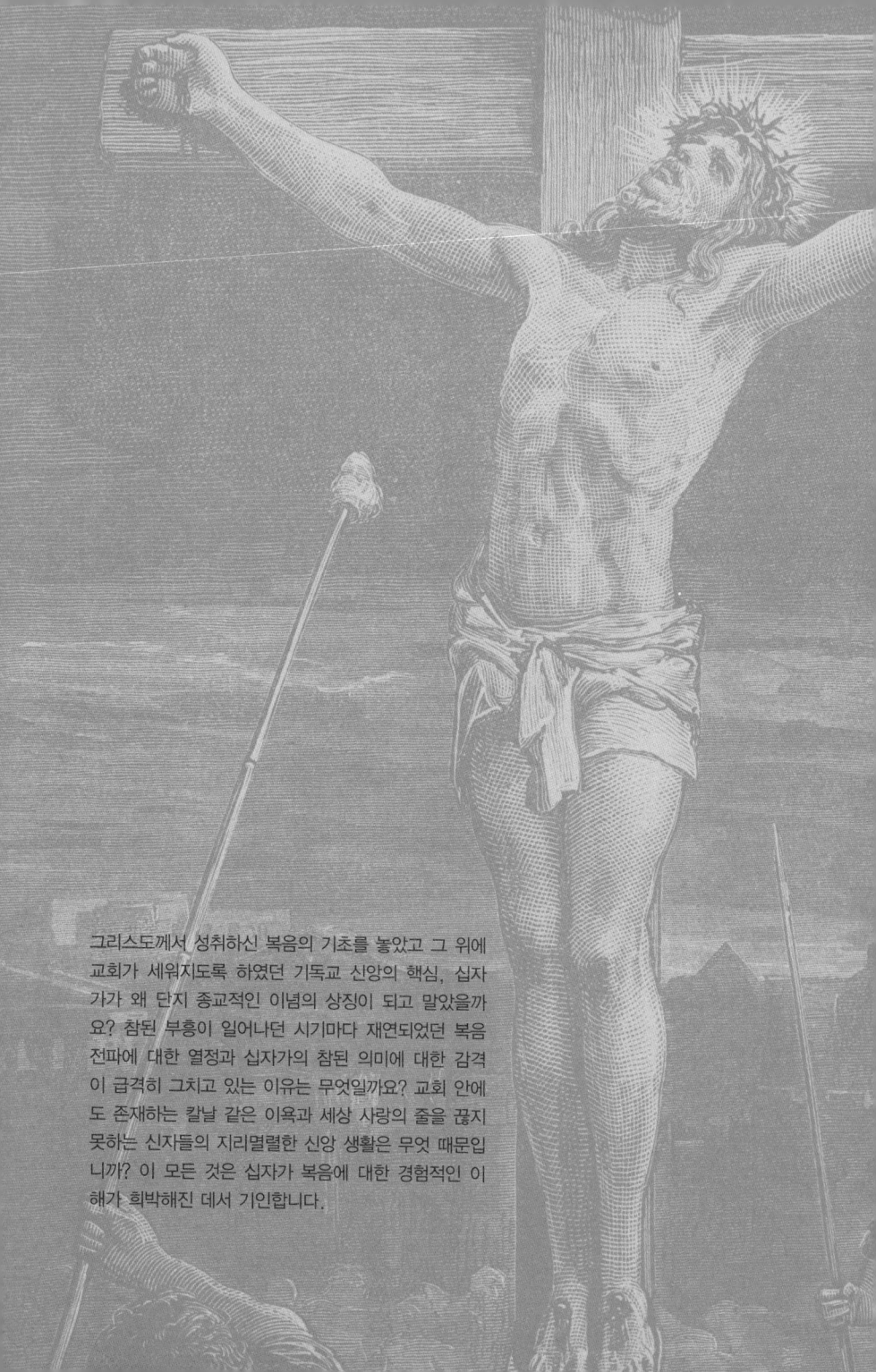

그리스도께서 성취하신 복음의 기초를 놓았고 그 위에 교회가 세워지도록 하였던 기독교 신앙의 핵심, 십자가가 왜 단지 종교적인 이념의 상징이 되고 말았을까요? 참된 부흥이 일어나던 시기마다 재연되었던 복음 전파에 대한 열정과 십자가의 참된 의미에 대한 감격이 급격히 그치고 있는 이유는 무엇일까요? 교회 안에도 존재하는 칼날 같은 이욕과 세상 사랑의 줄을 끊지 못하는 신자들의 지리멸렬한 신앙 생활은 무엇 때문입니까? 이 모든 것은 십자가 복음에 대한 경험적인 이해가 희박해진 데서 기인합니다.

제1장

십자가를
사랑합니까?

"그러나 내게는
우리 주 예수 그리스도의 십자가 외에
결코 자랑할 것이 없으니 그리스도로 말미암아
세상이 나를 대하여 십자가에 못박히고
내가 또한 세상을 대하여 그러하니라"

갈 6:14

참기름집 이야기

시골에서 농사를 짓다가 서울로 올라온 어느 중년 부부가 시중에 판매되고 있는 참기름을 먹어 보고는 통탄했습니다. "아무리 도시 사람들이라지만 이것도 참기름이라고 먹고 살다니……."

시중에 유통되는 가짜 내지는 저질 참기름에 혀를 차던 이 부부는 바로 오랫동안 참깨를 재배하던 사람들이었습니다. 그들이 보기에 도회지에서 참기름이랍시고 만들어 내는 것들은 모두 참기름에 낙화생 기름을 섞거나, 참깨 깻묵에 다른 기름을 넣고 한 번 더 짜서 섞거나, 저질의 수입 깨를 섞어서 볶아 짠 가짜 참기름이었습니다.

그리하여 그들은 진짜 토종 참깨로 참기름을 짜서 다른 기름과 거의 같은 가격으로 판매하기 시작했습니다. 이익이 박할지라도 그렇게 신용을 지켜서 장사를 하면 손님이 많아져서 장사가 잘 되리라고 믿었기 때문입니다.

그러나 그 결과가 어떻게 되었는지 아십니까? 몇 달 후 가게 문을 닫고 말았습니다. 바로 그 집 참기름 맛이 이상하다고 소문이 났기 때문입니다. 너무나 오랫동안 가짜 참기름을 먹고 살아온 동네 사람들이 진짜 참기름 맛을 잃어버렸기 때문입니다.

오늘날 성경의 참된 복음 진리는 이들 부부가 시장에 내놓은 참기름과 같은 대접을 받고 있습니다. 밑도 끝도 없는 피상적인 이해가 우리의 신앙 생활에 무능을 더해 주고 있습니다. 우리는 너무나 오랫동안 왜곡되고 빛바랜 가르침에 젖어 왔기 때문에 참된 복음이 이 시대에는 너무 과격한 것으로 받아들여지고 있습니다.

많은 그리스도인들의 관심은 우리를 향한 하나님의 요구가 무엇인가보다는 우리가 필요로 하는 것에 대하여 기독교 신앙이 무엇을 줄 수 있는가에 맞추어져 있습니다. 오늘날 빛바랜 십자가 신앙은 이러한 위기를 말해 줍니다.

감탄과 통탄

어느 날 신학교 교정에서 대학원 과정을 수학하고 있는 젊은 목사님이 흥분된 얼굴로 제게 다가오더니 최근 세미나에서 어느 설교자로부터 들은 교회 부흥의 비결에 대하여 말했습니다. "교수님, 그 강사가 그러는데 교회 부흥의 비결은 십자가를 설교하는 것이랍니다. 그것도 많이 자주 설교해야 된대요. 와! 정말 충격받았어요. 교수님은 어떻게 생각하세요? 십자가를 많이 설교하면 정말 교회가 부흥할까요?"

저는 대답 대신 웃었습니다.

저는 평범한 복음을 설교했는데 충격을 받았다고 고백하는 사람들을 종종 만납니다. 대개 그런 사람들은 설교자와 대화하고 싶어합니다. 좀더 깊은 이야기를 듣고 싶어하기 때문입니다. 관심이 있는 주제에 대하여 좀 더 대화를 나누고 돌아갈 때 그는 복음에 대하여 감탄합니다. 그리고 저는 그 돌아가는 그의 뒷모습을 보며 통탄합니다. 조국 교회의 현실을 그 분들을 통해 보기 때문입니다.

십자가에 눈뜰 때

잠들어 있던 교회가 새로운 영적 각성을 통하여 하나님의 사랑을 새롭게 느끼고 다시 태어나는 변화를 경험하게 될 때마다 십자가 사건에 대한 새로운 깨달음이 있었습니다. 그리스도께서 우리를 위하여 죽으셨다는 사실을 모르거나 부인되던 시대는 거의 없었습니다. 그러나 위대한 부흥의 때에는 언제나 평범하게 받아들여지던 사실들이 충격적으로 경험되기 시작하였습니다.

사람들은 십자가에 나타난 구속 사건이 자신들의 인생을 향하여 갖는 개인적인 의미에 대하여 눈뜨기 시작했습니다. 그리고 그들이 언제나 알고 있던 십자가의 복음을 느끼기 시작했을 때 그것은 언제나 충격이었습니다. 십자가 사건에 대한 집단적인 영적 체험을 부흥이라고 불러도 좋은 이유가 여기에 있는 것입니다.

우리를 힘들게 하는 것

오늘날 조국 교회 가운데 감돌고 있는 냉랭한 영적 분위기는 우리의 신앙 생활을 힘들게 하는 중요한 요인이 되고 있습니다. 하나님의 백성들이 교회로부터 받아야 할 영적인 영향력들을 잃어버리고 있기 때문입니다.

하나님의 교회에서는 단지 진리를 가르칠 뿐 아니라, 성도들이 심령 속에서 그 진리를 경험하도록 만들어 주어야 합니다. 우리 신앙 생활의 모든 어려움의 근원은 교회가 자신의 지체들에게 신령한 영향을 끼치지 못하는 데 있습니다.

하나님의 진리를 위탁받은 교회가 무엇 때문에 이와 같은 어려움에 봉착하게 되었습니까? 교회가 그토록 부흥을 원하고 성장하기를 갈망하는데 왜 생명력 있는 증거들은 점점 사라져 가고, 신자들의 삶은 점차 신앙과 유리되어 가고 있는 것일까요? 형식은 많지만 생명력 있는 증거들은 점점 희박하여 가고, 재담(才談)은 많지만 삶에 배인 복음은 찾아보기 어려운 상황이 되어가고 있는 것은 무엇 때문일까요?

이러한 질문에 대하여 사도 바울의 고백은 우리에게 잊혀 가고 있는 기독교 신앙의 뿌리를 생각나게 해줍니다. "내게는 우리 주 예수 그리스도의 십자가 외에 결코 자랑할 것이 없으니 그리스도로 말미암아 세상이 나를 대하여 십자가에 못박히고 내가 또한 세상을 대하여 그러하니라……이 후로는 누구든지 나를 괴롭게 하지 말라 내가 내 몸에 예수의 흔적을 지니고 있노라"(갈 6:14, 17).

유일한 자랑거리

이 세상의 모든 피조물들은 저마다 자랑거리를 가지고 있습니다. 흐르는 물은 저마다의 노래가 있고, 지저귀는 새들의 노래도 저마다의 가락이 있습니다. 기쁨이 될 만한 자랑거리가 없는 사람은 비참한 사람입니다. 그러나 더 불행한 사람은 그릇된 것을 선택하고 그것을 자랑하다가 교만에 빠지거나 파멸에 떨어져 버리는 자입니다.

많은 사람들은 헛된 것들을 자랑거리로 생각하기도 합니다. 한 마리 나귀만도 못한 육체의 힘을 자랑하는 사람들도 있고, 단단한 흙덩어리에 지나지 않는 은과 금을 자랑하는 사람들도 있습니다. 어떤 사람은 죽고 나면 묘비에 몇 글자로 새겨질 명예나 권세를 자랑하기도 합니다.

그러나 사도는 이에 관해 위대한 고백을 하고 있습니다. 그것은 십자가를 자랑하는 것이었습니다. 그가 그리스도를 자랑한다고 말하지 않고 형틀인 십자가를 자랑한다고 말하는 것에 유의해야 합니다. 정확히 말해서 십자가를 자랑하는 것이 아니라 십자가만을 자랑하는 것이었습니다.

사도 바울은 그리스도를 만난 사람이었습니다. 그리고 그리스도와의 만남을 통하여 마음과 영혼과 온 삶이 그분께 붙잡힌 사람이었습니다. 그럼에도 불구하고 그는 그리스도 자신이 아니라 십자가를 자랑한다고 고백하고 있습니다. 그것은 복음을 바라보는 사도의 정확한 인식을 말해 주는 것입니다. 하나님이 누구시고, 우리가 누구이며, 그리스도가 왜 오셨는지에 대해서 십자가보다도 더 정확하게 말해 주는 것이 없기 때문입니다.

그리스도의 생애를 돌아볼 때에 자랑거리가 될 만한 것들이 얼마나 많았습니까? 어두운 밤 찬란한 빛을 발하며 아기 예수의 탄생을 알리던 동방에 나타난 별의 이적을 자랑할 수도 있었습니다. 평화의 대헌장이라고 불릴 수 있는 산상수훈을 설교하시던 팔복산을 자랑할 수도 있었습니다. 병든 자를 고치시고 귀신 들린 자를 내어 쫓아 온전케 하시던 데가볼리와 갈릴리와 유대를 자랑할 수도 있었습니다. 예수께서 구름을 타고 다시 오시는 재림의 사실도 그에게는 자랑거리가 될 수 있었을 것입니다.

그러나 모든 종교적인 상식을 뛰어넘어서 그는 고백합니다. "그러나 내게는 우리 주 예수 그리스도의 십자가 외에 결코 자랑할 것이 없으니."

문제의 심각성

그러면 하나님의 말씀인 성경을 가장 중요한 신앙의 지침으로 삼고 있는 우리들은 과연 사도의 이 고백 앞에서 어떠합니까? 우리들에게도 그리스도의 십자가가 자랑거리가 되고 있습니까? 우리 삶에도 그 십자가 외에는 다른 것들이 자랑할 만한 가치가 없는 것들이라는 확신이 자리 잡고 있습니까? 우리는 십자가를 볼 때마다 나를 향하여 거기에 못박힌 세상을 확인하게 됩니까? 그리고 세상을 향하여 십자가에 못박혀 있는 자신의 정과 욕심을 보게 됩니까? 이 모든 물음은 우리를 우울하게 만듭니다.

월터 챈트리(Walter J. Chantry)의 말대로 십자가에 대한 교회의 무지는 그리스도인들의 자기 부정(self-denial)을 불가능하게 하고 있습니다. 그는 이렇게 말합니다.

> 자기 부정은 참신앙의 중심부에 가장 가까이 놓여 있는 실천 사항이다. 이것을 실행에 옮기지 않고는 그리스도에게로 돌아설 수가 없다……자기 부정은 하나님의 자녀들로 하여금 개인적인 헌신이 시작되게 하는 것이다. 거룩하신 주님에 대한 복음 전파와 섬김의 문턱에 자기 부정이 서 있다. 그것은 성결

다음에 오는 투쟁의 순간마다 느껴야 하는 가장 고통스러운 요소이다. 자기를 부정하는 것이야말로……수많은 실제적인 문제들을 해결하는 열쇠이다.

그리스도께서 성취하신 복음의 기초를 놓았고 그 위에 교회가 세워지도록 하였던, 사도가 이처럼 기독교 신앙의 핵심으로 생각하였던 십자가가 왜 우리에게는 단지 종교적인 이념의 상징이 되고 말았을까요? 참된 부흥이 일어나던 시기마다 재연되었던 복음 전파에 대한 뜨거운 열정과 십자가의 참된 의미에 대한 감격이 급격히 그치고 있는 이유는 무엇일까요? 왜 교회는 영혼을 구원하라는 주님의 지상 명령을 단지 사회를 위하여 물질을 주고 섬기는 것으로 대치하려고 할까요?

교회 안에도 존재하는 칼날 같은 이욕(利慾)과 세상 사랑의 줄을 끊지 못하는 형식적인 신자들의 지리멸렬한 신앙 생활은 무엇 때문입니까? 복음에 대한 평범한 해석이 회중들에게 충격으로 다가오고, 교회가 신령한 은혜로 넘치는 것과 우정으로 충만하게 되는 것을 구별하지 못하게 되는 이유는 무엇일까요?

이 모든 질문은 한결같이 하나의 주제에 맞닿아 있습니다. 그것은 십자가에 대한 경험입니다. 이 모든 교회의 화석화 현상은 십자가 복음에 대한 경험적인 이해가 희박해진 데서 기인합니다.

잊혀져 가는 십자가

초대 교회 성도들이 모일 때마다 기념하던 그리스도의 죽으심과 부활이 오늘날 우리들의 교회에서는 단지 절기로서만 기념되고 있지는 않은지요? 조국 교회 중 비교적 복음주의적인 교회 안에서도 그리스도의 십자가의 죽음에 관한 설교를 단지 고난주간에 들을 뿐이라고 말하는 교인들이 늘어가고 있습니다.

예수 그리스도의 부활은 초대 교회 성도들에게 있어 엄청난 사건이었습니다. 단지 교리의 기초를 놓은 사건이 아니라 그 사건을 통하여 그리스도인들의 삶이 거기에 붙잡혔으며 실제적인 생활이 부활의 정신에 지배당하고 있었습니다. 교회가 서 있는 곳에는 언제든지 십자가 사건을 인하여 감격하는 교인들이 있었고 그러한 교인들이 있는 교회는 십자가 사건을 말함으로써 세상을 감동시킬 수 있었습니다.

그러나 오늘날의 교회는 어떠합니까? 그리스도의 십자가가 능력 있게 선포되고 있습니까? 설교자와 회중들은 다같이 속죄하는 보혈의 능력만을 의지하고 있습니까? 회중들이 십자가 앞에서 감격하며 이전에 알지 못하던 하나님의 크신 사랑과 복음의 광대함을 깨닫고 십자가에 못박혀 죽으신 그리스도 예수의 고난의 깊이를 인식하며 그 고난을 배우며 동참하기를 원하고 있습니까? 우리의 신앙은 반석이신 그리스도 위에 서 있습니까?

이 모든 질문들은 우리를 점점 괴롭게 하고 있습니다. 교회 안에 세상적인 의미에서의 부흥은 있으나 신령한 복음은 찾아보기 어려워 가고, 강요된 권위는 있으나 인간으로 하여금 거룩한 하나님을 느끼고 그 임재 앞에서 자신의 속됨을 깨달아 깊이 뉘우치게 하는 참회의 능력을 상실하고 있음을 우리는 직시하여야 합니다.

그리스도와 사도들이 아무렇지 않게 생각했던 것들을 우리들은 오히려 생명처럼 중시하며, 그분들이 생명처럼 중요하게 생각했던 것들을 오히려 사소하게 생각하는 뒤틀린 종교를 십자가 아래 세우고 있지나 않은지 우리들은 자신을 돌아보아야 합니다. 그러면 이러한 십자가에 대한 그릇된 태도는 궁극적으로 무엇 때문에 일어나게 되었을까요?

체험이 없는 복음

신약성경에 있어서 타의 추종을 불허하는 압도적인 주제는 역시 그리스도 예수의 고난입니다. 예수께서 체포되고 십자가에 못박혀 죽으신 사건은 시간적으로 불과 하루 사이에 일어난 사건에 지나지 않습니다. 그럼에도 불구하고 네 복음서는 이 하루 남짓한 시간 동안에 일어난 사건을 열세 장에 걸쳐 생생하고 자세하게 기록하고 있습니다.

교회가 설립된 역사를 기록한 사도행전도 십자가에 대한 선포를 듣는 일 없이는 책장을 넘길 수 없을 정도로 십자가에 대한 교회의 선포로 이어지고 있습니다. 뒤이어진 서신서들에서도 이 같은 현상은 마찬가지입니다. 이것은 성경을 기록하던 저자들의 마음속에 무슨 생각이 지배하고 있었는지를 가리키는 것입니다.

그들의 마음속에는 우리 주 예수 그리스도의 고난과 그에 따른 부활 사건이 가장 중심 자리에 와 있었습니다. 그들은 다양한 직업에 종사하던 사람들로서, 다양한 계기로 그리스도께 부름을 받았고, 성격도 같지 아니하였으나 한결같이 그리스도의 십자가 사건을 체험한 사람들이었습니다. 한마디로 그들은 십자가의 사람들이었습니다.

여기서 저는 매우 중요한 사실 하나를 지적하고자 합니다. 사도들 중 대부분은, 비록 십자가 형벌을 받으시는 골고다 언덕에는 함께 있지 아니하였다고 하더라도 그리스도의 체포와 심문과 고난의 과정들을 현장에서 어느 정도 목격한 사람들이라는 것입니다.

더욱이 사도 요한은 그리스도께서 십자가에 못박혀 죽어 가실 때 운명하시는 장면을 직접 목격했던 사람이었습니다. 그 죽음이 죄인된 우리를 위한 고난임을 주님께서 이미 가르쳐 주셨음에도 불구하고 그들은 십자가의 의미를 깨닫지 못하였습니다. 결국 주님의 고난의 현장에 있었으나 십자가를 경험하지는 못했던 것입니다.

복음을 체험하라

그러나 사도들은 오순절에 있었던 성령 강림 사건을 통하여 그 십자가 사건을 영적으로 경험하게 되었습니다. 이미 이루어진 사건임에도 불구하고 성령께서 오시자 그들은 구약 속에 드러난 그리스도와 구원의 약속을 이해하게 되었고, 그토록 오랜 동안의 인류의 역사가 오직 한 지점을 보고 달려왔다는 사실을 깨닫게 되었습니다.

성령이 오시면 증거하기로 되어 있는 죄와 의(義)와 심판에 대한 증거를 십자가에서 증거받았던 것이었습니다. 단지 죄인의 몸으로 처형된 표적으로만 이해되던 그리스도의 수난에 대한 초대 교회의 신념이 영적 경험을 통해 바뀌게 되자 십자가는 단숨에 기독교 신앙의 중심 자리에 선 주제로서 만천하에 전파되게 되었습니다. 무엇 때문이었을까요?

이에 대한 대답을 우리는 사도행전에서 발견합니다. 그들이 그리스도 예수의 십자가를 체험하였기 때문입니다. 그리고 이 같은 체험은 그들로 하여금 세상을 향한 복음 전도의 메시지를 소유하게 만들었습니다. 십자가의 교리뿐 아니라 복음의 모든 진리들을 이런 식으로 경험하였습니다.

그들은 도서관이나 강의실에서 강습받은 십자가를 전한 것이 아니라, 경험한 십자가를 전한 것입니다. 그리고 십자가를 경험하는 가운데서 살아갔습니다. 복음 전하는 일을 전업으로 삼은 사람들뿐 아니라, 목사로 교사로 가르치는 자도 그리하였으며, 이들과 달리 평범한 생업에 종사하며 살아가는 보통 사람들도 그리하였습니다.

단지 세상을 향하여 전파할 수 있는 종교적인 주제에 대한 견해를 소유하게 된 것이 아니라, 전파하지 않으면 안 될 기독교 신앙의 요체를 불처럼 가슴에 간직하게 되었던 것입니다. 이에 대하여 신약학자 다드(C. H. Dodd)는 이렇게 말하였습니다.

그러므로 초대 교회에 있어서 복음을 전하는 일은 도덕적인 교훈이나 권면을 말하는 따위와 동일한 것일 수가 없었다. 교회가 주님의 교훈을 전하기는 했으나 믿는 자를 얻게 한 것은 결코 도덕적인 교훈에 의한 것이 아니었다. 사도 바울의 말처럼, 하나님께서 세상 사람들을 구원하기를 기뻐하시는 것은 교훈이 아니고 케뤼그마(Kerygma)에 의해서였다. 이제 우리는 사도들이 전하고 선포한 실제적인 내용을 얼마나 찾아낼 수 있을 것인지에 대하여 연구해야 한다.

오순절의 또 다른 의미

오순절 성령 강림 사건이 교회에 제일 먼저 행하신 위대한 일은 단순한 능력 부으심이 아니었습니다. 그 이상의 일들을, 보이지 않는 그리스도인들의 마음속에 행하셨습니다. 오순절에 임한 성령은 사도들로 하여금 이전에 단편적으로 이해하고 있던 예수 그리스도의 교훈과 복음의 내용에 대하여 보다 확실하고 구체적인 이해를 갖게 하였습니다. 무엇보다도 그들은 구약을 새로 보게 되었습니다. 그리고 그들은 그 구약 속에서 소리치며 절규하듯 부르짖고 있는 수많은 예언들을 발견하였습니다. 그것은 그리스도의 대속(代贖)의 죽음이었습니다.

그때 성령을 깊이 체험한 그리스도인들은 오랫동안 젖어 있던 유대주의의 편견 때문에 볼 수 없었던 구속 역사의 큰 물줄기를 보았고, 그것은 오직 하나의 사건, 곧 그리스도 예수의 죽으심과 부활을 향하여 흐르고 있음을 알게 되었습니다. 그리고 이 같은 사실을 깨달은 그들에게 있어서 그리스도의 십자가 사건은 그 큰 구속사의 강물이 세계 전도의 바다로 흘러 들어가기 전에 통과하는 수문과 같은 것이었습니다. 십자가 사건에 대한 영적 체험이 가져다준 변화였습니다.

오늘날의 교회가 예수 그리스도에 대한 뜨거운 사랑으로 가득 차지 못하는 것은 그리스도인들이 십자가를 경험하지 못하기 때문입니다. 십자가를 단지 이지(理智)로 아는 것과 영적 체험을 통하여 경험으로 아는 것은 마치 아름다운 숲을 그림으로 보는 것과 실제로 그 숲속을 거닐어 보는 것의 차이와 같습니다.

생각해 보십시오. 우리가 하나님의 말할 수 없이 크신 사랑을 받은 사람이라는 사실을 깨닫게 되는 것도 십자가를 알게 됨으로써입니다. 그리스도께서 우리를 위해 십자가에 못박혀 죽으신 구속의 사건의 의미를 깊이 알고 성령의 은혜로써 그 사랑을 체험하게 될 때에 우리는 십자가 정신의 지배를 받는 삶을 사는 것이 가능하게 됩니다. 교회와 그리스도인들의 신앙이 사도적 케뤼그마로 회복되지 못하고 있는 것도 모두 십자가에 대한 체험의 부재 때문입니다.

십자가 사건이 단지 구원받기 위해서 필요한 일회용 교리로서 차가운 문자적인 의미로만 받아들여지고 있는 한, 교회는 사도적인 복음 전파의 제목을 소유할 수 없습니다. 초대 교회의 비기독교 세계를 향한 케뤼그마는 교회가 그러한 복음의 내용들을 단지 이해하고 있었을 뿐 아니라, 그들의 가슴 속에 이 복음의 내용들이 살아서 역동하고 있었기 때문입니다.

이 모든 복음의 내용들이 오순절에 체험되자 그들의 신앙은 새로운 지평을 열었고, 교회는 세상을 향해 목숨을 걸고 십자가를 전하지 않을 수 없게 되었던 것입니다. 복음의 내용은 역사적 진술이었지만 그들이 선포한 케뤼그마는 복음의 내용을 해석하여 선포해 주고 그것이 그 시대의 사람들에 대하여 갖는 의미를 밝혀 복음 앞에서 그들의 삶을 결단하도록 촉구하는 것이 되었습니다.

잃어버린 선포

오늘날 교회가 세상을 향한 십자가의 선포를 잃어버리고 있는 것은 교회 안에 있는 성도들의 마음속에서 빛 바래 가는 십자가의 복음을 반영하고 있는 것입니다. 세상을 향한 선포를 잃어버린 교회는 잃어버린 세상을 위하여 아무것도 할 수 없습니다.

한 사람이 그리스도인이 되는 사건은 십자가를 알게 되는 사건에 다름이 아닙니다. 이 세상에는 그리스도를 한없이 사랑했기 때문에 특별한 삶을 살았던 사람들이 많이 있었습니다. 하나님을 한없이 사랑했기 때문에 자신들의 인생을, 오직 그분만을 위하여 넘치도록 수고하며 살아서 불꽃처럼 태워 드렸던 믿음의 사람들이 많이 살다가 갔습니다. 한결같이 연약한 인간들임에도 불구하고 어떻게 해서 그렇게 높은 수준의 신앙과 삶을 이어갈 수 있었을까요?

질그릇과 같이 연약했던 그 사람들이 어찌 그렇게 상상을 뛰어넘는 넘치는 헌신으로 오직 주님만을 위해 살다가 주님만을 위해 죽어 갔는지 우리는 그저 경외심을 가지고 바라볼 따름입니다. 그러나 그들에게는 하나의 공통점이 있었습니다. 그들은 모두 그리스도의 십자가 사건을 깊이 경험한 사람들이었습니다.

정확히 말해서 단지 한때 체험했을 뿐 아니라 그 십자가에 대한 영적 경험을 통해 일생이 거기에 굳게 붙들렸던 사람들이었습니다. 그들은 십자가에 사로잡혔고 그래서 질그릇과 같이 연약한 사람임에도 사자처럼 살 수 있었습니다. 이는 모두 그들이 십자가의 의미와 거기에 나타난 하나님의 위대한 사랑을 경험했기 때문입니다.

그리스도인의 삶과 십자가

그리스도인들이 단지 예수께서 구주시라는 사실에 지적으로 동의한다는 사실 때문에 이 세상에서 다른 사람들과 구별된 삶을 사는 것이 가능할까요? 그리스도인들이 어떻게 이 세상에서 많은 사람들이 탐닉하는 욕망으로부터 자유로울 수 있고 세속적인 정신으로부터 구별될 수 있을까요? 그것은 신앙에 있어서 미래를 바라보는 전망 때문이라기보다는 과거를 생각하는 회고 때문입니다.

다시 말해서 그리스도인들은 신앙을 가지고 있음에도 불구하고 여전히 세상을 사랑하기 쉬운 육체의 욕망 때문에, 그것을 딛고 '위의 것'을 바라보며 살기 위해서는 자기를 위하여 행하신 하나님의 과거의 역사를 회고해야 한다는 것입니다. 그리고 그러한 의미에 있어서 가장 커다란 회고는 그리스도께서 나를 위하여 못박혀 죽으신 십자가 사건의 회고입니다.

이 십자가 사건에 대한 경험적인 회고를 통하여 자신을 향한 하나님의 놀라운 사랑과 그 사랑을 받기에 전혀 합당치 않은 자신의 죄인된 모습을 발견하게 됩니다. 그러므로 자신의 모든 새로운 인생을 오직 그리스도의 구속 사건에 빚지고 있으며, 죄를 향하여 진노하시는 하나님의 심판으로부터 구원받은 것도 모두 십자가의 은혜라는 사실을 인정하지 않을 수 없게 됩니다.

또한 십자가는 단지 우리의 죄를 용서한 그 이상의 일을 하나님께서 우리의 영혼 속에 행하신 표증입니다. 십자가는 우리의 죄를 용서해 주고 불화한 하나님과 화목하게 하는 길을 열어 주었을 뿐만 아니라, 그 십자가 안에서 죄악을 이기고 사단의 권세를 이길 수 있는 실제적인 능력과 권세를 준 것입니다.

그래서 사도는 말합니다. "또 범죄와 육체의 무할례로 죽었던 너희를 하나님이 그와 함께 살리시고 우리의 모든 죄를 사하시고 우리를 거스르고 불리하게 하는 법조문으로 쓴 증서를 지우시고 제하여 버리사 십자가에 못박으시고 통치자들과 권세들을 무력화하여 드러내어 구경거리로 삼으시고 십자가로 그들을 이기셨느니라"(골 2:13 – 15).

사죄 이상의 능력

이처럼 십자가는 이전에 우리를 위하여 행하신 하나님의 죄 사함을 보여 줄 뿐만 아니라, 그것을 통하여 하나님과 바른 관계를 맺고 살아가는 사람들에게 어두운 세상을 불꽃처럼 살아갈 수 있게 만들어 주는 능력이 됩니다.

그러므로 십자가에 대한 체험이 없는 그리스도인의 영적인 삶은 그들로 하여금 십자가의 정신으로 세상을 살아가는 일이 불가능하게 합니다. 복음 사역의 현장에서 크게 쓰임받았던 사람들은 한결같이 영적인 사람들이었습니다. 그리고 교파와 시대를 초월해서 그들에게는 공통점이 있었습니다. 그들은 모두 십자가 사건을 개인적으로 체험한 사람들이었습니다.

이처럼 그리스도인이 십자가의 사건을 깊이 체험적으로 이해하게 될 때에 받는 가장 커다란 유익은 십자가의 정신에 의하여 지배받는 삶을 사는 것입니다. 그리고 이것은 곧 예수님의 마음으로 이 세상을 살아가는 것입니다.

이러한 상관 관계에 대해 사도는 말합니다. "너희 안에 이 마음을 품으라 곧 그리스도 예수의 마음이니 그는 근본 하나님의 본체시나 하나님과 동등됨을 취할 것으로 여기지 아니하시고 오히려 자기를 비워 종의 형체를 가지사 사람들과 같이 되셨고 사람의 모양으로 나타나사 자기를 낮추시고 죽기까지 복종하셨으니 곧 십자가에 죽으심이라"(빌 2:5-8).

그리스도께서 십자가에 못박혀 죽으신 이 놀라운 구속의 사건이 체험을 통하여 개인의 삶에 적용되지 아니하고는 결코 그리스도를 드러내는 삶을 이어 갈 수가 없습니다. 왜냐하면 그리스도께서 자신을 그리스도로 드러내신 사건은 바로 십자가 사건을 통해서였기 때문입니다. 십자가의 정신에 의하여 지배받는 영적인 삶의 개선 없이, 단지 생활에 대한 종교적인 길들이기로써 그리스도인의 삶을 창출할 수 있다고 믿는 것은 헛된 망상입니다.

만약 그것이 가능했더라면 그리스도께서 왜 우리를 위해 십자가에 못박혀 죽으셨겠습니까? 그리스도인의 삶은 그의 영혼 안에서 시작되는 것이며, 세상을 이기며 살아가게 하는 모든 결단도 그의 내면 세계의 변화로부터 출발하는 것입니다.

세상의 모든 사람들이 인정하고 추구하는 가치들을 헛된 것으로 여겨 기꺼이 버리고, 세상에서 인정해 주지 않고 받아 주지 않는 것들을 가장 가치 있게 여겨, 그것을 따라 사는 것이 바로 그리스도인의 삶이 아니겠습니까?

회심은 단지 시작이다

우리는 비록 그리스도를 믿고 그리스도인이 되었으나 우리가 교인이 된 것과는 상관없이 세상은 변함없이 우리를 기다리고 있습니다. 우리는 그리스도를 믿고 구원을 얻은 그 순간에도 어제와 마찬가지로 하나님 없이 살아가는 이 세상과 직면해야 합니다.

그리스도께서 우리를 위하여 죽으신 십자가 사건은 그 앞에서 참회하는 우리로 하여금 영원을 위하여 영생의 씨앗을 뿌리는 삶을 시작하게 하는 것입니다.

이전에는 자신이 왕 노릇하고 스스로 자기 인생의 주인 노릇하며 상식과 개인의 가치로 삶의 기준을 삼았던 삶의 태도로부터 돌이켜, 그리스도를 주인으로 모시고 그분의 말씀을 삶의 기준으로 삼으며 그리스도의 통치를 받는 것을 갈망하며 사는 것입니다. 그리고 이 모든 일들은 그리스도께서 자기를 위해 죽으신 십자가 사건의 의미를 체험을 통해 깨닫는 것과 함께 일어나는 것입니다.

한 사람의 자연인이 그리스도를 구주로 영접하고 하나님의 자녀가 되는 과정은 이 같은 십자가 사건의 체험적인 특성을 잘 드러내 줍니다. 그리스도의 복음을 듣고 십자가 앞에서 자신이 누구인지를 깨닫게 되는 순간에 하나님과 구원에 대해서도 알게 됩니다. 왜냐하면 십자가는 단지 하나님의 구원의 은혜를 말해 줄 뿐 아니라, 인간의 비참함에 대하여 가르쳐 주기 때문입니다.

우리는 십자가 앞에서 비로소 자신이 얼마나 큰 죄인인지를 알게 됩니다. 그리스도께서 못박히신 사건은 역사적으로 2,000년 전에 일어났으나, 그 십자가 앞에서 자신의 죄를 참회할 때 그때 그 사건은 지금 우리에게도 재연되는 것을 경험하게 됩니다. 그리고 이 같은 체험은 우리의 영혼 안에서 이루어집니다.

그러므로 십자가에 대한 체험이 없는 그리스도인의 영적 생활은 그들로 하여금 십자가의 정신으로 세상을 사는 일들을 불가능하게 합니다. 앞에서도 말했지만 십자가 정신에 의하여 지배를 받는 영적인 삶의 개선 없이 단지 삶에 대한 종교적인 강요로써 그리스도인의 삶을 창출할 수 있다고 믿는 것은 헛된 망상입니다. 그것이 가능했더라면 그리스도께서 왜 우리를 위해 십자가에 못박혀 죽으셨겠습니까?

십자가로 불꽃처럼

그리스도인의 삶은 그의 영혼 안에서 시작되는 것이며, 세상을 이기며 살아가게 하는 모든 신앙적인 결단도 그의 내면 세계의 변화로부터 나오게 되는 것입니다. 따라서 십자가와의 만남 없이도 그리스도인의 삶을 살 수 있다고 하는 것은 불가능한 것입니다.

예수 그리스도께서 말씀하셨습니다. "누구든지 나를 따라오려거든 자기를 부인하고 자기 십자가를 지고 나를 따를 것이니라"(마 16:24). 그리스도께서 십자가 사건을 예언하신 같은 시각에 이 말씀을 주셨다는 사실을 기억합시다.

십자가에 대한 이해 없이는 그리스도를 따라가는 삶을 사는 것이 불가능합니다. 우리는 하늘의 영광을 버리고 낮고 천한 이 땅에 오셔서 자신의 모든 것을 버리신 희생적인 삶의 마침인 그리스도의 십자가를 바라보면서 끊임없이 자신을 부인하며 살아야 할 이유를 발견하게 됩니다.

그리스도 예수께서 우리를 위해 죽으신 그 큰 고난과 희생의 십자가 사건을 묵상하며 그 고난에 참여하는 것은, 오늘 우리로 하여금 자신을 부인하기 위하여 치러야 할 희생들을 가능하게 합니다. 그리스도의 십자가에 대한 깊은 성찰은 필연적으로 우리를 그리스도께서 받으셨던 고난의 아픔을 느끼게 하고 감동받게 합니다.

아아, 이 시대의 교회는 과연 이 십자가의 사건을 설명해 줌으로써 무쇠처럼 굳어져 있는 그리스도인의 가슴을 그분의 사랑으로 녹아지게 하고 있습니까? 누가 저들의 강철같이 차갑게 굳어진 뺨에 그리스도의 대속의 은혜로 말미암는 감격의 눈물이 흐르게 할 것입니까? 우리는 이 놀라운 십자가의 사랑에 붙잡혀 그리스도 외에는 아무것도 보이지 않는 설교자들이 하늘의 능력으로 그 은혜를 선포하는 강단을 그리워하고 있습니까?

그리스도의 십자가의 고난을 아는 지식만이 그리스도인들로 하여금 십자가를 지는 삶을 배우게 할 수 있습니다. 누구든지 그리스도 예수의 십자가를 깊이 체험한 사람들만이, 그리스도를 택할 것인지 세상을 택할 것인지 결단을 촉구하며 다가오는 순간 순간의 선택 앞에서 하나님이 기뻐하시는 바를 택할 수 있는 것입니다.

영혼의 추수를 위하여 순간의 안락을 버리는 것, 영혼의 유익을 위하여 육신의 아픔을 기꺼이 택하는 것, 그리스도의 영광을 위하여 자신의 수치를 마다하지 아니하는 것, 하나님의 이름이 높아지는 것을 위해 자신의 낮아짐을 개의치 아니하는 것, 이 모든 아름다운 삶은 십자가의 정신으로부터 비롯됩니다. 거기에서 우리는 영원한 기업을 우리에게 주시기 위하여 자신의 육체를 대속 제물로 주신 그리스도를 발견하기 때문입니다.

이어져야 할 고난

보십시오. 그리스도는 2,000년 전에 이미 십자가에 못박혀 죽으셨으나 그의 고난은 지금도 교회를 통하여 이어지고 있습니다. 그리스도는 하늘에 오르셨으나 이 땅에서 다하지 못한 탄식은 교회 안에 거하시는 성령의 탄식으로 이어지고 있습니다. 오늘날 잠들어 있는 세상과 빛을 잃은 교회를 향한 성령의 탄식은 이 땅에 계실 때에 통곡과 눈물로 기도하셨던(히 5:7) 그리스도 예수의 몸부림이 아니고 무엇이겠습니까?

그러므로 교회는 자신들을 위하여 탄식하시는 성령을 통하여 여전히 이 땅에 계신 그리스도를 발견하게 됩니다. 따라서 교회가 그리스도의 고난의 십자가를 주목하게 될 때, 오히려 그들은 자신들로 하여금 문제가 많은 세상에서 고난을 받으며 역사의 모진 바람 앞에서 시련을 견디며 서 있게 하신 하나님을 찬양하지 않을 수 없게 됩니다. 왜냐하면 그러한 삶을 통해서 우리는 우리를 위하여 자신의 모든 것을 버리신 예수 그리스도에 대한 사랑을 삶의 현장에서 핏빛 고백으로 적어 갈 수 있기 때문입니다.

교회의 회복과 십자가

그러므로 교회는 그리스도인들이 십자가에 대한 감격 없이 살아가는 사실상의 비복음적인 삶에 대하여 책임을 통감해야 합니다. 그리스도의 교회는 하나님의 말씀을 위탁받은 신적 기관입니다.

비록 그리스도를 믿고 거듭난 성도들이라 할지라도, 그들은 언제나 하나님의 말씀보다는 세상의 풍조와 사조에서 배우고 세상의 습관을 따라가기 쉬운 사람들입니다. 주일이 되면 하나님 앞에 와 예배를 드리지만 일주일 내내 십자가의 정신으로 살아가는 사람들은 극히 소수에 불과합니다. 대부분의 사람들은 세상과 싸우는 대신에 타협하기를 좋아합니다. 그러나 교회가 아니면 누가 그들을 깨울 것입니까? 더 정확히 말해서 설교자들이 아니면 누가 그들로 하여금 자신들의 잘못된 비복음적인 삶에 대하여 각성하도록 만들어 주겠습니까? 선명하고 순수한 복음 설교가 그리스도인들에게조차 충격적인 감탄을 불러일으키는 현실은 통탄해야 할 상황이 아니고 무엇이겠습니까?

세상은 언제나 세상이다

세상은 언제나 십자가를 싫어하고, 그리스도인들은 복음이 가르치는 세상과 죄인에 관한 견해를 거절하는 이 땅에서 살아갑니다. 세상 속에 있는 그리스도인들이 이러한 세상으로부터 영향을 받는 것은 피할 수 없는 것입니다.

이 모든 일에 대한 대안은 그리스도인들이 하나님의 교회로부터 받는 영적인 영향력이 세상으로부터 받는 세속적인 영향력을 뛰어넘도록 하는 것입니다. 그러기 위하여는 하나님의 교회 안에 십자가의 복음에 대한 감격이 있어야 합니다.

더 정확하게 말해서 하나님의 말씀을 전하는 설교자들의 가슴 속에 이와 같은 십자가에 대한 감격이 있어야 합니다. 그리고 그 같은 십자가 사건에 대한 감격이 그들로 하여금 자신들이 삶 속에서 경험하고 있는 십자가를 설교하지 않을 수 없도록 만들어 주어야 합니다. 단지 우리를 위하여 십자가에 못박혀 죽으신 그리스도 예수에 대한 감상적(感傷的)인 느낌이 아니라, 십자가와의 깊은 만남을 통하여 영적 체험을 소유하고, 자신들이 직접 경험한 십자가 진리의 내용들을 소유하고 있어야 합니다.

십자가가 많은 기독교 교리 중의 하나가 아니라, 그것을 통하지 아니하고는 기독교가 무엇인지를 설명할 수 없고 하나님이 누구신지를 말할 수 없는 살아 있는 간증이 설교자 안에 역사하여야 교회가 십자가 신앙을 회복할 수 있습니다. 기억하십시오. 교회 역사를 살펴보면 교인들이 십자가를 버리기 전에 강단이 먼저 십자가를 버리는 일이 일어났습니다.

만약 이 십자가가 설교자들에게 단지 고난 주간을 연상시키는 설교 주제가 되고 있다면 그것은 매우 불행한 일이 아닐 수 없습니다. 그러나 설교자의 심령 속에 십자가 사건이 새롭게 경험되는 곳에서는 언제나 십자가의 참된 의미에 대하여 주목하는 성도들이 생겨났습니다.

카이퍼와 십자가

오늘날 아브라함 카이퍼(Abraham Kuyper)는 헤르만 바빙크(Herman Bavinck), 벤저민 워필드(Benjamin B. Warfield)와 함께 칼빈주의 신학 사상에 커다란 영향을 끼친 3대 신학자로 기억되고 있습니다. 그는 네덜란드 사람이었습니다.

그가 신학을 배우고 목회하던 시기는 바로 유럽에서 합리주의 신학이 꽃을 피우던 시기였습니다. 성경의 신적인 기원이 부인되고 문서설이 각광을 받던 시기였습니다. 신약에 기록된 복음의 내용들과 기적들은 전설로 취급되었습니다. 젊은 카이퍼 역시 그러한 시대의 아들이었습니다. 카이퍼 자신은 목회하던 교회에서 당대의 지성인들을 끌어 안는 설교를 하고 있다고 생각하였지만, 그것은 복음의 씨앗 대신 합리주의의 모래로 가득 찬 설교였습니다.

카이퍼가 그렇게 설교하던 어느 날이었습니다. 그 교회에 출석하는 한 노파가 스스로 자신이 행한 설교에 만족해 하며 강단을 내려오는 카이퍼 목사에게 이렇게 말하였습니다. "목사님, 참으로 유익한 설교 말씀이었습니다. 그런데 부탁드리고 싶은 것이 있어요. 다음 주일에는 부디 십자가를 설교해 주시면 감사하겠습니다."

젊은 카이퍼 목사는 그냥 웃으며 지나쳤습니다. 그러나 노파의 이 같은 간청은 매주일 되풀이되었습니다. 결국 카이퍼 목사는 십자가를 설교하기 위하여 성경을 다시 살펴보기 시작했고 그것이 계기가 되어서 커다란 영적인 각성과 복음을 체험하게 됩니다. 결국 그는 합리주의적이고 인본주의적인 신학을 버리고 칼빈주의로 돌아서게 됩니다.

십자가에 대한 체험이 성경 전체에 흐르고 있는 복음에 눈을 뜨게 하고, 이 같은 복음에 대한 경험은 그의 신학적인 입장을 뒤바꾸어 놓게 된 것입니다. 복음 전파를 위하여 쓰임을 받았던 사람들 중 대부분의 사람들에게는 복음에 대한 깊고도 분명한 체험이 있고, 이 같은 체험의 한복판에는 십자가에 대한 영적 체험이 있었습니다.

넘치는 헌신의 원동력

그런 의미에서 우리는 사도 바울로 하여금 그토록 헌신적인 순교자의 삶을 가능하게 하였던 그 원천적인 힘이 무엇인지에 대하여 깊이 생각하게 됩니다. 그는 그리스도 예수께서 자기를 위해 십자가에 못박히신 이 구속의 사건을 통하여 하나님이 누구신지를 알게 되었으며 자신의 소명이 무엇인지를 확신하게 되었습니다.

그의 고난으로 점철된 모든 선교의 여정을 붙잡아 준 것도 오직 십자가의 복음이었습니다. "우리가 살아도 주를 위하여 살고 죽어도 주를 위하여 죽나니 그러므로 사나 죽으나 우리가 주의 것이로다"(롬 14:8).

그렇습니다. 이렇게 십자가의 사랑에 붙들려 사로잡힌 사람들은 조금도 사랑스럽지 않은 것을 그리스도로 말미암아 사랑하며, 즐거워할 수 없는 일을 십자가로 말미암아 즐거움으로 견딥니다. 그들은 그 보혈의 능력으로 자신을 다 불사르지 않고는 견딜 수 없게 강권하시는 그리스도의 사랑을 가슴 속에 지니고 살아가는 사람들입니다. 설교자들뿐만 아니라 모든 성도들이 이런 삶을 살아가야 합니다.

그리스도의 십자가에 나타난 핏빛 사랑이 골수에 사무친 불이 되어 복음을 전하고 또 영혼을 사랑하도록 부름받은 사람들이 바로 그리스도인임을 기억하여야 합니다. 너무나 쉽게 세상을 사랑하고 자기만을 위하는 육체의 이욕(利慾)을 따라 살기 쉬운 인생들을 변화시켜 하나님을 위하여 살게 하고, 이생 너머의 영원한 상급을 바라보며 순수한 동기로 힘에 넘치도록 헌신하며 살게 하는 위대한 헌신의 원동력도 오직 십자가를 아는 지식에서 비롯됩니다.

모든 그리스도인들이 십자가의 의미를 알고 그 복음 앞에 깨어나게 되도록 교회는 기도해야 합니다. 우리가 복음 아닌 것들 안에서 안주하는 대신에 복음과 함께 고난을 받으며, 십자가 아닌 것들을 인하여 위로받기보다는 오히려 십자가로 말미암아 고통을 당하며, 진리 아닌 것들을 인하여 세상과 화목하기보다는 참된 것들 때문에 세상과 싸우기를 소원하여야 합니다.

그것을 통하여 교회는 그리스도께 더 가까이 다가가기 때문입니다. 우리가 참된 영적인 각성과 진정한 신앙의 부흥을 갈망하는 것도 바로 이 때문입니다.

그리스도의 고난을 기리라

그러므로 고난 주간을 특별히 따로 지켜야 한다는 사실 자체가 어떤 의미에선 서글픈 일이 아닐 수 없습니다. 더욱이 그런 기간에 떠들썩한 특별 행사를 갖는 것이 어떤 의미에서는 세상스러운 것이 아니겠습니까?

교회는 언제나 복음의 정신에 젖어 있고 예배는 항상 십자가의 영에 압도되어 있어야 합니다. 그러나 너무나 쉽게 복음의 본질을 잃어버리고 살아가기 쉬운 교회의 세속적인 속성 때문에 우리는 고난 주간을 지키기도 합니다. 그렇기 때문에 고난 주간을 통하여 특별히 십자가 신앙을 회복해 보려는 목회자와 성도들은 이 기간을 절기라고 생각하면서 준비하지 말아야 합니다.

요란스러운 행사나 구호보다는 고요히 하나님의 말씀 앞으로 나아와 세속에 찌든 마음의 각질을 벗겨 내고 십자가의 사랑을 느낄 수 있도록 하여야 합니다. 오히려 이러한 말씀을 계기로 하여 교인들의 정신과 삶이 복음의 본질을 회복하도록 만들어 주어야 합니다.

따라서 요란스러운 행사나 일과성(一過性) 프로그램에 기대를 걸기보다는, 성도들이 자신의 내면을 성찰하고 자신의 신앙과 삶 안에 사라진 복음의 요소와 허기진 영혼의 공허함을 직시하게 하여 그리스도의 십자가 앞으로 나아가고 싶은 겸비한 마음을 갖도록 도와야 합니다. 십자가 앞에서 겸손하게 무릎 꿇고 자신의 죄를 뉘우치는 깊은 결단과 신앙의 도전들이 주어져야 합니다.

그리하여 그리스도의 죽으심에 대한 신파조(新派調)의 애통함이 아니라, 그리스도를 떠난 자신들의 삶에 대한 애통이 교회당을 메우게 되는 복스러운 각성의 은혜가 교회에 넘쳐야 합니다.

남에게 보이기 위한 행사의 성취가 아니라 그리스도인들의 내면적인 삶의 변혁을 목표로 삼아야 합니다. 모든 그리스도인들이 자신들의 삶을 총체적으로 돌아보고 그 현장을 십자가의 복음으로 재조명하는 기회로 삼아야 합니다.

감격하게 하라

그리스도께서 우리를 위해 죽으신 그 십자가에 대한 선포를 통하여, 신앙을 통하여 무엇인가를 얻어 누리려고 하는 현세적이고 기복적인 믿음의 자세를 새롭게 진단하고, 그리스도 안에서 이미 자신들에게 주어진 그 가슴 벅찬 성도의 기업과 대속의 은혜를 인하여 감격하도록 만들어 주어야 합니다.

사람들이 이 대속의 놀라운 은혜를 인하여 감사하지 않는 것은 자신들이 얼마나 비참한 죄인인지 모르기 때문입니다. 그리고 그 죄인을 기다리고 있는 하나님의 진노의 심판이 얼마나 끔찍하고 불 같은지에 대해 느끼지 못하고 있기 때문입니다.

우리는 기독교 신앙에 있어서 십자가의 중심성에 대하여 마음의 눈을 돌려야 합니다. 이를 위하여 무엇보다도 말씀이 중요하다고 생각합니다. 하나님의 말씀을 통하여 성경의 중심이 그리스도 예수의 십자가와 부활인 것을 발견하고 깨달아야 합니다.

신앙고백은 먼저 십자가의 고백이 되지 않으면 안 됩니다. 그리스도인은 먼저 자신이 중심 되신 그리스도 예수의 십자가의 사랑에 깊이 감화를 받으며 살아가야 합니다.

마르지 않아야 할 감동

우리가 십자가를 전하고자 할 때 그 주제에 대한 감동이 마르지 아니하도록 자신의 영적인 삶을 관리하는 데 혼신의 힘을 쏟지 않으면 안 됩니다. 십자가를 가르치는 것과 설교하는 것은 단지 사람들로 하여금 십자가의 고통을 생각나게 하여 이미 2,000년 전에 죽으신 그리스도 예수의 고난에 대해 연민의 정을 불러일으키는 정도에 그치는 것이 되어서는 안 됩니다.

중요한 것은 사도 바울이 고백한 대로 그 십자가의 정신으로 살아가도록 만들어 주는 것입니다. "내게는 우리 주 예수 그리스도의 십자가 외에 결코 자랑할 것이 없으니 그리스도로 말미암아 세상이 나를 대하여 십자가에 못박히고 내가 또한 세상을 대하여 그러하니라"(갈 6:14).

사도 바울이 갈라디아서에서 "십자가에 못박히다."라고 하였을 때 그것은 이전에 일어난 그리스도 예수의 십자가의 일회적 고난이나 다메섹에서 그리스도를 만나고 체험한 일회적 회개를 가리키는 것이 아니었습니다. 갈라디아서 6장 14절에서 '십자가에 못박히고'에 해당하는 헬라어 **에스타우로타이**(ἐσταύρωται)는 현재완료 시제입니다. 이것은 한 번 십자가에 못박힌 사건이 현재까지 바울의 실존에 영향을 끼치고 있음을 보여 주는 것입니다.

우리에게 요긴한 것은 십자가의 의미를 자신의 영적인 삶 속에서 깊이 경험하는 것입니다. 십자가의 복음이 마음에 깊이 다가와서 하나님께로부터 은혜로 받은 모든 구원의 은총, 하나님과의 교통에서 오는 성도의 즐거움과 약속된 미래의 기업의 풍성함이 모두 그리스도 예수의 죽으심과 부활로 말미암았음을 깊이 깨닫게 되는 일이 필요합니다.

우리가 자신의 유익만을 위하여 사는 삶이 얼마나 부끄러운지를 깨닫게 되는 곳도 바로 이 십자가 아래에서의 일입니다. 우리로 하여금 일락을 따라 사는 삶에 불편함을 느끼고 오히려 하나님을 위한 거룩한 섬김을 위하여 긴장하고 고난을 받는 헌신의 길을 택하게 하는 것도 십자가 앞에서의 일입니다.

그 십자가 때문에

신약 시대와 같이 구원에 관한 모든 계시가 밝히 드러난 때에는 하나님 앞에서 산다는 것과 십자가 아래서 산다는 것은 같은 말이라고 해도 과언이 아닙니다. 그리스도는 하나님을 계시하셨고, 십자가는 그의 사랑을 나타낸 것이기 때문입니다(롬 5:8).

저는 여러분들이 이 책을 읽으면서 다시 한 번 우리를 위해 자기 몸을 버리신 그리스도를 위하여 사는 것 이외에 삶의 소망이 없음을 깊이 인식하고, 우리 안에 역사하시는 십자가의 사랑으로 어두운 세상을 불꽃과 같이 지나며, 하나님을 등진 세상을 밝혀 그리스도에게로 나아가는 길을 보여 주는 삶을 살게 되시기를 바랍니다.

세상이나 세상에 있는 것들에 대하여 바쳤던 사랑 대신 오로지 우리를 향한 사랑 때문에 자신의 몸을 십자가에 버리신 그리스도 예수에 대한 사랑으로 자신을 채우십시오. 예수님이 찢기신 몸으로 가르신 휘장과 뿌리신 보혈로 새롭게 여신 그 핏길을 걸어서 거룩하신 하나님 앞에 나아가 새로운 하나님과의 만남을 경험하게 되기를 빕니다.

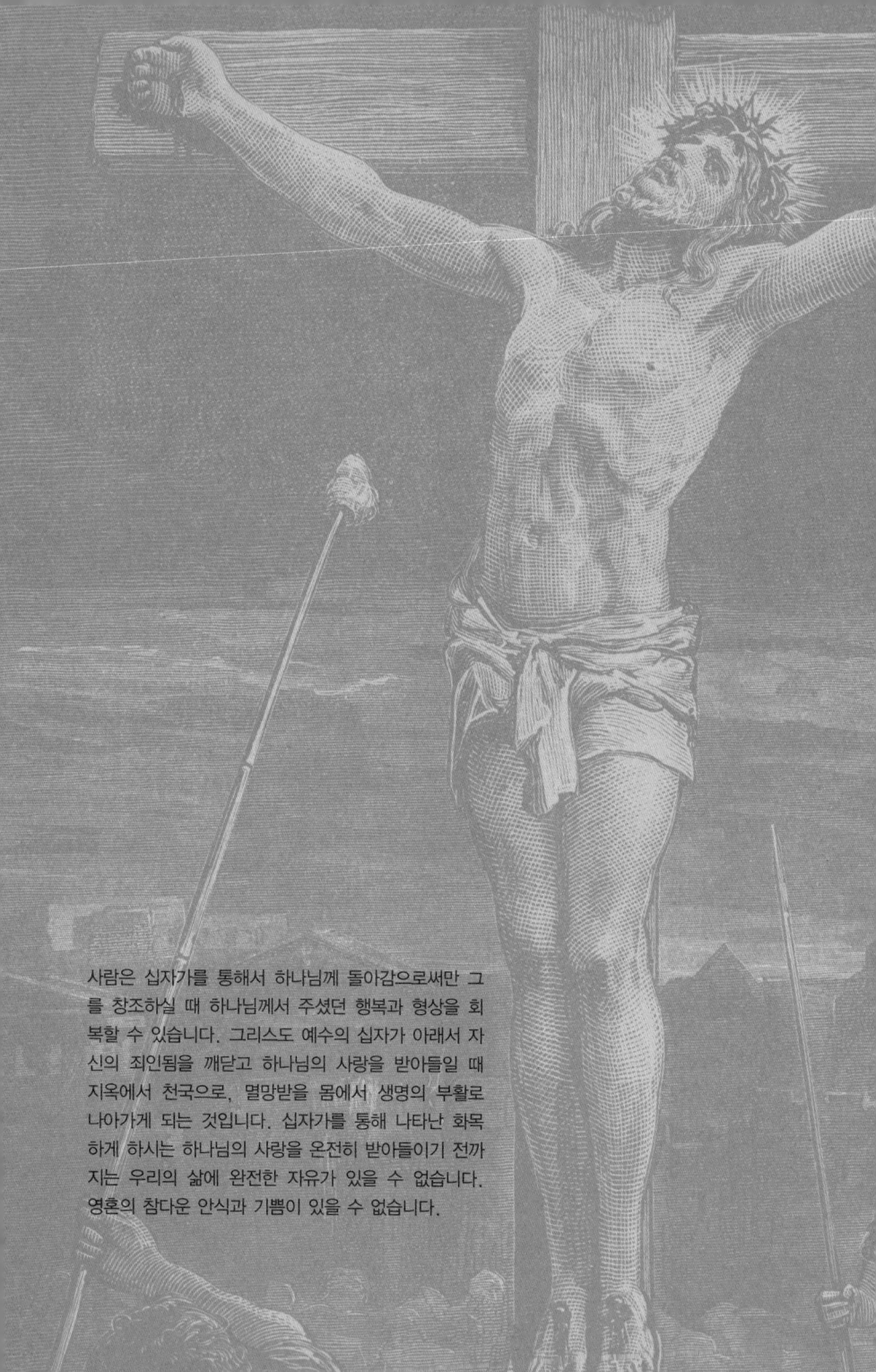

사람은 십자가를 통해서 하나님께 돌아감으로써만 그를 창조하실 때 하나님께서 주셨던 행복과 형상을 회복할 수 있습니다. 그리스도 예수의 십자가 아래서 자신의 죄인됨을 깨닫고 하나님의 사랑을 받아들일 때 지옥에서 천국으로, 멸망받을 몸에서 생명의 부활로 나아가게 되는 것입니다. 십자가를 통해 나타난 화목하게 하시는 하나님의 사랑을 온전히 받아들이기 전까지는 우리의 삶에 완전한 자유가 있을 수 없습니다. 영혼의 참다운 안식과 기쁨이 있을 수 없습니다.

제2장

십자가가 말하는 두 가지 진리

"미쁘다 모든 사람이 받을 만한 이 말이여 그리스도 예수께서 죄인을 구원하시려고 세상에 임하셨다 하였도다 죄인 중에 내가 괴수니라 그러나 내가 긍휼을 입은 까닭은 예수 그리스도께서 내게 먼저 일체 오래 참으심을 보이사 후에 주를 믿어 영생 얻는 자들에게 본이 되게 하려 하심이라"

딤전 1:15-16

부서진 참호

저는 춘천이라는 도시를 참 좋아합니다. 자주 갈 기회는 없지만 호반의 도시라고 불리는 이 도시는 탁 트인 시원한 정경과 너른 강 그리고 호수가 자랑입니다. 오래전에 서울서 춘천으로 가는 길을 두 배로 확장해서 새 길을 만들어 놓았습니다.

저는 깨끗하게 새로 포장하고 단장한 지 얼마 안 되는 가로(街路)를 차를 타고 달려가고 있었습니다. 까만 아스팔트에 선명하게 그어 놓은 하얀 차선과 완공된 지 얼마 안 되는 도로 주변의 여러 구조물들이 차를 타고 달리는 사람의 마음을 상쾌하게 만들어 주었습니다.

더욱이 가로 주변 한쪽으로는 시원한 강과 호수가 있고 또 한편으로는 푸른 숲이 우거져 있어 녹음을 느끼기에 충분하였습니다. 그런데 그 깨끗하고 말끔하게 단장된 가로 곁에 다 부서진 콘크리트 무더기가 흉악하게 철근을 드러낸 채 있었습니다. 달려오면서 같은 광경을 여러 번 볼 수 있었습니다. 그것이 무엇인가 알아보았더니 6·25때 공산군의 포격을 받아 부서진 아군의 참호였습니다.

사람들은 무엇을 생각나게 하고 싶어서 포탄으로 만신창이 된 폐허를 40여 년이 지난 오늘도 신작로 곁에 남겨 두고 있는 것일까요? 아마 그날의 처참한 상황과 목숨을 바쳐 그 참호에서 국토를 지키다가 장렬하게 사망한 이름 없는 병사들의 충성과 희생을 생각나게 하기 위하여 일부러 없애 버리지 않고 사람들 눈에 잘 띄도록 길가 곁에 있게 했을 것입니다.

사단의 전략

오늘날 교회가 잊고 있는 신앙의 주제가 있다면 그 중 하나는 십자가일 것입니다. 그러나 하나님께서는 교회가 신약성경에 제시된 교회의 모습으로 돌아갈 때마다 항상 이 십자가의 도를 신앙의 중심이 되게 하셨습니다. 교회가 복음에 충실하고 있는지에 대한 가장 뛰어난 시금석은 바로 이 십자가의 복음입니다.

강단이 이 십자가를 선포하지 않을 수 없는 설교의 동기들을 갖게 되고, 성도들이 십자가의 진리를 인하여 감격하며, 그 십자가의 고난을 삶을 통해 실현하는 인생을 살아갈 때 교회의 모습은 신약성경에 제시된 모습으로 되돌아갈 수 있었습니다.

교회를 향한 사단의 교묘한 전략 가운데 하나는 잊어버리게 하는 것입니다. 만약 이러한 사단의 전략이 성공하기만 한다면 교회와 그리스도인들이 아무리 열심히 여러 가지 프로그램들을 세우고 교회의 발전과 성장을 위하여 애쓴다고 할지라도 자기의 왕국에 별로 해가 되지 않을 것을 알고 있기 때문에 그는 그리스도인들로 하여금 잊어버리게 하는 일에 열심을 내고 있습니다.

교회로 하여금 교회 되게 하고 신앙으로 하여금 기독교 신앙이 되게 하는 성경에 기록된 기본적인 신앙의 토대들을 잊어버리게 하거나, 기억한다고 하더라도 그 본래의 의미를 인식할 수 없도록 만듦으로써 사실상 교회와 그리스도인들이 그 진리에 의해 감화받지 못하고 그 진리대로 살아가지 못하게 하는 것입니다.

그래서 교회가 커다란 영적인 각성을 경험할 때는 항상 잊혀졌던 복음의 진리들이 그리스도인들 사이에서 새롭게 기억되는 일들이 함께 일어났습니다. 강단은 신앙의 중심인 복음을 새롭게 회복하고 그리스도인들은 그러한 복음 진리를 체험을 통해 새롭게 느끼게 되는 일들이 성령의 역사와 함께 나타났던 것입니다. 하나님께서는 이처럼 수많은 그리스도인들의 영적인 삶에 새로운 변화를 주시고 십자가를 통한 소생을 주셔서 불신하는 그 시대의 죄인들에게 말씀을 전하게 하는 일들을 기쁘게 행하셨습니다.

변함없는 구원 방법

십자가는 많은 기독교 교리 중 한 요소로 취급될 수 없습니다. 십자가는 기독교의 생명 그 자체입니다. 십자가가 중심이 되지 않는 기독교의 모든 가르침은 죽어 버린 이데올로기에 불과합니다. 그토록 긴 구약의 역사가 하나의 시점을 보고 달려 왔습니다. 그리고 신약 시대에 구원을 경험했던 수많은 성도들이 그 한 시점을 주목하였습니다. 그것은 그리스도의 십자가 사건이었습니다.

십자가 사건은 단지 역사적으로만 의미 있는 것이 아닙니다. 실제적으로 그리스도인들의 마음이 십자가로 말미암는 구원의 감격을 상실할 때 그들이 성경이 요구하고 있는 그리스도인의 본분을 따라 살아간다는 것은 거의 불가능하였습니다. 하나님에 관한 모든 학문도 이렇게 십자가의 빛 아래서 탐구되기를 거절할 때 하나님의 계시보다 인간의 사상을 높이는 데로 나아가게 되었습니다.

세월이 흘러가고 역사가 바뀌어도 변하지 않는 하나님의 구원 방법이 바로 십자가인 것입니다. 하나님은 이 십자가를 통해서 멸망받은 당신의 백성들을 구원과 생명의 자리로 옮기시고 십자가를 통해 이루신 하나님의 부요하고 위대한 능력을 경험하게 함으로써 교회의 가난한 영적인 삶을 부요하게 변화시키셨습니다.

뿐만 아니라 교회와 그리스도인들이 자신들을 위해 못박혀 죽으시고 다시 사신 그리스도 예수의 구속 사건을 체험하게 될 때 비로소 세상의 잃어버린 영혼들에 대하여 눈뜨는 일들이 일어났던 것입니다.

거절당하는 십자가

이 시대는 어느 때보다도 더 완강하게 하나님의 복음을 거절하기로 결심한 것처럼 보입니다. 더욱이 오늘날과 같이 과학이 발달하고 새로운 문명의 물결이 세상의 풍조를 움직이고 있는 때에는 십자가의 복음이 더욱 미련하게 보일 수 있습니다.

사람들은 지적인 교만 때문에 십자가의 복음을 거절합니다. 마치 예수님 시대에, 구원을 주시는 십자가의 복음이 지혜 있는 헬라인들에게는 미련해 보였던 것처럼 말입니다. 또 어떤 사람들은 영혼의 운명에 대해서 진지하게 생각할 수 없으리만치 현세적인 삶에 몰두해 있기 때문에 십자가의 복음을 달갑게 생각하지 않습니다.

모든 사람이 그들의 도덕적인 삶과는 상관없이 죄인으로 규정되어야 한다는 십자가의 복음이 상식에 거치는 것이 되기 때문에 복음을 거절하기도 합니다. 그러나 이런 일들은 이미 오래전에 예고된 일이었습니다.

예수님이 오시기 전에 십자가의 고난을 예언했던 이사야 선지자도 이미 이 같은 일들을 예고하였습니다. "그는……연한 순 같고 마른 땅에서 나온 뿌리 같아서 고운 모양도 없고 풍채도 없은즉 우리가 보기에 흠모할 만한 아름다운 것이 없도다……우리도 그를 귀히 여기지 아니하였도다"(사 53:2-3).

이 말씀은 예수 그리스도와 십자가의 고난이 사람들에게 어떻게 받아들여질 것인지를 예고한 것입니다. 이방인들에게뿐만 아니라 하나님이 선택하신 이스라엘 백성들에게까지 오해받고 버림받게 될 것임을 미리 가르쳐 준 것입니다.

체험적인 고백

그러나 오늘 본문을 기록하고 있는 사도 바울은 이렇게 말합니다. "미쁘다 모든 사람이 받을 만한 이 말이여 그리스도 예수께서 죄인을 구원하시려고 세상에 임하셨다 하였도다 죄인 중에 내가 괴수니라 그러나 내가 긍휼을 입은 까닭은 예수 그리스도께서 내게 먼저 일체 오래 참으심을 보이사 후에 주를 믿어 영생 얻는 자들에게 본이 되게 하려 하심이니라"(딤전 1:15-16).

바울은 십자가에 대한 자신의 경험과 고백을 여러 차례 하였습니다만 가장 인상적이고 강렬한 고백을 또 한 곳에서 하고 있습니다. "그러나 내게는 우리 주 예수 그리스도의 십자가 외에 결코 자랑할 것이 없으니 그리스도로 말미암아 세상이 나를 대하여 십자가에 못박히고 내가 또한 세상에 대하여 그러하니라"(갈 6:14).

무엇 때문입니까? 무엇 때문에 사도는 모든 사람들에게 부끄러움이 되는 그 십자가밖에는 자랑할 것이 없다고 고백을 하지 않을 수 없게 되었습니까? 그는 세상 사람들이 동의해 줄 수 없는 자랑거리를 붙들고 살아갔기 때문에 전에 유익하던 모든 것들을 잃어버렸습니다. 그럼에도 불구하고 무엇 때문에 그는 세상이 싫어하는 이 십자가를 자랑한다고 고백하고 있는 것일까요?

어떤 의미에서 이것은 자기 스스로 선택한 자랑이 아니라 신적인 강제력(divine enforcement)으로 자랑하지 않을 수 없도록 사로잡힌 사도의 모습을 보여 주고 있습니다. 그것은 사도 바울 자신이 오직 그 십자가로 말미암아 구원받았기 때문입니다. 오직 그 십자가를 통해서 자신을 구원하시는 하나님의 방법을 보았기 때문입니다.

뿐만 아니라 하나님께서는 오직 이 십자가를 통하여 다른 사람들도 구원하실 것이었기 때문입니다. 역사가 흘러가고 사상이 바뀌고 기독교에 대한 세상의 태도도 시대의 변천에 따라 변화하여 왔습니다. 기독교 사상이 더 많이 환영받던 때도 있었고 덜 환영받던 때도 있었습니다. 그러나 인간을 구원하시는 하나님의 방법은 오직 한 가지 곧 십자가뿐이었습니다.

말하는 십자가

오늘도 피로 물든 그리스도 예수의 십자가는 우리를 구원하시는 하나님의 방법에 대하여 말해 줍니다. 우리가 누구인지를 말해 주고, 어떻게 하나님이 소망 없는 우리를 구원하시는지를 알려줄 뿐만 아니라 어떤 방법으로 그런 우리들을 구원하시기를 기뻐하셨는지 말씀해 주십니다.

하나님께서 우리에게 십자가를 통해 무엇을 말씀해 주시려고 그 십자가의 진리를 교회의 중심 교훈으로 삼으셨을까요? 거룩한 하나님의 사랑을 깨닫고 구원에 이르는 사람들마다 그렇게 피 묻은 십자가 앞에 홀로 직면하지 않을 수 없도록 만들어 주신 구원 계획은 무엇 때문입니까? 오늘도 사람들에게 일일이 동의를 구하지 않고 갈보리산 위에 우뚝 서서 시대를 뛰어넘고 나라를 건너 인종과 지식에 관계없이 구원받은 우리들과 아직 버려진 이 세상의 영혼들에 대하여 말하고 있는 바는 무엇일까요?

사도의 고백을 살펴보면 우리는 거기서 십자가가 말하고 있는 두 가지 사실을 발견하게 됩니다. 즉 십자가는 우리가 죄인이라는 사실과 그럼에도 불구하고 하나님이 우리를 사랑하신다는 사실을 말합니다.

죄인임을 말함

십자가를 통해 들려오는 첫 번째 메시지는 바로 이것입니다. 십자가는 우리가 소망 없는 죄인임을 밝히 말합니다. "미쁘다 모든 사람이 받을 만한 이 말이여 그리스도 예수께서 죄인을 구원하시려고 세상에 임하셨다 하였도다 죄인 중에 내가 괴수니라"(딤전 1:15).

십자가는 우리의 죄로 말미암아 그리스도께서 대신 죽으신 영원한 표적입니다. 하나님은 이 십자가를 볼 때마다 사실은 우리가 아무것도 아닌 사람들임을 생각나게 하시고 싶어하셨습니다. 이 표적을 볼 때마다 우리가 죄인이라는 사실을 깨닫게 하고자 하셨습니다. 내가 죄인이라는 사실을 깨달을 때마다 그리스도께서 십자가에서 당하신 수치와 고난이 바로 나 때문인 것을 생각나게 하려 하심이었습니다.

십자가는 우리와 이 세상 사람들의 죄에 대하여 먼저 말합니다. 저는 이 책을 읽는 여러분들이 각각 어떤 형편에 놓여 있는지 알 수 없습니다. 어떤 성장의 과정을 거쳤고 무슨 생각을 하며 살아가고 있는지 다 알지 못합니다. 그러나 여러분 모두에 대하여 분명히 알고 있는 사실이 하나 있습니다. 그것은 바로 여러분들이 하나님 앞에 지독한 죄인들이라는 사실입니다. 가망이 없고 스스로 자신을 개선할 여지와 가능성이 보이지 않는 소망 없는 죄인들임을 압니다.

하나님은 자신을 배반하고 어둠 가운데 멸망의 운명을 친구 삼아 먹고 자던 우리의 인생에 대하여 십자가를 통해 말씀하시고 싶으셨던 것입니다. 우리는 십자가를 통해서 우리가 얼마나 하나님 앞에 고통과 혐오를 불러일으키는 죄인들이었는가 하는 사실을 깨닫게 됩니다.

십자가를 통해서 주님의 죽음을 목격하고 난 사람들은 모두 새삼 자신을 비롯한 이 세상 사람들이 하나님 앞에 그토록 소망이 없고 혐오스러운 존재였는가 하는 사실에 대하여 놀라게 됩니다. 그렇게 십자가를 통해 하나님을 떠나 있던 자신의 참모습을 발견하는 사람들마다 모두 십자가의 놀라운 사랑을 받아들이지 않을 수 없게 됩니다.

우리의 인생이 버림받아 죽어 있는 범죄한 영혼의 껍데기를 자랑으로 삼으며 살아가고 있다는 사실을 깨닫게 되는 것은 십자가의 의미를 깨달을 때입니다. 그리스도께서 우리의 구주이신 것을 알게 될 때 우리는 비로소 우리가 죄인이라는 사실을 깨닫게 되는 것입니다.

십자가를 만나기 전까지 누구도 스스로 자신을 죄인이라고 고백할 수 없습니다. 자신이 소망 없는 죄인임을 깨닫지 못하는 사람들에게 그리스도께서 십자가에 못박혀 죽으신 사건이 기쁨의 소식이 될 리가 없습니다.

그래서 성경은 오히려 인간의 이 같은 무지와 어리석음 때문에 십자가를 통한 하나님의 사랑이 더욱 찬란하게 불타올랐음을 말하고 있는 것입니다. "우리가 아직 죄인 되었을 때에 그리스도께서 우리를 위하여 죽으심으로 하나님께서 우리에 대한 자기의 사랑을 확증하셨느니라"(롬 5:8).

이상한 교회 성장론

현대 교회의 성장의 한 모델을 보여 주었다는 평가를 받고 있는 목회자 가운데 로버트 슐러(Robert Schuller) 목사가 있습니다. 그가 언젠가 교회 성장학을 강의하기 위하여 한국에 온 적이 있습니다.

그는 그 세미나에서 이런 제안을 하였습니다. "죄에 대하여 많이 설교하지 마십시오. 오히려 은혜에 대해서 설교하십시오. 심판보다는 하나님의 용서에 대하여 많이 말하십시오. 부정적인 것보다는 긍정적인 것을 설교하는 교회가 성장합니다."

그러나 이것은 오늘 사도가 추구하고 있는 기독교 신앙과 복음에 배치되는 주장입니다. 강의 내용 중 다른 것들에 관해서는 어떨지 모르지만 적어도 그 발언에 관하여만큼은 잘못된 것이라고 단호하게 말해야 합니다. 반복음적이고 비성경적인 주장을 통해 교회가 성장한다면 그 교회가 과연 그리스도를 드러내는 교회가 될 수 있겠는가 반문하지 않을 수 없습니다.

오히려 교회에서는 죄에 대하여 집요하게 설교되어야 합니다. 실제로 회중들은 죄의 심각성을 체험을 통하여 알아야 합니다. 벌거벗은 채로 그 더러운 죄의 상처들이 드러나도록 말씀을 통하여 보여 주어야 합니다. 교회는 결국 성도에게 있어서나 구원받지 못한 사람들에게 있어서나 하나님과의 화목을 이루기 위하여 부름받은 기관입니다.

거룩한 삶에 관심을 가지면 가질수록 거룩과는 정반대의 주제에 대하여 깊은 이해를 가져야 할 필요성을 느끼게 됩니다. 십자가를 깊이 경험하고 아는 사람에게 일어나는 공통적인 열망이 있습니다. 그것은 바로 하나님의 은혜 앞에서 거룩한 삶을 살아가고 싶다는 것입니다. 그리고 그러한 갈망이 실현되지 못하게 하는 것은 바로 죄입니다.

하나님과의 화목, 교통, 영적인 교제, 은혜 주심, 감사를 드림, 이 모든 관계를 좌우하는 가장 커다란 문제는 죄의 문제입니다. 그러므로 죄가 무엇인지에 대한 지적이 결핍된 은혜의 강조는 사람들로 하여금 방종에 흐르게 할 수 있습니다. 죄와 심판의 심각성에 대한 자각 없이 하나님의 은혜를 은혜로 깨닫게 된다는 것은 거의 불가능한 것입니다.

죄인임을 안다는 것

하나님께서는 십자가를 통하여 우리에게 말씀하시고 싶으셨던 것이 있었습니다. 그것은 바로 우리가 죄인이라는 사실입니다. 신앙은 하나님께서 이처럼 우리로 하여금 알게 하시고 싶었던 것들이 자신의 마음속에 강한 자각으로 다가오는 것과 함께 시작됩니다. 사도 바울이 이 편지를 쓸 때 그는 순교의 순간이 얼마 남지 않은 인생의 노년기에 있었습니다.

그때 그는 다시 한 번 자신이 누구였는지를 고백하고 있습니다. 그는 한

때는, 다시 말해 하나님의 놀라운 은혜를 체험하기 전에는 자신이 이 세상에서 제일 큰 자인 줄 알았습니다. 회심하기 전 그의 본명이 '큰 자'라는 의미를 가진 '사울'(Saul)이었다는 사실이 그것을 말해 주고 있지 않습니까? 그리스도를 만난 이후에는 자신에 대한 생각이 바뀌기 시작했습니다.

자신이 얼마나 모자라고 어리석은 존재이고 작은 자인가 하는 것을 깨닫게 되었습니다. 그래서 그는 다른 많은 사도들과 자신을 비교하며 자신에게 부활의 모습으로 나타나신 그리스도 예수의 만남의 은총을 감당할 수 없는 은혜로 생각하였습니다.

그는 이렇게 고백합니다. "그 후에 야고보에게 보이셨으며 그 후에 모든 사도에게와 맨 나중에 만삭되지 못하여 난 자 같은 내게도 보이셨느니라 나는 사도 중에 가장 작은 자라 나는 하나님의 교회를 박해하였으므로 사도라 칭함 받기를 감당하지 못할 자니라"(고전 15:7-9).

그러나 그가 더 깊은 은혜의 세계 속으로 들어가고 십자가의 복음을 전하면서 깨닫게 된 그리스도 예수의 성품에 대한 인식은 그로 하여금 자신이 누구인가 하는 새롭고 깊은 인식으로 나아가게 만들어 주었습니다. 그는 복음을 위하여 자신의 모든 좋은 것을 하나님께 바치는 삶을 살았으나 스스로 모든 하나님의 택하신 성도들 가운데 가장 작은 자임을 고백하지 않을 수 없었습니다.

"이 복음을 위하여 그의 능력이 역사하시는 대로 내게 주신 하나님의 은혜의 선물을 따라 내가 일꾼이 되었노라 모든 성도 중에 지극히 작은 자보다 더 작은 나에게 이 은혜를 주신 것은 측량할 수 없는 그리스도의 풍성함을 이방인에게 전하게 하시고 영원부터 만물을 창조하신 하나님 속에 감추어졌던 비밀의 경륜이 어떠한 것을 드러내게 하려 하심이라"(엡 3:7-9).

그렇지만 순교를 앞둔 인생의 말년에 그는 자신을 '죄인 중의 괴수'라고 고백하게 되었습니다. '괴수'는 헬라어로 프로토스(πρῶτος)인데 이것은 '첫 번째'라는 의미입니다. 죄질의 경중에 따라 중죄인과 경한 죄인이 있습니다. 사도의 생각에는 만약에 하나님께서 이 세상의 인간들을 죄의 경중에 따라 줄세우신다면 자신이야말로 첫 번째 자리에 서야 할 사람이라고 생각했습니다.

그가 이렇게 자신이 소망 없는 죄인이라는 사실을 깨닫게 되자 십자가는 자신을 구원한 하나님의 은혜임을 고백하지 않을 수 없게 되었습니다. 자신이 하나님 앞에 소망 없는 죄인임을 깨닫게 되었을 때 그 깨달음의 깊이만큼 자신을 구원하신 하나님의 놀라운 구원에 감격하게 되었던 것입니다.

용서받은 자의 고백

돌아가신 저의 할머니는 노년에 예수를 믿으시고 하늘나라로 가셨습니다. 남다르게 고생스러운 길을 걸어오신 그분이 예수를 알기 전, 어렵고 난감한 일을 당하실 적마다 괴로운 마음으로 입버릇처럼 되뇌이시던 말씀이 있었습니다. "하나님은 참 공평치도 못하시구나. 나는 정말로 죄라고는 없는 사람인데……누구를 해코지한 적도 없고 남의 것을 훔친 적도 없는데……왜 나에게만 이렇게 특별한 고통이 찾아오는지……."

그 후에 할머니는 은혜로운 과정으로 예수 그리스도를 영접하게 되었습니다. 눈이 어두워 돋보기를 쓰신 채 굵은 글자 성경을 한 줄 한 줄 읽으시던 모습이 지금도 생각납니다. 하나님께서 노년에 그분에게 은혜를 주셨습니다. 할머니는 마음껏 평화를 누리며 지내셨습니다. 그러다가 불치의 질

병을 겪게 되셨고 결국은 그 질병으로 인해 하늘나라로 가셨습니다.

그러나 저는 지금도 마른 얼굴로 병상에 누워 계시면서도 평온한 눈빛으로 자신이 누구인지에 대하여 새롭게 고백하던 그분의 모습을 잊을 수 없습니다. "나는 참으로 하나님 앞에 죄가 많은 사람 같구나. 이렇게 커다란 은혜를 받으며 살아왔음에도 불구하고 아무것도 갚아 드리지 못하는구나……." 결국 할머니는 그리스도와 함께하는 지극한 기쁨 가운데 제 품에 안겨 숨을 거두셨습니다.

빗나간 하나님과의 관계

죄를 지적할 때 구체적인 악행을 생각지 마십시오. 형법을 어기고 수사관의 추적을 받아야 하는 그런 죄를 생각하지 마십시오. 십자가가 여기서 외치고 있는 죄는 물론 그러한 것을 포함할 수 있습니다. 그러나 그것은 하나하나의 구체적인 죄가 아니라 하나님과의 관계에서 완전히 빗나가 버린 것을 말합니다. 좋으신 하나님과 화목하지 못하도록 만들어 준 구체적인 악행과 하나님을 등진 삶의 뿌리를 말하고 있는 것입니다.

세상에는 제법 도덕적인 삶을 살아가는 사람이 있을 수 있습니다. 정직을 삶의 신조로 삼고 거의 거짓을 말하지 않는 사람이 있을 수 있습니다. 법을 준수하면서도 불편을 느끼지 않고 살아갈 수 있는 절제된 시민이 있을 수 있습니다. 그리고 바로 여러분이 그런 사람일 수 있습니다.

만약 십자가가 형법상의 범죄나 경찰관의 추적을 받아야 하는 사회적인 악에 기초해서 우리를 죄인이라고 말한다면 말씀드린 이러한 도덕적인 사람들은 십자가와 관계가 없는 사람일 수 있습니다. 아니면 약간의 관계를 가져야 할 필요만 있을 수 있습니다. 그렇다면 십자가와의 만남도 그들에게는 그토록 감격스러운 사건은 아닐 것입니다.

그러나 오늘 사도를 보십시오. 그는 감격하며 하나님 앞에 말하고 있습니다. 자신이 죄인이라는 사실과 죄인 중의 괴수라는 사실을 말하고 있습니다. 그러나 사도의 생애를 생각해 보십시오. 그 사람만큼 도덕적인 삶을 살아온 사람이 얼마나 있겠습니까?

그는 누구보다도 뛰어난 열심으로 율법을 지켰고 그래서 그 율법의 의로는 흠이 없는 자였다고 스스로 고백하였습니다. 그리하여 그는 육체에 관한 한 자신을 신뢰할 만한 사람이라고 불렀습니다(빌 3:4).

그러나 그가 그리스도 예수의 십자가를 경험하자 사람을 바라보는 그의 모든 견해가 혁명적으로 바뀌게 되었습니다. 그는 십자가를 통해 하나님께서 말씀하고 싶으셨던 것이 단지 이 세상에서의 도덕적이고 율법적인 의가 아니었음을 깨닫게 된 것입니다.

사람에 대한 견해가 바뀌기 전까지는 하나님에 대한 견해가 바뀔 수 없습니다. 하나님에 대하여 새롭게 깨닫게 된 사람들이 사람에 대한 생각을 바꾸지 않을 수 없습니다.

그는 인간에 대해 새로운 사실을 깨닫게 되었습니다. 이 세상에서 도덕적으로 의로운 자, 지탄받는 자, 자신처럼 율법의 의로 흠이 없는 자, 율법의 약속 밖에서 살아가는 이방인들이나 모두 하나님 앞에 죄를 범하였으며 하나님과 사귈 수 있는 영광에 이르지 못했다는 사실을 깨닫게 되었습니다.

그리고 허물과 죄로 말미암아 미래에 죽을 운명을 타고 난 것이 아니라, 이미 허물과 죄로 죽어 있는 존재들이 바로 인간임을 알게 되었습니다. 하나님을 떠나 있는 인간들은 무엇을 하든지 자기의 마음에 원하는 것을 하고자 하였고 그것은 하나님의 바람과는 배치된 것이었습니다. 그리하여 하나님 앞에서 인간의 모습은 존재 그 자체가 진노의 대상이었다고 말합니다.

십자가가 우리에게 말하는 것은 죄에 대해서입니다. 십자가는 근본적으로 그리스도를 떠나 있는 인간과 하나님과의 관계에 대하여 말해 줍니다. 하나님과 생명적인 결합 속에서 그에게로부터 오는 은혜의 빛을 받으며 살아가야 할 존재임에도 불구하고 그리스도를 필요로 하지도 않고 완전히 떠나 있는 하나님과의 관계에 대하여 말합니다. 이것이 바로 십자가가 해결하지 않으면 안 되었던 문제였습니다.

젊은 관원의 갈등

어느 날 돈 많은 부자이며 관원이기도 한 청년 하나가 예수께 나아와서 물었습니다. 정말 이 사람은 특별한 사람이었습니다. 그는 돈이 많을 뿐만 아니라 유대인들의 종교적인 문제를 판단하는 공회의 의원이었습니다. 물질적으로만 유족했을 뿐 아니라 종교적이고 정치적인 영향력도 가지고 있었습니다. 게다가 그는 젊은 사람이었습니다.

이런 사람들은 대개 교만해서 신앙적인 문제에 대해서 관심이 없거나 세상적인 일에 빠져서 종교심을 잃어버리기 십상입니다. 그럼에도 불구하고 이 청년은 복된 청년이었습니다. 그는 아마 끊임없이 어떻게 하면 구원을 얻을 수 있는지에 대하여 고뇌했던 것 같습니다.

그의 이러한 마음이 예수 그리스도를 만나는 장면에서 보여 준 그의 행동을 통해 잘 드러나고 있습니다. "예수께서 길에 나가실새 한 사람이 달려와서 꿇어 앉아 묻자오되 선한 선생님이여 내가 무엇을 하여야 영생을 얻으리이까"(막 10:17).

그는 달려왔습니다. 자신이 가지고 있는 구원 문제를 가지고 오래도록 고민해 왔다는 사실을 입증해 주고 있지 않습니까? 그는 시급했습니다. 그에게 있어서 가장 커다란 문제는 어떻게 하여야 영생을 얻을 수 있는가 하는 것이었습니다. 그리고 그러한 그의 고민은 진지하고 절박했습니다.

이제 예수님께 이 문제에 대한 해답을 얻지 않으면 자신의 이 고민은 더 많은 고통을 불러일으킬 것 같았습니다. 그래서 그는 자신의 부와 지위에 어울리지 않게도 허름한 차림의 예수 그리스도 앞에 무릎을 꿇었습니다.

사실 어쩌면 당시 예수 그리스도는 그 청년보다 더 나이 어리신 분이었을 수도 있습니다. 그러나 고민하는 이 청년에게 있어서 그런 것은 문제가 되지 아니하였습니다. 그는 영생에 이르는 길을 물었습니다.

그때 예수 그리스도께서는 율법의 중심을 이루던 열 가지 계명에 대하여 말씀하셨습니다. 고뇌하던 청년의 얼굴에 희색이 만연하였습니다. 왜냐하면 율법을 지키는 것에 관한 한 그는 자신이 있었기 때문입니다. 그래서 그는 말했습니다. "여짜오되 선생님이여 이것은 내가 어려서부터 다 지켰나이다"(막 10:20).

그러나 주님께서는 "네게 아직도 한 가지 부족한 것이 있으니"라고 말씀하셨습니다. 문제는 구체적인 죄가 아니었습니다. 만약 이 부자 청년을 정죄하고 있는 것이, 구원에 이르지 못하도록 가로막고 있는 것이 구체적인 죄였다면 열 가지 계명을 열심히 지켜 온 이 사람은 얼마든지 소망을 가질 수 있지 않았겠습니까?

그러나 예수 그리스도께서는 가장 중요한 지적을 하셨습니다. "예수께서 그를 보시고 사랑하사 이르시되 네게 아직도 한 가지 부족한 것이 있으니 가서 네게 있는 것을 다 팔아 가난한 자들에게 주라 그리하면 하늘에서 보화가 네게 있으리라 그리고 와서 나를 따르라 하시니"(막 10:21).

그는 비록 많은 계명을 율법대로 지키고 있었으나 그에게는 하나님만을 사랑하는 사랑이 없었습니다. 하나님을 사랑하는 일이 모든 율법의 으뜸임을 예수님은 이렇게 말씀하십니다. "예수께서 이르시되 네 마음을 다하고 목숨을 다하고 뜻을 다하여 주 너의 하나님을 사랑하라 하셨으니 이것이 크고 첫째 되는 계명이요 둘째도 그와 같으니 네 이웃을 네 자신같이 사랑하라 하셨으니 이 두 계명이 온 율법과 선지자의 강령이니라"(마 22:37-40).

젊은 청년이 "네게 있는 것을 다 팔아 가난한 자들에게 주고 너는 나를 따르라."라고 하신 예수님의 말씀에 반응을 보이지 않았을 때 그는 스스로 많은 율법을 지켰다고 생각했으나 가장 중요한 사랑의 율법을 저버린 것입니다. 결국 하나님보다는 영생의 문제를, 영생보다는 자신의 소유를 더 중히 여기고 사랑하고 있음을 보여 주었던 것입니다.

그리하여 그가 슬픈 기색으로 돌아가게 되었을 때 그것은 바로 그가 계명 중 아무것도 지키지 않고 있다는 사실을 스스로 입증한 것이었습니다. 영생에 관심이 있었으나 재물을 하나님보다 더 사랑함으로 탐심이 그의 마음을 지배하였고 그 탐심에 지배받은 마음은 하나님보다 더 귀히 여기는 우상을 그의 삶 속에 갖게 하였습니다.

결국 그는 하나님을 떠난 인간임을 보여 준 것입니다. 이것이 바로 죄입니다. 인간의 모든 악은 이처럼 하나님을 떠나 있는 인간의 죄에 기초하여 열매로 드러나는 것입니다.

이처럼 십자가는 하나님을 떠나 있는 인간의 상태와 죄악의 뿌리에 대하여 말해 줍니다. 십자가에서 당하신 그리스도의 고난이 참혹하다는 사실을 깨닫게 될수록 우리는 하나님 앞에서 죄가 얼마나 심각한 것인지를 깨닫게 됩니다.

약한 것을 자랑하리라

지금 그리스도의 십자가 아래서 자신이 죄인 중의 괴수임을 고백하고 있는 바울, 그가 정말 그렇게 죄인이었습니까? 그토록 자책하여야 할 만큼 흉악하고 부도덕한 사람이었습니까? 그렇지 않습니다. 그는 도덕적인 젊은이였습니다. 종교적인 인물이었고 자기가 믿는 신앙의 도를 사람들에게 가르치고 싶어하는 선생의 길을 걸어가는 사람이었습니다. 율법을 아는 지식으로는 흠이 없는 엘리트였습니다.

그러나 그는 말하는 십자가 앞에서 고백합니다. 이 세상의 모든 인간들을 소망 없는 죄인이라고 일깨워 주는 십자가 앞에서 고백합니다. "미쁘다 모든 사람이 받을 만한 이 말이여 그리스도 예수께서 죄인을 구원하시려고 세상에 임하셨다 하였도다 죄인 중에 내가 괴수니라"(딤전 1:15).

사도 바울이 이 글을 쓴 것은 다메섹에서 빛으로 나타나신 부활의 주님을 만난 후 오랜 세월이 흐른 뒤의 일이었습니다. 그는 순교의 소문이 들리는 옥 속에서 이 글을 썼습니다. 구원의 주님을 만난 이후로 오로지 그분만을 위해서 살았던 사람, 그분의 복음을 위하여 살았던 자신의 선교자적인 삶에 관하여 다음과 같이 말합니다.

"수고를 넘치도록 하고 옥에 갇히기도 더 많이 하고 매도 수없이 맞고 여러 번 죽을 뻔하였으니 유대인들에게 사십에서 하나 감한 매를 다섯 번 맞았으며 세 번 태장으로 맞고 한 번 돌로 맞고 세 번 파선하고 일 주야를 깊은 바다에서 지냈으며 여러 번 여행하면서 강의 위험과 강도의 위험과 동족의 위험과 이방인의 위험과 시내의 위험과 광야의 위험과 바다의 위험과 거짓 형제 중의 위험을 당하고 또 수고하며 애쓰고 여러 번 자지 못하고 주리며 목마르고 여러 번 굶고 춥고 헐벗었노라 이 외의 일은 고사하고 아직도 날마다 내 속에 눌리는 일이 있으니 곧 모든 교회를 위하여 염려하는 것이라 누가 약하면 내가 약하지 아니하며 누가 실족하게 되면 내가 애타지 아니하더냐 내가 부득불 자랑할진대 내가 약한 것을 자랑하리라 주 예수의 아버지 영원히 찬송할 하나님이 내가 거짓말 아니하는 것을 아시느니라"(고후 11:23-31).

백발의 고백

이제는 선한 싸움을 다 싸우고 백발의 사도가 십자가 앞에서 자기가 죄인임을 깨닫는 모습을 보십시오. 어느 이단적인 교파에서는 이렇게 자신이 죄인임을 끊임없이 깨닫고 회개하는 모습을 보며 아직 구원받지 못한 증거라고 하기도 합니다.

그러나 기억하십시오. 평생을 그리스도와 복음을 위해 살아왔던 사도가 이처럼 십자가 앞에서 다시 한 번 자신이 죄인임을 고백하는 것은 오히려 그의 거룩한 성품과 영적 삶의 깊이를 보여 주는 것입니다. 십자가는 우리가 누구인지를 끊임없이 가르쳐 줍니다.

이 세상에서 아무리 도덕적으로 온전한 삶을 살고 종교적으로 헌신된 삶을 살았다 할지라도 십자가의 참된 의미를 깨닫는 그 순간, 자기가 바로 그리스도를 십자가에 못박은 장본인이었다는 사실을 인정하지 않을 수 없게 되는 것입니다.

바울이 이처럼 십자가 앞에서 자신이 죄인이라는 사실을 고백하고 있는 것은 밑도 끝도 없는 파괴적인 정죄 의식을 느끼고 있는 것이 아닙니다. 자신이 죄인이라는 사실을 깊이 깨달으면 깨달을수록 그는 다시 한 번 그리스도의 십자가만이 자신의 유일한 소망이라는 사실을 알게 되었습니다. 왜냐하면 십자가는 우리를 죄인이라고 지적해 줄 뿐 아니라 그러한 죄인들을 위해 대속해 주신 하나님의 사랑을 동시에 보여 주기 때문입니다.

이 같은 사도의 인식은 고린도 교회를 향하여 쓴 편지의 머리 부분에 잘 나와 있습니다. "형제들아 내가 너희에게 나아가 하나님의 증거를 전할 때에 말과 지혜의 아름다운 것으로 아니하였나니 내가 너희 중에서 예수 그리스도와 그가 십자가에 못박히신 것 외에는 아무것도 알지 아니하기로 작정하였음이라"(고전 2:1-2).

십자가를 아는 지식

십자가에 관하여 안다는 것과 십자가 자체를 안다는 것은 같은 말이 아닙니다. 십자가의 진리에 사로잡히지 않고도 얼마든지 십자가에 관하여 말할 수 있고 이해할 수 있고 토론할 수 있습니다.

그러나 십자가를 안다는 것은 하나님을 안다는 것과 같은 말입니다. 오직 하나님의 말씀을 통하여 계시된 그분의 성품을 체험함으로써 하나님이 누구이신지를 비로소 알게 되는 것처럼 십자가를 알기 위하여 우리는 그 십자가를 체험하여야 할 필요가 있습니다.

무엇보다도 그 십자가의 의미를 깊이 깨닫고 자신이 하나님 앞에서 얼마나 소망이 없는 죄인인가 하는 사실을 깨달을 때 비로소 우리에게 임한 하나님의 은혜가 얼마나 크고 놀라운지를 알게 됩니다. 그리고 왜 그토록 오랜 세월 동안 그렇게 수많은 성도들에게 이 십자가가 영원한 찬송의 제목이 되었는지, 하늘나라에서조차도 어린양이 성도의 영원한 찬송의 대상이 되시는지를 깨닫게 되는 것입니다.

골고다 언덕에 우뚝 선 이 십자가는 성자에 가까운 삶을 살아왔던 이 사도만을 죄인이라고 부르지 않습니다. 이 세상에는 오직 죄인들만 존재할 뿐입니다. 의인은 없습니다. 한 사람도 없습니다.

그래서 앤드루 머리(Andrew Murray) 목사님은 이렇게 말했습니다.

> 세상에는 오직 죄인들만 존재합니다. 두 종류의 죄인들이 존재하는데 용서받은 죄인과 아직 용서받지 못한 죄인입니다.

십자가는 우리에게 피 묻어 골고다 언덕에 선 그 모습을 바라보게 함으로 우리가 죄인임을 가르쳐 줍니다. 우리의 죄 때문에 하나님께서 당신의 외아들을 십자가에서 못박아 죽게 하셨다고 증언하고 있습니다.

골고다 언덕의 십자가는 사라졌으나 지금도 하나님 앞에 나오는 모든 사람들 위에 우뚝 선 그 십자가는 우리를 죄인들이라고 가르쳐 주고 있습니다. 용서받은 죄인들이 모인 곳이 교회라고 가르쳐 주고 있습니다. 그리고 하나님께서는 그 용서받은 죄인들에게 용서의 위대한 가치와 축복을 아직 용서받지 못한 죄인들에게 전해 주도록 명하십니다.

죄인의 유일한 소망은 그 십자가 앞에서 자신이 정죄된 자임을 깨닫는 것입니다. 그리하여 십자가를 적셔 흐르고 있는 그 붉은 피가 바로 그리스도의 고난 때문에 흐르는 피이며 하나님을 떠난 자신의 죄악 때문에 이처럼 그리스도께서 고난을 받으셨다는 사실을 깊이 믿는 것입니다.

그리고 하나님의 놀라운 사랑과 용서 이외에는 아무 소망이 없음을 그 십자가 앞에서 고백하는 것이야말로 용서받지 못한 죄인의 유일한 소망이 아니고 무엇이겠습니까?

십자가에 빚진 자

그러나 이 십자가는 이미 용서받은 죄인들에게도 다시 한 번 말해 주는 것이 있습니다. 바울 사도를 보십시오. 그는 이 십자가 앞에서 다시 한 번 자신이 죄인임을 깨닫고 있습니다.

옥 속에 갇혀서 이 편지를 쓰면서도 그는 자신을 남다른 헌신자로 생각하지 않고 있습니다. 자신을 위대한 사도로도 상기하고 있지 않습니다. 그가 그리스도를 만난 이후 충성되게 한 길을 걸어오고 넘치는 헌신과 다함이 없는 수고로써 맡겨주신 직분을 감당해 온 것은 사실이지만 그러나 자신을 위해 십자가에 못박히신 그리스도의 고난받는 형상을 대할 때마다 자신의 훌륭한 업적은 단지 찬란한 태양 빛 아래 초라하게 타오르는 한 동강의 양초의 불빛과 같은 것이었습니다.

그리스도께서 십자가에 못박히신 고난의 형상을 묵상하면서 그는 다시 한 번 할 말을 잃어버리고 있는 것입니다. 자기 같은 죄인을 위하여 십자가에 못박히신 그 일이 얼마나 부당한 일인지를 순교를 앞둔 순간에 다시 한 번 고백하는 것입니다.

그가 그리스도 앞에서 깨달은 자신의 죄인된 모습은 상대적인 것이 아니라 절대적인 것이었습니다. 그는 자신보다 더 많이 범죄하며 사악하게 살아온 사람들을 생각할 필요도 없었고 또 생각할 수도 없었습니다. 왜냐하면 그리스도의 십자가의 고난은 자기를 위해 죽으신 것이 분명하였으며, 그리스도의 고난받으시는 형상을 만날 때마다 그는 자기 손에 묻은 그리스도 예수의 피를 보았기 때문입니다.

그렇습니다. 그는 지금 그리스도를 죽이는 살인에 참여한 자로 하나님과 성도 앞에 고백하고 있는 것입니다. "미쁘다 모든 사람이 받을 만한 이 말이여 그리스도 예수께서 죄인을 구원하시려고 세상에 임하셨다 하였도다 죄인 중에 내가 괴수니라"(딤전 1:15).

십자가 앞에 서라

그러므로 우리는 사도와 같은 마음으로 피로 물들어 말하는 십자가 앞에 서야 합니다. 그리고 하나님께서 우리 같은 죄인들을 위해 그리스도를 십자가에 못박으신 것이 좋으신 주님에게 얼마나 부당한 일이었는지를 고백하여야 합니다. 우리에게 넘치는 은혜를 주시기 위하여 자신의 아들을 십자가에 못박아 형벌하신 그 사랑을 인하여 우리는 하나님과 그리스도 예수의 십자가 앞에 할 말이 없는 사람들임을 알아야 합니다.

그리하여 오직 우리의 구원을 위해 당신의 영광을 버리신 고난받으신 그리스도와 그 위대한 구원을 사랑으로 주도하신 성부 하나님과 짐승처럼 미련한 화인 맞은 양심 가운데 거룩한 그 사랑을 생각나게 하시는 성령 하나님께만 찬송과 영광을 돌리며 살아야 하는 것입니다.

그렇습니다. 우리는 아무것도 아닙니다. 우리는 그 십자가 아래서 단지 용서받은 죄인들임을 깨닫게 됩니다. 용서받은 자들로서 하나님 앞에 누리는 모든 은혜로운 특권과 좋은 것들은 오직 우리를 대신해서 우리의 죗값으로 못박히신 그리스도를 통하여 온 것임을 알게 되기 때문입니다.

세상을 사랑한 표적

십자가로부터 들려오는 또 다른 메시지가 있습니다. 그것은 하나님이 세상을 사랑하신다는 것입니다. 십자가 앞에서 죄인으로 드러난 당신을 사랑하신다는 말씀입니다.

본문 속에서 사도는 자기가 죄인이라고 말합니다. 그 많은 죄인들 중 괴수라고 말합니다. '괴수'라는 이 말은 결국 사도가 그리스도의 십자가를 볼 때마다 자신이 가장 흉악한 죄인임을 깨달았다는 사실을 말해 주는 것입니다. 그러나 성경 본문은 "그러나!"라고 말합니다. "그러나 내가 긍휼을 입은 까닭은 예수 그리스도께서 내게 먼저 일체 오래 참으심을 보이사 후에 주를 믿어 영생 얻는 자들에게 본이 되게 하려 하심이라"(딤전 1:16).

여기에 기록된 '그러나'라는 말은 앞서 언급된 죄인됨의 고백을 뒤집는 말입니다. 그는 십자가 앞에 죄인으로 드러났습니다. 그러나 하나님이 그를 긍휼히 여기셨습니다. 구원의 하나님이 그를 불쌍히 여겨 주셨습니다. 흉악한 죄인에게 어떻게 이 같은 하나님의 은혜가 주어지게 되었습니까? 그것은 바로 하나님의 사랑입니다. 독생자 외아들을 십자가에 못박으신 하나님의 사랑이 사도를 죄인에게 합당한 죄와 형벌에서 구해 내었습니다.

그래서 요한 사도는 이렇게 말합니다. "사랑은 여기 있으니 우리가 하나님을 사랑한 것이 아니요 하나님이 우리를 사랑하사 우리 죄를 속하기 위하여 화목제물로 그 아들을 보내셨음이라"(요일 4:10).

실로 십자가의 위대함이 여기에 있습니다. 왜 그렇습니까? 바로 이 십자가에서 형벌받아야 할 인간의 죄와 하나님의 사랑과의 만남이 이루어졌기 때문입니다. 십자가는 그 당시 단지 죄인을 못박아 죽이기 위한 형틀에 지나지 아니하였습니다. 그 형틀이 의미하는 바는 단지 잔혹한 처형과 죽음 이외에 아무것도 아닙니다.

따라서 십자가는 하나님 앞에서 범죄한 자로 여긴 바 되어 비참하게 처형당한 한 인간 예수가 받은 저주의 흔적을 말해 줍니다. 그럼에도 불구하고 사도의 고백을 보십시오. "그러나 내게는 우리 주 예수 그리스도의 십자가 외에 결코 자랑할 것이 없으니 그리스도로 말미암아 세상이 나를 대하여 십자가에 못박히고 내가 또한 세상을 대하여 그러하니라"(갈 6:14).

무엇 때문입니까? 왜 사도는 그리스도의 십자가 외에 자랑할 것이 없다고 단언합니까? 우리 주님의 생애를 돌아볼 때 자랑할 만한 일이 얼마나 많았습니까? 또 그리스도께서 함께하셔서 크고 놀라운 일들을 이루었던 자신의 사역의 세계를 바라보며 얼마나 자랑할 만한 일이 많았겠습니까? 그럼에도 불구하고 그는 십자가만을 자랑하지 않을 수 없었습니다. 하필이면 왜 멸망의 십자가였습니까? 왜 저주의 십자가였습니까? 모든 사람들이 미련하고 부끄럽게 여기는 고난의 십자가가 어떻게 그에게 자랑거리가 될 수 있었을까요?

그것은 십자가에서 하나님의 사랑이 나타났기 때문입니다. 사도가 바로 그 십자가에서 하나님의 사랑을 발견했기 때문입니다. 십자가는 그에게 죄인을 심판하시는 하나님의 거룩한 의로움을 깨닫게 해주었을 뿐만 아니라, 그래서 소망이 없게 된 자신과 같은 죄인에게 나타난 위대한 사랑에 대하여 말해 주었습니다. 그리하여 그는 그 사랑 안에서 소망을 발견하게 되었고 그 때문에 십자가 외에는 결코 자랑할 것이 없다고 고백하지 않을 수 없었던 것입니다. 십자가는 범죄하고 하나님을 등진 인간을 당신과 더불어 화목하게 하기 위한 하나님 자신의 위대한 지혜이며 계획이었습니다. 그리고 사랑이었습니다.

위대한 사랑의 힘

그렇기 때문에 십자가의 참된 의미를 깨달은 모든 사람들은 그 안에서 자신을 위하여 역사하시는 사랑의 위대한 능력을 경험하지 않을 수가 없었습니다. 왜냐하면 십자가에 나타난 위대한 사랑의 힘에 사로잡혔기 때문입니다.

사도 자신도 이 같은 십자가의 경험을 말하고 있습니다. "우리가 만일 미쳤어도 하나님을 위한 것이요 정신이 온전하여도 너희를 위한 것이니 그리스도의 사랑이 우리를 강권하시는도다 우리가 생각하건대 한 사람이 모든 사람을 대신하여 죽었은즉 모든 사람이 죽은 것이라 그가 모든 사람을 대신하여 죽으심은 살아 있는 자들로 하여금 다시는 그들 자신을 위하여 살지 않고 오직 그들을 대신하여 죽었다가 다시 살아나신 이를 위하여 살게 하려 함이라"(고후 5:13-15).

하나님께는 모든 일이 가능했으나 하실 수 없는 일이 하나 있었습니다. 그것은 십자가 이외에 다른 것으로써 세상을 향한 자신의 사랑을 증명하시는 일이었습니다. 하나님은 십자가로 자신의 사랑을 나타내는 일을 기뻐하셨습니다. 십자가를 통하여 자신의 사랑을 드러내시고 그 백성들을 그 십자가 앞에 모아 자기의 사랑을 주시는 일들을 기뻐하셨던 것입니다.

그래서 같은 사도가 이렇게 말하고 있지 않습니까? "우리가 아직 연약할 때에 기약대로 그리스도께서 경건하지 않은 자를 위하여 죽으셨도다 의인을 위하여 죽는 자가 쉽지 않고 선인을 위하여 용감히 죽는 자가 혹 있거니와 우리가 아직 죄인되었을 때에 그리스도께서 우리를 위하여 죽으심으로 하나님께서 우리에 대한 자기의 사랑을 확증하셨느니라"(롬 5:6-8).

인내로 온 사랑

이어서 본문은 죄인 중의 괴수인 바울에게 이 같은 사랑이 어떻게 나타났는지에 대하여 말해 줍니다. "그러나 내가 긍휼을 입은 까닭은 예수 그리스도께서 내게 먼저 일체 오래 참으심을 보이사 후에 주를 믿어 영생 얻는 자들에게 본이 되게 하려 하심이라"(딤전 1:16).

사도를 향한 하나님의 사랑은 오래 참으심으로 나타났습니다. 이 부분을 읽으면서 저는 사도가 이 글을 쓸 때에 어떤 심정이었는지 이해할 수 있을 것 같습니다. 그는 구원받았고 그 이후로 하나님을 위하여 살았습니다. 그리스도와 함께 동행하는 사역 속에서 복음을 전파하였습니다. 이제는 가까이 다가온 순교의 순간을 기다리며 주님의 품에 안길 때를 손꼽아 기다리는 시간이 되었습니다.

하나님 없이, 하나님을 대적하며 살아가는 자신에 대한 하나님의 인내하시는 사랑이 아니었다면 자신이 구원받는다는 것은 상상할 수도 없는 일이었습니다.

만약 하나님께서 그가 철들 때까지만 참으셨다면 철이 든 후 바리새파 종교 지도자를 꿈꾸던 시절에는 그를 버리셨어야 마땅했습니다. 만약 하나님께서 그가 공식적으로 종교계에 데뷔함으로써 야심을 드러내기 전까지만 참으셨다면 하나님의 사람 스데반을 돌로 치기 위하여 찬성표를 던졌을 때 지옥에 던져 버리셔야 마땅했습니다. 그가 그리스도인들을 핍박하려고 다메섹으로 떠날 때까지만 참아 주셨더라도 그는 그 도상에서 부활의 주님을 만나는 위대한 감격을 누릴 수 없었을 것입니다.

하나님은 사랑이십니다. 그리고 그 사랑은 오래 참으시는 사랑이십니다. 그러나 그는 그렇게 긴 세월 동안 하나님의 사랑을 거절하며 살았습니다. 자기에게 있는 교만한 편견과 종교적인 아집이 그리스도를 보지 못하게 만들었던 것입니다. 그리고 그 무지 속에 깃든 뛰어난 열심은 그로 하여금 점점 더 하나님의 은혜로부터 멀어져 적극적으로 그리스도를 대적하고 교회를 박해하는 데까지 나아가게 만들었던 것입니다.

동전을 거절한 거지

한때 교회에 기거하면서 교회를 섬기며 예배당도 돌아보던 시절이 있었습니다. 교회에서 말씀으로 봉사도 하고 사찰처럼 교회를 지키고 청소하는 일도 해야 했던 때가 있었습니다.

그때는 제가 매우 곤궁한 형편에서 살아가고 있을 때였습니다. 원래 교회 같은 곳에는 청하지 않는 손님들이 자주 찾아와서 손을 내밀곤 합니다. 그중 한 부류가 동냥을 하러 다니는 거지들이었습니다.

어느 날 한 거지가 와서 처량한 목소리로 좀 보태 달라고 하기에 300원을 주었습니다. 사실 그때 저의 형편으로는 분명히 큰 돈이었습니다. 정성껏 주었다고 생각하며 내밀었더니 거지는 이렇게 말했습니다. "아무리 내가 거지지만 이까짓 300원을 줍니까?" 이렇게 말하는 거지의 표정에는 노한 기색이 역력하였습니다. 황당한 순간이었습니다.

그러나 여러분, 우리가 주님을 믿기를 거절하던 시절을 기억하십니까? 우리가 십자가를 거절하였을 때에 그것은 작은 선물을 거절한 것이 아니라 하나님의 호의와 사랑을 거절한 것입니다. 나아가서 그리스도 자신을 거절한 것입니다. 우리가 바로 그런 사람들이었습니다.

사랑을 저버리지 말라

그래서 사도 바울은 아직도 그리스도의 십자가를 거절하는 버림받은 영혼들에게 그 사랑을 경험한 사람으로서 간절히 호소합니다. "형제들아 너희는 함께 나를 본받으라 그리고 너희가 우리를 본받은 것처럼 그와 같이 행하는 자들을 눈여겨 보라 내가 여러 번 너희에게 말하였거니와 이제도 눈물을 흘리며 말하노니 여러 사람들이 그리스도의 십자가의 원수로 행하느니라 그들의 마침은 멸망이요 그들의 신은 배요 그 영광은 그들의 부끄러움에 있고 땅의 일을 생각하는 자라 그러나 우리의 시민권은 하늘에 있는지라 거기로부터 구원하는 자 곧 주 예수 그리스도를 기다리노니"(빌 3:17-20).

그리스도 예수의 십자가로부터 들려오는 두 번째 음성을 들으십시오. 십자가는 소망이 없는 죄인들에게 이렇게 말합니다. "하나님께서 아직도 너를 사랑하신다."

십자가를 보십시오. 이것은 바로 하나님께서 우리를 구원하시기 위한 방법이었습니다. 우리의 죄를 용서하시기 위해 그리스도를 형벌하셨으며 하나님과 우리의 화목을 위하여 아들을 제물로 삼으셨습니다. 이것은 하나님께서 아들보다도 이 세상을 사랑하신 것을 보여 주십니다.

하나님께서 아들을 내어 주심으로 십자가에 못박으실 때 하나님의 마음은 얼마나 아프셨을까요? 아들을 내어 주시는 희생을 통해 이루시고자 했던 것이 무엇이길래 하나님은 이 일을 이루셨습니까? 주님이 우리와의 관계 속에서 바라시는 것이 무엇이었기에, 우리가 아직 그리스도를 원하지도 않던 그때에 당신의 귀한 아들을 십자가에 못박게 하심으로 우리를 용서하고자 하셨습니까?

하나되게 함

그것은 우리와 하나님과의 관계 회복이었습니다. 죄로 말미암아 전에는 원수가 되어 불화의 담을 사이에 두고 있었지만 하나님은 십자가를 통해 그 막힌 담을 헐어 버리기 원하셨던 것입니다. 그리고 이 같은 하나님과의 화목을 통하여 사람들 사이에 화해와 일치를 이루시기 원하셨던 것입니다.

그래서 성경은 우리에게 말합니다. "이제는 전에 멀리 있던 너희가 그리스도 예수 안에서 그리스도의 피로 가까워졌느니라 그는 우리의 화평이신지라 둘로 하나를 만드사 원수 된 것 곧 중간에 막힌 담을 자기 육체로 허시고 법조문으로 된 계명의 율법을 폐하셨으니 이는 이 둘로 자기 안에서 한 새사람을 지어 화평하게 하시고 또 십자가로 이 둘을 한 몸으로 하나님과 화목하게 하려 하심이라 원수 된 것을 십자가로 소멸하시고 또 오셔서 먼 데 있는 너희에게 평안을 전하시고 가까운 데 있는 자들에게 평안을 전하셨으니 이는 그로 말미암아 우리 둘이 한 성령 안에서 아버지께 나아감을 얻게 하려 하심이라"(엡 2:13-18).

이처럼 그리스도의 십자가는 지금도 나누어진 사람들을 하나로 만드는 힘이 있습니다. 무엇 때문입니까? 무엇 때문에 이 세상에 속한 여러 가지 이유로 나뉘었던 사람들이 하나가 됩니까? 그것은 바로 그리스도의 십자가에 나타난 더 큰 사랑을 발견했기 때문입니다.

회복에 이르는 길

사람은 십자가를 통해서 하나님께 돌아감으로써만 그를 창조하실 때 하나님께서 주셨던 행복과 형상을 회복할 수 있습니다. 우리 한 사람 한 사람이 그리스도 예수의 십자가 아래서 자신의 죄인됨을 깨닫고 하나님의 사랑을 받아들일 때 지옥에서 천국으로, 멸망받을 몸에서 생명의 부활로 나아가게 되는 것입니다.

십자가를 통해 나타난 화목하게 하시는 하나님의 사랑을 온전히 받아들이기 전까지는 우리의 삶에 완전한 자유가 있을 수 없습니다. 영혼의 참다운 안식과 기쁨이 있을 수 없습니다.

그러므로 이 글을 읽는 당신이 아직도 이 십자가 아래서 이방인으로 남아 있다면 오늘도 피로 물들어 말하는 십자가에 나타난 하나님의 사랑과 화해의 초청을 받아들이십시오.

여러분이 진실로 이 고난의 십자가를 믿어 구원받은 하나님의 자녀가 된 것을 믿는다면 저는 여러분들에게 이렇게 말하겠습니다. 그 사랑을 잊지 마십시오. 그리고 그 사랑을 자랑하십시오. 그 십자가가 여러분들을 구한 것을 가슴에 영원히 아로새기십시오. 고난의 십자가가 왜 영광스러운 하나님의 사랑을 증거하는 뛰어난 표적이 되었는지 대답할 말이 있게 하십시오.

지금도 하나님의 사랑을 모르며 살아가는 이 세상은 십자가를 향하여 거침없이 털어놓는 당신의 자랑을 필요로 하고 있습니다. 우리의 말로 십자가를 자랑하고 그 위에 나타난 하나님의 넘치는 구속의 은혜와 사랑을 찬송합시다. 그러나 그것으로 충분치 않습니다.

우리는 오히려 사도가 그러했던 것처럼 우리의 삶으로써 그리스도의 십자가에 사로잡힌 우리의 모습을 드러낼 수 있어야 합니다. 하나님의 거룩한 영광과 인간의 죄인된 모습이 어떻게 십자가에서 함께 드러나는가 하는 것을 우리의 삶을 통해 보여 줄 수 있어야 하는 것입니다.

그래서 모든 사람들로 하여금 십자가를 통해 아직도 계속되고 있는 하나님의 구원의 능력과 거룩하게 하는 위대한 힘을 말해 줄 수 있어야 하는 것입니다.

시간이 지나도 바래지 않는 것

사도가 이 불멸의 아름다운 고백으로 하나님 앞에 기도한 지 2,000년 가까운 세월이 흘렀습니다. 골고다 언덕의 십자가도 이미 사라졌고, 사도도 이제는 더 이상 우리 곁에 있지 아니합니다.

그러나 이 시간도 하나님의 사랑은 우리로 하여금 그 십자가 앞에 할 말을 잊게 만들어 줍니다. 언제나 하나님은 당신이 사랑하시는 교회에, 구원하시고자 하는 세상의 한마당에, 이렇게 피로 물든 십자가에 나타난 하나님의 사랑에 가슴 저며 하는 십자가의 경험을 가진 사람들을 보내셔서 그 위대한 도(道)를 외치지 않을 수 없게 만들어 주십니다. 왜냐하면 세상이 바뀌고 인간의 풍조가 갈리어도 잃어버린 영혼을 하나님 앞에 나아오게 하는 구원 방법은 언제나 하나이기 때문입니다.

오늘도 우리 주 예수 그리스도의 십자가는 우리 가운데 우뚝 서서 이 세상에 버려진 영혼과 빛을 잃은 교회를 향해 말합니다. "내가 너를 이처럼 사랑하여 독생자를 주었노라."

이 사랑 앞에서 당신은 어찌하시렵니까?

제2부

예수 그리스도를 통해 나타난
하나님의 사랑

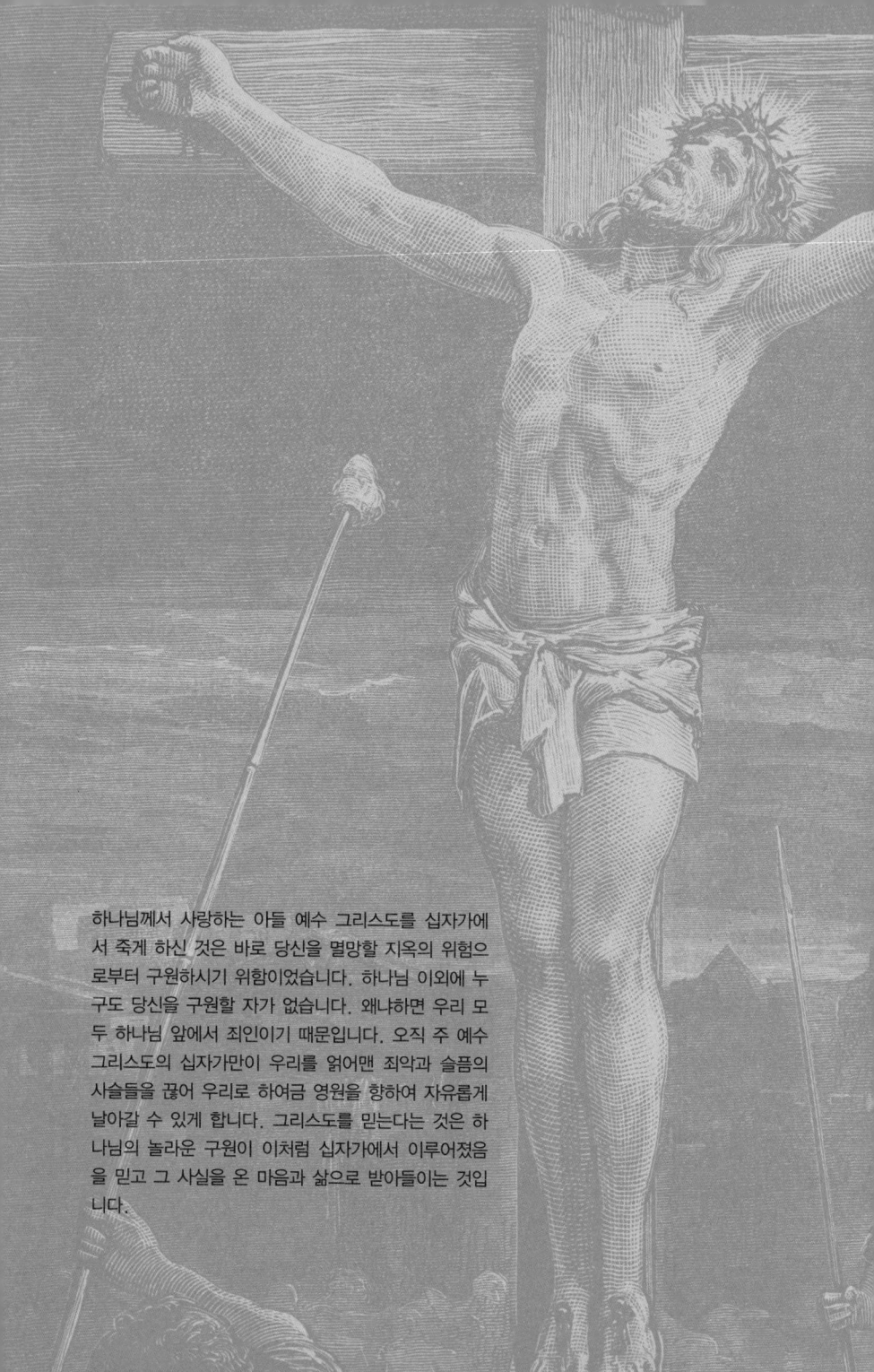

하나님께서 사랑하는 아들 예수 그리스도를 십자가에서 죽게 하신 것은 바로 당신을 멸망할 지옥의 위험으로부터 구원하시기 위함이었습니다. 하나님 이외에 누구도 당신을 구원할 자가 없습니다. 왜냐하면 우리 모두 하나님 앞에서 죄인이기 때문입니다. 오직 주 예수 그리스도의 십자가만이 우리를 얽어맨 죄악과 슬픔의 사슬들을 끊어 우리로 하여금 영원을 향하여 자유롭게 날아갈 수 있게 합니다. 그리스도를 믿는다는 것은 하나님의 놀라운 구원이 이처럼 십자가에서 이루어졌음을 믿고 그 사실을 온 마음과 삶으로 받아들이는 것입니다.

제3장

십자가의 지혜와 능력

"내가 너희 중에서 예수 그리스도와 그의 십자가에 못박히신 것 외에는 아무 것도 알지 아니하기로 작정하였음이라"

고전 2:2

이상한 전도지

어느 날 우편함에 예쁜 전도지 한 장이 꽂혀 있는 것을 발견하였습니다. 하트 모양을 한 그 전도지는 좋은 종이에 인쇄 비용이 많이 드는 총천연색으로 인쇄되어서인지 보기에 그럴듯하였습니다.

그런데 그 전도지의 제목은 '행복하시렵니까?' 였습니다. 이어 한 장을 넘겨 보았습니다. 그 한쪽 면에는 '행복해지는 비결'이라는 제목이 붙어 있었습니다. 그리고 제목 아래에는 행복에 이르는 십계명이 쓰여 있었습니다. "첫째, 밝은 햇빛을 많이 쬐십시오. 둘째, 맑은 생수를 많이 드십시오. 셋째, 양질의 소금을 섭취하십시오……열째, 예수를 믿으십시오."

그 글을 읽는 순간 제 마음속에서는 분노가 치밀어 올랐습니다. 언제부터 예수 그리스도께서 생수에 끼여 팔리셔야 했으며, 복음이 소금의 사은품처럼 소개되어야 했습니까? 복음에 대한 확신을 잃어버리고 있는 요즈음 조국 교회의 세태를 반영하는 것 같아서 한동안 마음이 아팠습니다.

오늘날 십자가의 복음에 대하여 가지고 있는 교회의 태도는 "내가 복음을 부끄러워하지 아니하노니 이 복음은 모든 믿는 자에게 구원을 주시는 하나님의 능력이 됨이라 먼저는 유대인에게요 그리고 헬라인에게로다"(롬 1:16)라고 한 사도의 고백과는 얼마나 거리가 먼 것입니까?

그러나 교회가 이처럼 쉽게 세속의 정신과 야합하여 왜곡된 복음을 갖거나 십자가의 정신을 떠나는 것은 너무나 자주 있는 일이었습니다. 우리는 그 같은 실례를 고린도 교회에서 발견하게 됩니다.

바울과 고린도

고린도 시는 지금의 그리스 남단 지중해 연안에 위치한 항구 도시였습니다. 특별히 선박들이 많이 드나드는 도시였습니다. 여러 민족이 모이고 흩어지며 활발한 무역이 성행하여 경제적으로 부요하던 이 도시는 타락의 대명사였습니다. 이 고린도 시가 복음을 처음 접하게 된 것은 주후 50년경이었습니다. 그러니까 바울이 두 번째 전도 여행을 하던 때의 일이었습니다.

바울은 회당을 이용하여 열심히 그리스도를 전했으나 심한 핍박에 직면해야 했습니다. 이에 대해서 그는 이렇게 말합니다. "내가 너희 가운데 거할 때에 약하고 두려워하고 심히 떨었노라"(고전 2:3).

특별히 바울이 브리스길라와 아굴라와 함께 강론하며 복음을 전할 때

실라와 디모데가 마게도냐로부터 내려와서 도와주었습니다. 바울이 하나님의 말씀에 붙잡혀 거기에 사는 유대인들에게 예수는 그리스도라고 증거하였지만 그들은 대적하여 훼방하였습니다.

그때 상황이 얼마나 절망적이었던지 성경은 이렇게 기록하고 있습니다. "그들이 대적하여 비방하거늘 바울이 옷을 털면서 이르되 너희 피가 너희 머리로 돌아갈 것이요 나는 깨끗하니라 이후에는 이방인에게로 가리라 하고"(행 18:6).

그러나 하나님은 환상 가운데 나타나셔서 격려하셨습니다. "⋯⋯두려워하지 말며 침묵하지 말고 말하라 내가 너와 함께 있으매 어떤 사람도 너를 대적하여 해롭게 할 자가 없을 것이니 이는 이 성중에 내 백성이 많음이라 하시더라"(행 18:9-10). 이러한 하나님의 격려에 힘입어 바울은 여기서 1년 6개월이나 머물며 복음을 전함으로 고린도 교회를 세웠습니다.

문제 많은 교회

그러나 바울이 떠난 지 얼마 안 되어 고린도 교회는 여러 가지 심각한 문제에 빠지게 되었습니다. 그중에서도 고린도 교회의 성도들에 대한 문안 인사와 함께 바울을 근심하게 하고 있는 내용들이 1장에서 다루어지고 있습니다. 그것은 교회의 분열 현상이었습니다.

고린도 교회의 교인들을 그리스도 예수와 더불어 교제하게 하신 하나님은 그들이 모든 지식에 풍족한 자가 되어 견고한 가운데 그리스도의 나타나심을 기다리며 주의 날에 책망할 것이 없는 자로 세워지기를 바라셨습니다. 그럼에도 불구하고 어떤 사람들은 자신들이 성경에 능통한 아볼로에게 속한 것을 뽐냈습니다. 꽤나 지식을 자랑하는 시대의 풍조 가운데 살아가던 사람들이었기에 자신들이 지적인 아볼로에게 속했다는 것이 대단한 자랑거리였을 것입니다.

또 어떤 사람들은 고린도 교회를 개척한 바울에게 속한 것을 자랑하였습니다. 그들은 아마 바울이 권세 있게 전하는 복음을 듣고 감화를 받은 사람들일 것입니다. 그들에게는 바울의 능력 있는 목회 사역과 설교가 자랑거리가 되었을 것입니다.

또 어떤 사람들은 열두 사도들 중 수제자인 베드로에게 속했다고 뽐냈습니다. 그들은 아마 베드로에게 위탁하신 그리스도 예수의 목양의 명령을 기억했을 것입니다. 비록 이방의 도시였지만 유대인들이 많이 살고 있었기 때문에 예루살렘과 베드로를 신앙의 원조라고 생각했을 것입니다.

심지어 그들 중에 어떤 사람들은 자신들이 그리스도파라고 주장하기도 하였습니다. 그들의 눈에는 사람의 이름을 들먹이며 누구에게 속했다고 말하는 것 자체가 하찮게 느껴지기도 했을 것입니다. 그래서 그들은 차라리 그리스도 예수에게 속했다고 말함으로써 자신들이 가지고 있는 교리와 신앙은 다른 분파 사람들의 것보다 더욱 우월하다는 것을 주장하고 싶었을 것입니다. 그러나 그것은 마치 예수님이 교회의 일파의 우두머리가 되실 수 있는 분인 것처럼 그릇 행했다는 점에서 더욱 비난받아 마땅한 일이었습니다.

이때에 바울은 다시 한 번 자신의 정체를 밝히면서 그리스도에게로 그들의 신앙의 관심을 돌리게 해주었습니다. 사도는 말합니다. "그리스도께서 어찌 나뉘었느냐 바울이 너희를 위하여 십자가에 못박혔으며 바울의 이름으로 너희가 세례를 받았느냐"(고전 1:13). "그리스도께서 나를 보내심은 세례를 베풀게 하려 하심이 아니요 오직 복음을 전하게 하려 하심이로되 말의 지혜로 하지 아니함은 그리스도의 십자가가 헛되지 않게 하려 함이라 십자가의 도가 멸망하는 자들에게는 미련한 것이요 구원을 받는 우리에게는 하나님의 능력이라"(고전 1:17-18).

십자가를 말한 배경

그러면서 바울은 1장 18절에서 2장 16절까지 무려 30여 절에 걸쳐서 갑자기 십자가의 도에 대하여 말합니다. 고린도 교회의 신앙과 삶의 문제를 다루기에 앞서서 문득 십자가를 이야기하기 시작합니다.

그러나 바울이 거론하고 있는 십자가에 대한 이야기는 복음의 초보였습니다. 이 정도의 기초적인 십자가에 대한 교리적인 지식을 고린도 교회에 그렇게 오랫동안 머물러 있었던 바울이 그곳 교인들에게 가르쳐 주지 않았을 리가 없습니다. 더욱이 바울은 지금 교리적인 문제 때문에 고린도 교회에 편지를 쓰고 있는 것이 아닙니다. 누군가가 그리스도의 십자가의 가치를 부정하고 속죄의 교리를 부인하였기에 복음을 변증할 목적으로 이 글을 쓰고 있는 것이 아닙니다.

그가 다루고 싶었던 것은 고린도 교회의 실제적인 삶의 문제였습니다. 특별히 도덕적인 문제에 대하여 그리고 교회의 질서 문제에 대하여 교인들을 말씀 안에 붙들어 주고 싶었습니다.

그럼에도 불구하고 이미 하나님의 자녀가 된 고린도 교회 성도들에게 언급해야 할 본 주제와는 동떨어진 것처럼 보이는 십자가의 도에 대하여 이처럼 길고 자세하게 설명하는 이유는 무엇일까요?

사도는 말합니다. "하나님께서 세상의 천한 것들과 멸시받는 것들과 없는 것들을 택하사 있는 것들을 폐하려 하시나니 이는 아무 육체도 하나님 앞에서 자랑하지 못하게 하려 하심이라"(고전 1:28-29). 이들은 바울의 이어지는 권면을 깊이 받아들여야 했습니다. "기록된 바 자랑하는 자는 주 안에서 자랑하라 함과 같게 하려 함이라"(고전 1:31).

그들은 우리 주 예수 그리스도의 이름을 부르는 자들이었습니다(고전 1:2). 그들은 세례를 받았으며(고전 1:13), 또한 하나님의 은혜를 받은 자들이었습니다(고전 1:4). 그럼에도 불구하고 이 고린도 교회는 부끄러운 실패를 경험하고 있습니다. 교회 안에는 심각한 파당이 생기고(고전 1:11), 가정은 파괴되었으며 계모와 더불어 근친상간에까지 이르는 패륜의 물결들이 교회 안에서조차 용납되고 있었습니다(고전 5:1-2).

육체 사랑과 자랑

이 모든 문제는 고린도 교회 교인들에게 남아 있었던 옛사람의 성향에 뿌리를 두고 있었습니다. 그것은 바로 육체를 자랑하는 것이었습니다. 유대인들은 할례받은 것을 자랑하고 헬라인들은 육적인 지식을 자랑하는 것이었습니다.

그래서 바울은 이 글을 쓸 때마다 애타는 심정으로 "육체를 자랑하지 말라.", "자랑하는 자는 주 안에서 자랑하라."라고 호소하고 있는 것입니다. 이들의 문제는 그리스도인이 되지 아니한 데 있는 것이 아니라 그리스도인이 되었음에도 불구하고 옛날 방식대로 살아가는 데에 있었습니다.

그들은 육체를 자랑하며 살아가고 있었습니다. 그러나 그것은 옛 생활의 방식입니다. 거듭난 사람들에게는 거듭난 가치관과 거듭난 생활의 방식이 있습니다. 무엇보다도 거듭난 자랑거리가 있어야 한다는 것입니다.

바울이 갈라디아서에서 그 위대한 고백을 남긴 것도 바로 고린도 교회든 갈라디아 교회든 성도들이 얼마나 쉽게 육체를 자랑하며 살아가기 쉬운지를 보여 주고 있는 것입니다. 상황은 다르지만 고린도 교회 교인들에게 있어서나 갈라디아 교회 교인들에게 있어서나 문제는 육체를 자랑하는 것이었습니다(갈 6:13).

고린도 교회의 자랑의 동기와 방식이 세속적인 것이었다면 갈라디아 교회의 자랑의 동기가 종교적인 가식을 덮고 있었다는 것이 차이점이라면 차이점이었습니다. 바울이 그리스도의 십자가만을 자랑하게 된 것도 바로 이 같은 이유에서입니다. "……너희의 육체로 자랑하려 함이라 그러나 내게는 우리 주 예수 그리스도의 십자가 외에 결코 자랑할 것이 없으니 그리스도로 말미암아 세상이 나를 대하여 십자가에 못박히고 내가 또한 세상을 대하여 그러하니라"(갈 6:13-14).

어찌 이런 일이

어째서 그리스도 안에서 거룩하여지고 성도의 무리라고 불리어지는 고린도 교회가, 우리 주 예수 그리스도의 이름을 부르며 세례를 받고 하나님의 은혜를 경험한 고린도 교회의 그리스도인들이 이러한 신앙과 삶의 실패를 경험하게 되었습니까? 그들이 그리스도인들이면서 비그리스도인들처럼 육체를 자랑하는 사람들이 된 것은 무슨 까닭입니까? 어째서 이들은 한 성령 안에서 같은 세례를 받았음에도 불구하고 이처럼 나뉘어서 분쟁하고 있습니까? 빛의 자녀로 부름받았음에도 불구하고 왜 이처럼 음란하고 타락한 시대의 자식처럼 살아가고 있습니까?

그들은 한때 바울이 전하는 십자가의 복음 앞에서 빈 손 들고 나아가 믿고 세례를 받았던 사람들이었습니다(행 18:8). 그런데 무엇이 그들로 하여금 그토록 소중한 복음의 경험을 버리고 이처럼 무지하고 죄 많은 세상의 풍조를 따라 살도록 만들어 버렸습니까? 무엇이 이들로 하여금 이처럼 도시의 정신에 매몰되어 타락한 방식으로 하나님의 계명을 탈선하며 살아가도록 만들어 주었을까요?

이들의 실패는 십자가에 대한 태도에 있었습니다. 우리 주 예수 그리스도의 십자가를 한때는 믿었지만 지금은 더 이상 그 십자가의 정신에 지배받지 않게 되었습니다. 한때는 십자가를 이해했지만 지금은 그 십자가가 더 이상 고린도 교회 교인들의 관심사가 되지 못하고 있었습니다.

이상한 결심

그러나 고린도 교회 교인들은 십자가의 도를 다시 들어야 했습니다. 미련한 십자가의 도가 자신들을 구원한 것과 그 십자가의 지혜가 세상의 지혜를 초월하는 것임을 다시 한 번 상기하지 않으면 안 되었습니다.

뿐만 아니라 그 십자가가 학식과 문벌을 초월하여 하나님의 사랑을 필요로 하는 모든 사람들을 구원으로 부르고 있다는 사실에 대하여 상기하지 않으면 안 되었습니다.

바울이 고린도 교회의 문제를 다루기에 앞서 그처럼 길게 십자가에 대하여 상기시키는 이유가 바로 이 때문입니다. 그는 부패한 고린도 교회의 문제들을 다루기에 앞서 자신의 개인적인 결단을 상기시킵니다.

"형제들아 내가 너희에게 나아가 하나님의 증거를 전할 때에 말과 지혜의 아름다운 것으로 아니하였나니 내가 너희 중에서 예수 그리스도와 그가 십자가에 못박히신 것 외에는 아무것도 알지 아니하기로 작정하였음이라 내가 너희 가운데 거할 때에 약하고 두려워하고 심히 떨었노라 내 말과 내 전도함이 설득력 있는 지혜의 말로 하지 아니하고 다만 성령의 나타나심과 능력으로 하여 너희 믿음이 사람의 지혜에 있지 아니하고 다만 하나님의 능력에 있게 하려 하였노라"(고전 2:1-5).

이 같은 바울의 회고는 고린도 교회의 교인들을 향한 권면 가운데 나옵니다. 그러나 어떤 의미에서 바울은 고린도 교회 교인들이 빠지고 있는 그러한 생각의 위험을 다소간 경험한 사람이었습니다.

쓰라린 경험

두 번째 전도 여행에서 고린도 교회에 이르기 직전 그가 가서 복음을 전했던 곳이 어디였는지를 생각해 보십시오. 이것은 매우 중요합니다. 그는 고린도에 이르기 직전 아덴에서 복음을 전했습니다. 아덴은 지금 우리가 알고 있는 아테네입니다. 그곳에서 실라와 디모데를 기다리며 바울은 온 성에 우상이 가득한 것을 보았고 분노하게 되었습니다. 분개하면서 그는 무엇을 생각하였을까요? 틀림없이 하나님의 영광과 우리 주 예수 그리스도의 구속을 생각했을 것입니다. 그때 그의 마음속에 솟아오르는 분노는 거룩한 의분이었을지도 모릅니다. 그는 가만히 있을 수가 없었습니다. 그래서 저잣거리에서 만나는 사람들과 변론하였습니다.

그들 중에는 당대의 유수한 철학자들도 있었습니다. 성경에는 바울이 '에피쿠로스와 스토아 철학자들'과 쟁론하였다고 되어 있는데(행 17:18), 이들은 역사적으로 쾌락주의자들이었던 에피쿠로스 학파와 금욕주의자들이었던 스토아 학파 철학자들이었습니다.

그는 거기서 대단히 유창하게 하나님의 존재를 증명하고 몸의 부활을 변증하였습니다. 그러나 열매를 보지 못했습니다. 여러 사람이 바울의 변증을 희롱하기도 하고 다시 듣고 싶다고 말하기도 하였지만 실제로 그와 친분을 갖고 믿은 이는 몇 사람밖에 되지 않았습니다(행 17:34).

그 다음에 전도하러 간 곳이 바로 고린도였습니다. 이 즈음에 바울은 아덴에서의 선교 태도에 대해 깊이 반성을 하였던 것 같습니다. 이방인들을 변화시키는 복음의 장엄한 능력보다는 순간적으로 자신의 지혜로운 말과 변론을 더 의지했다고 생각했던 것 같습니다.

아덴에서 여러 사람과 변론하면서는 자신의 박식함과 예전의 교육받은 것들을 활용하는 일에 자신을 가졌을 것입니다. 더욱이 아덴에서 행한 그의 설교 내용을 자세히 살펴보면 대부분이 하나님의 존재를 증명하는 일에 할애되어 있습니다. 그런 방식의 신 증명은 당시에 철학자들이 즐겨 사용하던 논쟁 방식을 따른 것이었습니다.

그런 문맥에서 볼 때 그는 자신의 아덴 선교를 실패로 이해했음에 틀림없습니다. 그는 이 사건을 계기로 다시 한 번 사람들이 하나님께로 돌아오는 것이 논쟁과 변론의 승리를 통해서가 아니라 그리스도의 십자가를 통해서라는 사실을 깊이 각성하게 되었습니다. 그리고 고집스러운 인간의 사상이 자리하고 있는 그곳에 십자가의 복음이 받아들여지기 위해서는 더욱 강력한 성령의 나타남과 능력이 필요하다는 사실을 뼈저리게 느꼈습니다. 그리고 그러한 방식으로 전도 사역을 감당하겠다는 결심을 하면서 고린도에서 두 번째 출발을 한 것입니다.

작정하였노라

그런 의미에서 아덴에서의 실패 이후에 찾게 된 또 다른 사역지 고린도에서 이렇게 장엄한 결심을 하게 된 것은 당연한 귀결이었습니다. 그는 다시는 말과 지혜의 아름다운 것을 신뢰하지 않기로 작정했던 것입니다.

물론 이 말은 그가 전도에 있어서 지혜를 사용하기를 포기했다거나 무지한 사람들을 하나님의 말씀으로 가르쳐 지성적으로 깨닫게 하는 일을 그만두었다는 뜻이 아닙니다. 다만 열심히 그리스도의 십자가의 도를 말하고 하나님의 살아 계심을 만물을 통하여 증거한다고 할지라도 그 말과 지혜의 아름다운 것으로 전도되지는 않는다는 것을 깨달았다는 것입니다.

그리하여 그는 오랫동안 복음 전도를 위하여 일해 온 전문가답지 않게 고린도 교회에 들어서면서 그들에게 복음을 전하는 동안 약하고 두려워하고 심히 떨게 되었던 것입니다.

생각해 보십시오. 그는 이제 자신의 말과 지혜의 아름다운 것으로 사람들의 영혼이 획득되지 않는다는 사실을, 아덴에서의 사역을 통하여 뼈저리게 깨닫게 되었습니다. 사실 인간적으로 볼 때에 바울에게서 말과 지혜의 아름다운 것을 빼고 나면 무엇이 남겠습니까? 그는 평생 그 일들을 위하여 공부해 왔고 그가 다른 사람들을 지도하는 종교 지도자가 되어야겠다고 결심한 것도 자신에게 있는 말과 지혜의 아름다운 것들을, 다시 말해서 육체의 자랑거리들을 신뢰하였기 때문입니다.

그러나 그는 이제 그런 것들이 자신의 사명을 이루는 데 그것들로써만은 아무 도움을 줄 수 없다는 뼈 아픈 경험을 얻게 되었습니다. 고린도 교회에 들어가면서 그는 다시 복음 전파의 초보자가 되는 것 같은 느낌을 받았을 것입니다. 그는 오직 그리스도의 십자가의 도가 지혜의 권하는 말이 아니라 성령의 나타남과 능력으로 증거되어 구원이 오직 하나님의 능력 안에 있는 것을 드러내야 할 절대적인 필요성을 인식하게 되었습니다.

비록 그것이 미련한 것이었지만 하나님은 그 미련한 방법으로 믿는 사람들을 구원하시기를 기뻐하셨습니다. 이것이 바로 고린도 교회의 문제를 다루기에 앞서 그토록 길게 십자가에 대한 진리를 상기시키는 이유입니다.

두 종류의 사람들

이 세상에는 크게 두 종류의 사람들이 있습니다. 어떤 사람들은 그리스도의 십자가를 비웃고 조롱하며 배척합니다. 사도는 이런 사람들에 대하여 다음과 같이 말합니다. "내가 여러 번 너희에게 말하였거니와 이제도 눈물을 흘리며 말하노니 여러 사람들이 그리스도의 십자가의 원수로 행하느니라 그들의 마침은 멸망이요 그들의 신은 배요 그 영광은 그들의 부끄러움에 있고 땅의 일을 생각하는 자라"(빌 3:18-19).

그들은 십자가에 대하여 적대적인 사람들입니다. 복음을 거절할 뿐만 아니라 십자가에 대한 원수로 살아가는 사람들입니다. 그러나 또 한 부류의 사람들이 있습니다. 그들은 그리스도의 십자가를 자랑하는 사람들입니다. 그리스도께서 자기를 위하여 십자가에 못박혀 죽으신 속죄 사건의 의미를 경험한 사람들입니다.

그리하여 십자가에 나타난 하나님의 사랑 때문에 옛날의 자아와 세상을 십자가에 못박은 사람들입니다. 이전의 자랑거리들을 십자가로 말미암아 하찮은 것들로 날려 버리고 그리스도의 십자가에 붙잡힌 사람들입니다. 자신의 모든 자랑과 꿈을 십자가에 묻은 사람들입니다. 앞의 사람들은 땅의 일을 바라며 사는 사람들이지만, 이 사람들은 하늘을 그리워하는 사람들입니다.

이 사람들에 대하여 사도는 말합니다. "그러나 우리의 시민권은 하늘에 있는지라 거기로부터 구원하는 자 곧 주 예수 그리스도를 기다리노니 그는 만물을 자기에게 복종하게 하실 수 있는 자의 역사로 우리의 낮은 몸을 자기 영광의 몸의 형체와 같이 변하게 하시리라"(빌 3:20-21).

제3의 인간들

그러나 성경은 이 같은 두 부류의 사람들 사이에 제3의 사람들이 있음을 보여 줍니다. 고린도 교회의 교인들이 바로 그 같은 사람들이었습니다. 그리스도인이면서도 십자가를 삶으로 자랑하지 아니하는 사람들입니다. 그리스도인이 되었으면서도 거듭난 가치가 아니라 이전의 가치를 사랑하는 사람들입니다. 그들에게 있어서 자랑거리는 여전히 육체입니다.

이들에게 십자가는 무슨 의미가 있을까요? 이들은 어떤 사람들처럼 그리스도의 십자가를 비웃거나 배척하지 않습니다. 그리스도께서 십자가를 통해 자신들을 구원하신 사실들에 대해서도 동의합니다. 십자가가 기독교의 상징이라는 사실에 대하여 별 이의를 제기하지 않는 사람들입니다. 이들은 교회 안에 있습니다. 그러나 결코 십자가를 자랑거리라고 믿지는 않습니다.

어떻게 이런 일이 가능하겠습니까? 어떻게 그리스도인이면서도 십자가를 자랑하지 않을 수 있을까요? 그것은 우리들에게도 매우 중요한 문제입니다.

왜냐하면 오늘날 우리의 교회들은 좋은 교리에 대하여 지적으로 동의하지 않기 때문에 문제가 되고 있는 것이 아니라 그렇게 성경적이고 정통적인 교리를 깊이 체험하고 느끼지 못하기 때문에 문제가 되는 것입니다. 십자가를 경험하여야 할 필요성이 여기에 있는 것입니다. 이 같은 여러 질문들은 고린도 교회가 처한 형편을 차례로 살펴봄으로써 답변될 수 있습니다.

두 폭의 그림

바울은 고린도전서를 기록하면서 대단히 의미심장한 말로 시작하고 있습니다. 그것은 편지를 받는 수신자의 명칭입니다. "고린도에 있는 하나님의 교회 곧 그리스도 예수 안에서 거룩하여지고 성도라 부르심을 받은 자들과 또 각처에서 우리의 주 곧 그들과 우리의 주 되신 예수 그리스도의 이름을 부르는 모든 자들에게 하나님 우리 아버지와 주 예수 그리스도로부터 은혜와 평강이 있기를 원하노라"(고전 1:2-3).

여기에 나오는 표현 중 우리의 눈길을 끄는 것은 편지를 받는 수신자의 명칭의 일부입니다. '고린도에 있는 하나님의 교회'(the church of God which is at Corinth)라는 문구입니다. 이 문구는 양립할 수 없는 두 단어를 모아 놓은 것입니다. 이것은 마치 서로 반대되는 형상을 담은 두 폭의 그림이 겹쳐져 있는 것과 같습니다.

하나님의 교회, 이것은 하나님의 일을 위하여 협력하고 그리스도를 주인으로 공경하며 아버지의 뜻에 의하여 지배되는 하나님의 나라의 공동체를 표현한 말입니다. 그들은 세상을 사랑하나 세상의 풍조와 대적하고 인간의 풍조를 거슬러 나가는 백성들의 공동체입니다. 그들은 죄악된 세상에서 거룩한 삶을 추구하고 궁극적으로 모든 도시가 하나님을 경배하는 도성이 되기를 꿈꾸는 사람들입니다. 번영한 도시 한가운데 섞여서 살아가고 있지만 그 교회의 교인들은 보이지 않는 나라의 번영을 꿈꾸는 사람들입니다.

그러나 '고린도'라는 말은 하나님을 알지 아니하는 도시를 가리킵니다. 하나님의 다스리심을 거절하고 스스로 주인 노릇하며 제멋대로 살아가고 싶어서 안달하는 타락한 도시의 대명사입니다. 그들의 꿈은 육체의 소욕대로 사는 것이고 그 도시의 자랑은 세상입니다.

고대 그리스의 시인 아리스토파네스(Aristophanes)는 제멋대로 방탕하게 사는 사람을 가리킬 때 **코린디아조마이**(κορινθιαζομαι)라는 단어를 사용하였는데, 이 단어의 의미는 '고린도인처럼 되다.', '고린도 방식으로 살다.', '고린도 사람들처럼 성적으로 부도덕한 생활을 하며 살다.' 라는 것이었습니다. 고린도 시의 방탕한 삶이 얼마나 널리 알려졌으면 그 도시의 이름을 딴 단어가 성적 타락을 의미하는 것이 되었겠습니까?

도시의 특징

고린도 교회가 자리잡고 세워진 이 도시는 몇 가지 특징이 있었습니다. 첫째로 이 도시는 학문이 많이 교류되는 도시였습니다. 다양한 식견이 이 도시 안에 있었습니다.

의견이 많으면 말이 많고, 말이 많으면 논쟁이 그치지 않는 법입니다. 각 사람들은 학파를 이루었고 각 학파의 사람들은 자신의 주장을 고집했으며 거기에 따르지 않는 사람들을 배척하고 지지하는 사람들을 결속해서 강력한 파당을 형성해 갔습니다. 이것이 바로 고린도의 논쟁하는 도시 정신이었습니다. 이러한 도시 정신이 교회에 파고 들어오게 되어 교회를 바울파, 게바파, 아볼로파, 그리스도파로 갈라놓게 하였습니다.

교회가 성결한 정신으로 세상을 변화시키는 능력을 잃어버릴 때 도시 정신이 교회 속에 파고 들어오는 이상한 일들이 일어나게 되었습니다. 오늘날 우리의 교회가 서 있는 도시는 어떤 정신이 지배하고 있습니까? 정치와 경제, 문화가 집중된 수도 서울을 지배하고 있는 가장 우월한 정신은 무엇입니까? 항구 도시인 부산의 지배적인 정신은 무엇입니까?

도시마다 그 도시를 지배하고 있는 세속 정신이 있습니다. 그리고 그 정신은 사람들에게 그 정신의 물결을 따라 살도록 강요합니다. 복음 전파의 역사를 통하여 우리가 얻을 수 있는 교훈은 이것입니다. 도시가 교회로 말미암아 복음화되든지 혹은 도시의 정신으로 말미암아 교회가 도시화되든지 둘 중의 하나입니다.

오늘날 한 도시의 정신은 엄청난 물결로 그리스도인들을 포함한 도시인들을 그 정신에 굴복시키고 있습니다. 그리고 그 정신을 거슬러 살아갈 수 없도록 강요합니다. 도시로부터 밀려오는 세속적인 정신의 물결은 그 파고가 높고, 교회로부터 세상으로 흘러 들어가는 맑은 물은 너무나 미약한 물줄기에 지나지 않습니까?

그래서 아모스 선지자는 그 시대의 하나님의 백성들에게 이렇게 말하지 않을 수 없었던 것입니다. "네 노랫소리를 내 앞에서 그칠지어다 네 비파 소리도 내가 듣지 아니하리라 오직 정의를 물같이, 공의를 마르지 않는 강같이 흐르게 할지어다"(암 5:23–24). 여기서 '물같이'(כַּמַּיִם), '강같이'(כְּנַחַל)라는 말은 작은 물이 아니라 커다란 강과 끝을 알 수 없는 심연의 깊이를 가진, 그래서 그 어떤 것으로도 막아설 수 없는 물의 흐름을 가리키는 것입니다.

물이 바다를 덮음같이

그렇습니다. 하나님을 떠나 있는 한 도시가 변화되어 하나님께로 돌아오고, 세속 정신의 지배를 받으며 제멋대로 살기를 좋아하던 백성들이 하나님의 법도대로 살아가는 것을 즐거워하고 자랑하는 영광스러운 도시의 변화가 있기 위해서는 복음의 개울이 아니라 넓이와 깊이를 알 수 없는 전설적인 강물과 같은 엄청난 능력이 교회를 뒤덮을 것이 요구됩니다.

그리스도의 십자가의 복음이 이렇게 한 도시를 뒤덮는다고 생각해 보십시오. 거들먹거리던 철학자들이 십자가 앞에서 회개하고 세상이 자신의 손 안에 있다고 생각하던 정치가들이 하나님의 위엄 앞에 뉘우친다고 생각해 보십시오. 높고 낮은 인간의 사상들이 하나님의 지혜의 물에 잠기고 복음의 강물이 도시를 뒤덮을 때 그때가 바로 부흥의 때입니다.

사도가 자신이 전하는 복음이 성령의 나타남과 능력으로 되기를 소원했던 것도 바로 이런 이유 때문이었습니다. 같은 도시 안에 살아가면서도 삶의 근원을 그리스도에게 두고 그 십자가로부터 올라오는 생명의 수액을 머금으며 하나님이 기뻐하시는 열매를 맺으며 살아가는 삶이 바로 그리스도인들에게 요구되는 삶이었습니다. 이것이 바로 한 도시가 복음화된다는 말의 의미입니다.

육체 사랑의 극치

또한 고린도에서는 도덕적인 방만이 시대의 정신이었습니다. 도시 중심에는 아프로디테라는 사랑의 여신을 섬기는 신전이 있었고, 그 신전에서 약 1,000여 명의 제의 매춘부들이 몸을 팔고 있었습니다. 도시는 온통 도덕적인 불결에 발목을 담그고 있었습니다.

음란은 육체 사랑의 극치이며 배교와 우상 숭배로 들어가는 문입니다. 거룩한 삶에 대한 전적인 포기입니다. 바울이 고린도전서 5장에서 지적하고 있습니다. "너희 중에 심지어 음행이 있다 함을 들으니 그런 음행은 이방인 중에서도 없는 것이라 누가 그 아버지의 아내를 취하였다 하는도다 그리하고도 너희가 오히려 교만하여져서 어찌하여 통한히 여기지 아니하고 그 일 행한 자를 너희 중에서 쫓아내지 아니하였느냐"(고전 5:1-2).

이러한 죄악은 바로 고린도 시의 불결한 도시 정신으로부터 흘러 들어온 것입니다. 그리고 죄에 대해 관용하는 마음도 모두 도시로부터 배운 것이었습니다. 교회가 세상과는 다른 뛰어난 도덕적인 삶을 살기 위해 여러 가지로 노력함에도 불구하고 결국은 교회와 세상이 별다를 것 없는 상황이 되어지기 일쑤입니다.

교회와 세상 속에는 서로를 평준화하려는 끊임없는 작용들이 일어나고 있습니다. 그리하여 세상은 할 수만 있으면 교회가 도덕적으로 영적으로 세상과 다름없는 상태가 되기를 원하는 것입니다.

십자가의 정신으로 살게 하라

교회가 이러한 세상의 물결로부터 교회 자신을 지키기 위해서는 교회 안의 그리스도인들을 변화시키지 않으면 안 됩니다. 그러나 그들은 모두 세상 속에서 다른 사람들과 함께 섞여 살아가는 사람들이 아닙니까? 그럼에도 불구하고 그들이 죄를 미워하고 의에 속하며 본성적으로 세상의 지배를 싫어하고 하나님의 다스리심을 기뻐하는 사람들로 만들어 주어야 합니다.

그리고 이 일들을 위하여 교회는 한 가지 사실에 대하여 각성할 필요가 있습니다. 그것은 바로 그리스도께서 십자가에 죽으신 것이 바로 자신들의 죄 때문이라는 사실과 그의 죽으심이 하나님의 진노 때문이라는 사실 그리고 십자가로 구원을 얻은 모든 백성들은 그 십자가의 정신으로 살아가야 한다는 사실입니다.

교회는 언제나 이처럼 세상 물결을 거슬러 살기를 힘썼지만 그러한 노력들은 너무나 자주 매우 적은 열매를 거두거나 실패하는 경우가 많았습니다. 그것은 교회가 세상을 향하여 성결한 복음의 물결을 흘려보내는 가장 중요한 방법을 바로 깨닫지 못하였기 때문입니다.

세상을 향한 교회의 영향력은 곧 그리스도인 각자의 영향력의 총계입니다. 그리고 부패한 세상에서 그리스도인들의 신령한 영향력은 곧 그들 안에 계신 하나님의 영향력이기도 합니다.

사도가 이러한 도시를 잘 아는 한 사람으로서 다시 한 번 그들의 구속의 근거를 확인시키고 십자가의 복음을 들려주는 이유도 바로 이것 때문입니다. "너희는 하나님으로부터 나서 그리스도 예수 안에 있고 예수는 하나님으로부터 나와서 우리에게 지혜와 의로움과 거룩함과 구원함이 되셨으니"(고전 1:30).

그리스도인의 삶은 단지 구원받은 자로서 예전에 세상에서 사랑하던 것들을 부러워하고 그리워하면서도 다가갈 수 없다는 사실을 깨닫고 하나님의 명령 안에 갇혀 사는 것이 아닙니다.

애굽을 떠나 광야로 들어섰던 이스라엘 백성들의 교회를 기억해 보십시오. 광야에서 그들은 하나님의 놀라운 이적을 경험하고 때로는 승리를 체험하기도 했습니다. 전투에서 이기기도 하고 많은 나라와 왕들을 항복시키기도 하였습니다. 때마다 나타나셔서 앞서 행하시며 그들의 갈 길을 인도하시는 하나님을 통해 놀라운 일들을 보기도 하였습니다.

그럼에도 불구하고 광야 생활 동안 그 교인들 대부분은 소망이 무엇이냐고 물었을 때 이렇게 대답하는 사람들뿐이었습니다. "우리의 소망은 속히 애굽으로 돌아가서 고깃국을 먹는 것입니다."

그러나 그들은 가나안을 향한 소망으로 마음이 불타고 있어야 했습니다. 그리스도인들도 마찬가지입니다. 단지 이전의 세상으로 돌아갈 수 없다는 사실을 아는 것만으로는 충분하지 않습니다. 실제로 옛사람의 일을 버리고 살아가는 것만으로는 충분하지 않습니다. 오히려 그리스도 안에서 그의 십자가로 말미암는 구속의 가치를 깨닫고 세상 사람들이 경험할 수 없는 놀라운 지식과 은혜를 알며 거듭난 가치를 따라 살아가는 기쁨과 보람을 소유하고 있어야 합니다. 그리고 이러한 일들은 십자가의 사건을 교리적인 지식을 넘어서 체험을 통해 앎으로써만 가능해집니다.

자기 사랑에 빠져

셋째로 이 고린도 시는 저마다 자기만을 위하는 이기적인 욕심에 사로잡힌 상업 도시였습니다. 십자가의 정신 없는 인간의 부패한 욕망은 자기 사랑에 열심을 내게 마련입니다. 다른 사람들의 유익을 돌아보지 않습니다. 원래 상업 도시는 재리에 대한 감각이 예민한 사람들이 모여 사는 곳이기 때문에 이익과 욕망이 충돌하는 곳이기도 합니다. 바울이 그토록 간절한 호소로 기록한 사랑의 장인 고린도전서 13장을 받아야 했던 교회가 바로 고린도 교회인 것도 이 때문이었습니다.

하나님께서 세우신 교회였지만 십자가와 복음의 정신을 잃어버리게 되자 그 도시의 정신이 교회를 침몰시키고 말았던 것입니다. 교회는 하나님의 사랑의 지배를 받아야 하는 곳이고, 그런 하나님의 사랑은 십자가를 통해 명백하게 나타났습니다.

그리스도인은 하나님의 그 사랑에 감화를 받은 사람들입니다. 그리고 그 사랑을 삶의 원리로 하여 어두운 세상을 십자가의 정신으로 살아가려는 사람들이 모인 곳이 바로 교회입니다.

그러나 고린도 시는 달랐습니다. 그들을 지배하고 있는 정신은 예리한 경제적인 이해 관계와 욕망이었습니다. 그러한 도시에 하나님께서 고린도 교회를 세우실 때 그분의 기대는 무엇이었겠습니까? 사도가 고린도에 있는 그리스도인들의 무리를 '고린도에 있는 하나님의 교회'라고 불렀을 때 그것은 사도의 어떤 뜻을 드러내고 있습니까?

하나님의 뜻은 고린도 교회가 이 같은 이기적인 욕심에 사로잡힌 도시 정신에 물들어 교만해지고 분쟁하고 방탕한 생활을 일삼는 것이 아니라, 오히려 고린도 시를 복음 안에서 하나 되게 하며 순결한 삶을 살아가도록 사람들을 변화시키며 자기만을 위하는 도시로 하여금 다른 사람들을 사랑하며 살도록 커다란 영향을 끼치는 것이었습니다.

고린도 교회 교인들은 복음으로 말미암아 이러한 개인적인 변화들을 경험한 적이 있었습니다. 바울의 복음을 듣고 많은 사람들이 믿고 세례를 받은 적이 있었습니다. 성경은 이 사람들이 '수많은 고린도 사람'이었다고 기록하고 있습니다(행 18:8). 고린도와 같은 세상을 거슬러 살면서 복음의 정신을 따라 하나님의 나라를 세워 가고자 사도 바울의 가르침에 많은 사람들이 함께 귀를 기울인 적도 있었습니다(행 18:10-11).

교회도 세상처럼

그러나 이들은 실패하였습니다. 교회는 도시를 그리스도의 정신으로 하나 되게 하는 대신 도시의 영향을 받아 분열하고 있었고, 고린도 시에 그리스도인의 순결을 가르쳐 주는 대신 도시와 함께 불경건한 성적인 타락에 동참하게 되었으며, 이욕(利慾)에 사로잡힌 도시에 그리스도의 사랑의 정신을 심어 주는 대신에 그 도시로부터 자기만을 위하는 이기심을 교회 안에 끌어들여 왔습니다.

고린도 교회가 육체를 자랑거리로 삼고 있는 이유도 바로 이 때문입니다(고전 1:29, 31). 그리고 이렇게 잘못되어 가고 있는 교회는 원래 그렇게 실패했던 교회가 아니고, 한때는 복음에 대한 감격으로 십자가의 정신을 따라 살아가던 교회였습니다.

결국 십자가를 잃어버리자 교회로 하여금 그리스도의 교회 되게 하는 모든 것을 잃어버리게 되었던 것입니다. 교회는 도시 한복판에 우뚝 서 있었으나 그리스도인들은 세상을 향해 외치며 자랑할 십자가를 잃어버렸던 것입니다.

사랑하는 독자 여러분! 고린도 교회의 실패를 통해 우리의 삶을 들여다 봅시다. 그들에게 있어서 십자가는 무엇이어야 했을까요? 그리스도의 교회는 십자가의 정신에 의하여 지배를 받을 때 비로소 그분의 교회가 될 수 있습니다.

고린도 교회 속에서 십자가가 그들의 신앙과 삶의 중심이 되지 못할 때 그들은 한때 성도라고 불리던 무리였으나 고린도 시의 교만한 말재간꾼과 다름없이 거룩한 말씀의 도를 가지고 분쟁하게 되었습니다. 고린도의 그리스도인들은 비록 입으로는 예수 그리스도의 이름을 부르는 자들이었지만 십자가의 정신이 그들의 삶을 지배하지 못하게 되자 그들은 급속히 옛 생활의 습관으로 돌아가게 되었습니다.

하나님께서는 이 삭막한 고린도 시에서 그들이 사랑을 베푸는 작은 예수가 되기를 바라셨지만, 그들이 온 심령으로 십자가를 붙잡는 일에 실패하자 오히려 교회에 상처를 남기게 되었습니다.

이 모든 실패는 고린도 교회가 십자가를 견고히 붙잡고 나아가는 데 실패했기 때문이었습니다. 그들의 가슴 속에는 마땅히 예수 그리스도가 살아 숨쉬고 계셔야 했습니다. 베드로 사도는 이렇게 말합니다. "너희 마음에 그리스도를 주로 삼아 거룩하게 하고 너희 속에 있는 소망에 관한 이유를 묻는 자에게는 대답할 것을 항상 준비하되 온유와 두려움으로 하고 선한 양심을 가지라……"(벧전 3:15-16).

고린도 교회의 그리스도인들은 마땅히 그 도시의 불신자들과는 다른 삶을 살아서 그들 안에 있는 소망에 관한 이유를 묻는 자들에게 우리 주 예수 그리스도의 십자가를 자랑할 준비가 되어 있어야 했습니다. 이것이 바로 사도가 고린도 교회의 도덕적인 잘못을 지적하다가 갑자기 십자가 이야기를 하는 까닭입니다.

십자가를 놓친 교회

바울은 고린도 교회의 부패와 타락 그리고 신앙의 실패를 십자가를 통하여 말하고자 하였습니다. 그들은 마땅히 육체의 욕심을 따라가는 세상, 고린도 시를 십자가에 못박고 그 죄악의 낙을 좇기 원하는 자신들의 육체의 욕심도 더불어 십자가에 매달아야 했습니다.

세상은 그 도시의 정신을 따라가며 하나님 앞에서 죄인으로 살아도 고린도 교회의 그리스도인들은 "그러나 내게는 우리 주 예수 그리스도의 십자가 외에 결코 자랑할 것이 없으니……"(갈 6:14)라고 담대히 자랑할 수 있어야 했습니다.

그러나 이 단순한 원리를 떠나자 고린도 교회는 밀려드는 세속의 물결 앞에 모래성처럼 무너져 나가는 신앙의 침몰을 경험하게 되었습니다. 이 것은 그들의 삶과 신앙의 중심에 십자가를 세워 두는 것에 실패했기 때문입니다.

십자가는 이해하고 한때 깨닫는 것으로 충분하지 않습니다. 언제나 그 십자가의 의미에 우리의 마음과 삶이 사로잡히고 그것에 의하여 지배를 받는 영적인 삶이 우리의 중심에 와야 합니다. 십자가에 대한 묵상이 없는 영적인 삶은 헛된 것입니다.

그들이 십자가를 이런 방식으로 붙들고 또한 십자가에 사로잡히는 일에 실패하자 성도의 이름은 더럽혀졌고, 세례는 무색하게 되었으며, 하나님의 은혜는 값싼 세상의 욕심과 교환되었고, 교회는 세상을 향해 외칠 구원의 목소리를 잃어버리게 되었습니다.

결국 고린도 교회 그리스도인들은 도시의 불신앙과 부패와 맞서 싸우기보다는 오히려 투항하여 죄악의 낙을 즐기게 되었습니다. 한 성령께서 그들에게 다양한 은사를 주셨지만 그것을 통해서 교회를 다양한 방식으로 섬겨 하나 되게 하는 일에 실패하게 되었습니다.

우린 무얼 배우나?

사랑하는 독자들이여! 고린도 교회의 실패가 우리에게 무엇을 교훈하고 있습니까? 십자가는 우리를 구원했고 그 십자가에서 그리스도는 우리를 구원하기 위하여 대속의 피를 흘리셨습니다. 창끝에 찔림으로 그의 심장은 터졌고, 그의 찢겨진 가슴으로부터 흘러나온 물과 피로 말미암아 우리는 하나님의 품에 들어갔습니다.

지금도 하나님께서는 2,000년 전 피로 물들어 갈보리 언덕에 선 그 보혈의 십자가를 통해, 회개하는 우리들을 당신의 자녀로 삼으시는 것을 믿으시기 바랍니다. 하나님께서는 오직 예수 그리스도의 십자가의 참혹한 고난을 통해, 당신과 우리 사이에 가로놓인 높은 담을 무너뜨리고 무너진 담장의 잔해 위에서 탕자와 같은 우리들을 용납하시고 화목하게 하셨던 것입니다.

주는 평화, 막힌 담을 모두 허셨네.
주는 평화, 우리의 평화.

우리가 바로 이러한 하나님의 사랑을 입은 사람들이었습니다. 성경은 우리를 위하여 자신을 버려 화목 제물이 되신 하나님의 아들이신 예수 그리스도의 고난과 희생에 대하여 말합니다.

그리고 사도는 우리가 바로 그런 십자가의 정신으로 살아가야 할 사람들임을 상기시키고 있습니다. "너희 안에 이 마음을 품으라 곧 그리스도 예수의 마음이니 그는 근본 하나님의 본체시나 하나님과 동등됨을 취할 것으로 여기지 아니하시고 오히려 자기를 비워 종의 형체를 가지사 사람들과 같이 되셨고 사람의 모양으로 나타나사 자기를 낮추시고 죽기까지 복종하셨으니 곧 십자가에 죽으심이라"(빌 2:5-8).

하나님의 사랑

하나님의 아들인 예수 그리스도께서 우리를 위하여 자기를 버리신 것은 바로 하나님이 우리를 얼마나 사랑하시는지를 보여 주신 것이었습니다. 커다란 영적인 각성과 부흥이 일어났던 시기마다 사람들은 이러한 하나님의 사랑에 대하여 커다란 충격을 받는 경험을 하게 되었습니다.

평상시 대수롭지 않게 느껴지던 말씀인 "하나님이 세상을 이처럼 사랑하사 독생자를 주셨으니 이는 그를 믿는 자마다 멸망하지 않고 영생을 얻게 하려 하심이라"라는 요한복음 3장 16절의 의미가 새로운 경험으로 다가오게 되었습니다.

그러나 대부분의 시기의 사람들은 이처럼 죄인을 찾으시는 거룩한 하나님의 사랑의 깊이와 넓이를 깨닫지 못하면서 살았습니다.

교회 안의 그리스도인들조차 말입니다. 오늘날 우리 주위의 많은 그리스도인들을 보십시오. 하나님의 놀라운 사랑을 느끼지 못하고 살아가는 사람들이 많습니다. 더욱이 십자가에서 자신들을 위하여 고난을 당하신 그리스도의 희생에 대한 감격을 삶의 원천으로 삼고 살아가는 그리스도인들은 너무나 소수입니다. 따라서 십자가에 대한 경험 없이 하나님의 큰 사랑을 깨닫는 것은 거의 불가능합니다.

왜냐하면 그보다 더 큰 하나님의 사랑은 없기 때문입니다. 그래서 성경은 우리에게 말합니다. 특별히 사랑의 사도로 불리는 요한이 이 말씀을 기록한 것을 기억합시다. "하나님의 사랑이 우리에게 이렇게 나타난 바 되었으니 하나님이 자기의 독생자를 세상에 보내심은 그로 말미암아 우리를 살리려 하심이라 사랑은 여기 있으니 우리가 하나님을 사랑한 것이 아니요 하나님이 우리를 사랑하사 우리 죄를 속하기 위하여 화목제물로 그 아들을 보내셨음이라"(요일 4:9-10).

구원받지 못한 이들을 위하여

이 글을 읽는 분들 중 아직 구원의 확신이 없는 독자들에게 그리스도의 사랑으로 말합니다. 이 하나님의 놀라운 사랑이 바로 당신을 위한 것이었음을 믿으십시오. 거룩한 하나님이 죄를 알지도 못하시는 아들을 십자가에 못박으신 것은 여러분들을 사망의 죄악에서 건져 내시기 위함이었습니다.

하나님께서 사랑하는 아들 예수 그리스도를 이 세상에서 버림받고 십자가에서 죽게 하신 것은 바로 당신을 멸망할 지옥의 위험으로부터 구원하시기 위함이었습니다. 하나님 이외에 누구도 당신을 구원할 자가 없습니다. 왜냐하면 우리 모두 하나님 앞에서 죄인이기 때문입니다.

오직 우리 주 예수 그리스도의 십자가만이 우리를 얽어맨 죄악과 슬픔의 사슬들을 끊어 우리로 하여금 영원을 향하여 자유롭게 날아가도록 만들어 줄 수 있습니다.

바울이 빌립보 감옥에 있을 때 하나님의 살아 계심을 깨닫게 되었던 간수의 고백을 들어 보십시오. 그는 옥문이 부서졌음에도 불구하고 도망하지 아니한 죄수들 앞에서 부복하며 이렇게 말했습니다. "선생들이여 내가 어떻게 하여야 구원을 받으리이까." 이때 바울이 대답했던 그 대답은 또한 하나님께서 같은 질문으로 하나님 앞에 나아오는 당신을 향해 주시는 응답이기도 합니다. "주 예수를 믿으라 그리하면 너와 네 집이 구원을 받으리라"(행 16:30-31).

그렇습니다. 당신은 그리스도 없이 살 수 없는 사람입니다. 하나님의 그 큰 사랑을 등지고 살아가는 사람들을 기다리고 있는 것은 진노하시는 하나님의 죄에 대한 심판뿐입니다. 하나님께서 죄인들을 어떻게 심판하실지에 대하여 생각하는 사람들에게 저는 십자가를 주목하라고 권고하고 싶습니다.

그리스도께서 십자가에 매달려 죽으신 그 참혹한 고난은 바로 죄에 대한 하나님의 진노를 드러내는 것입니다. 지금 당신에게 있어서 가장 커다란 죄는 하나님의 이 놀라운 구원을 거절하는 것입니다. 그리고 그리스도를 믿는다는 것은 단지 이러한 하나님의 놀라운 구원이 십자가에서 이루어졌음을 믿고 그 사실을 온 마음과 삶으로 받아들이는 것입니다.

형식적인 그리스도인들에게

구원받았지만 마치 고린도 교회의 실패한 그리스도인들처럼 세상과 짝하며 육체를 자랑하는 사람들에게 저는 동일한 사랑으로 성경의 증언을 말하고자 합니다. 여러분의 마음 한 구석에 밀쳐진 십자가, 마음이 세상에 대한 관심과 사랑으로 가득 차 있어서 그리스도의 십자가가 심령 한가운데 우뚝 서지 못하는 그리스도인들에게 저는 말합니다.

마음을 다하여 하나님 앞에 간구하십시오. 그리스도의 거룩한 십자가가 여러분의 영적인 삶과 생활의 중심에 오도록 기도하십시오. 무엇보다도 십자가가 한 종교의 차가운 상징으로서가 아니라 우리의 삶을 구속하고 우리로 하여금 어두운 세상을 하나님의 영광을 위하여 찬란한 빛으로 살게 하는 위대한 능력을 공급해 주는 실제적인 능력이 되도록 십자가를 경험하게 해 달라고 간구하십시오.

고린도 교회는 십자가가 성도들의 삶 중심에 서게 하는 데에 실패했고, 고린도의 그리스도인들은 십자가의 의미를 새기며 그것을 끝까지 붙드는 데 실패하였습니다. 하나님과의 관계는 멀어졌고 이제 그들은 그리스도를 믿으면서도 세상 사람들처럼 육체를 자랑하는 처지가 되었습니다.

그들에게 있어서 우리 주 예수 그리스도의 구속의 십자가는 더 이상 자랑거리가 아니었습니다. 사도 바울이 그토록 십자가 외에는 자랑할 것이 없다고 말했던 그 십자가가 그들에게는 자랑거리가 아니었습니다. 오히려 자신들이 어떤 파당에 속해 있고 얼마나 많은 재물을 소유하고 있으며 어떻게 인생을 즐기며 살고 있는지가 자랑거리가 되었습니다.

성령께서 그들에게 은혜를 주셨지만 그들은 자신들에게 그런 신령한 은혜를 주신 하나님을 찬양하기보다 그것을 받은 자신들의 신앙적인 우월을 자랑하는 데에 급급하였습니다. 십자가가 무너지자 은사도 하나님의 교회를 섬기는 데 올바르게 기여하지 못하게 된 것입니다.

이 모든 실패는 그들이 십자가를 자랑하지 아니하는 삶을 살고 있었기 때문입니다. 십자가가 우리의 믿음과 삶 가운데 굳건히 세워지는 일 없이는 결코 풍성한 영적인 삶을 이어갈 수 없고 하나님과 올바른 관계에 설 수도 없습니다.

사랑하는 여러분, 여러분의 삶이 온전히 그리스도의 십자가를 자랑하는 것이 될 때 여러분은 비로소 하나님 앞에 자랑스러운 존재들이 될 수 있을 것입니다. 그리고 이렇게 십자가를 통해 하나님과의 관계를 현재적으로 경험하고 살아가는 영적 삶이 우리의 삶에 어떻게 영향을 미치게 되는지는 사도 바울의 개인적 간증을 통해서도 분명해집니다.

그는 이렇게 말합니다. "내가 그리스도와 함께 십자가에 못박혔나니 그런즉 이제는 내가 사는 것이 아니요 오직 내 안에 그리스도께서 사시는 것이라 이제 내가 육체 가운데 사는 것은 나를 사랑하사 나를 위하여 자기 자신을 버리신 하나님의 아들을 믿는 믿음 안에서 사는 것이라"(갈 2:20).

흐느끼는 노(老)사도

바울이 이 편지를 쓴 것은 그가 그리스도를 다메섹에서 만난 지 30년 가까운 세월이 흐른 후였습니다. 젊음과 패기에 넘치던 청년 시절은 지나가고, 윤기 있던 피부는 육로의 위험과 해로의 위험과 강도의 위험과 춥고 배고프고 매맞는 고난의 세월을 통하여 깊이 골 파였습니다.

인생의 황혼 길에 들어선 반백의 노사도, 그럼에도 불구하고 그의 가슴 속에는 여전히 그리스도의 십자가가 우뚝 서 있었고 거기에는 30여 년 전에 못박힌 사울이 달려 있었습니다. 겉사람은 후패하였으나 그의 속사람은 십자가로 가득 차 있었습니다.

그의 가슴 속에 그 십자가는 언제나 살아서 그의 삶을 지배하였습니다. 십자가의 정신으로 생각하고 고난의 정신으로 말하며 희생의 정신을 따라 살았습니다. 그리스도와 함께 고난을 받을수록 그는 더욱 고난의 거룩한 신비를 더 깊이 깨닫고 싶어하였습니다. 그의 삶이 십자가의 고난을 따라 살면 살수록 부활의 위대한 능력을 맛보게 되었습니다.

그는 육체 가운데 사나 지푸라기와 같은 육체를 자랑하지 않았습니다. 십자가를 바라보고 살면 살수록 그의 자랑은 오직 우리 주 예수 그리스도의 십자가뿐이라는 사실을 더 깊이 체험하게 되었습니다.

순교의 종소리를 들으며

그는 이제 세상이나 세상이 줄 수 있는 것들을 위하여 사는 고린도 교회와 같은 길을 걷지 않고 있었습니다. 이별을 위한 순교의 종소리가 서서히 들려오는 인생의 석양에서 조용히 비껴 오는 노을을 받으며 그는 다시 한 번 확신에 찬 음성으로 우리에게 말합니다.

그것은 세상이 감당할 수 없는 사람의 음성이었습니다. "그러나 내게는 우리 주 예수 그리스도의 십자가 외에 결코 자랑할 것이 없으니"(갈 6:14).

여러분의 자랑은 무엇입니까?

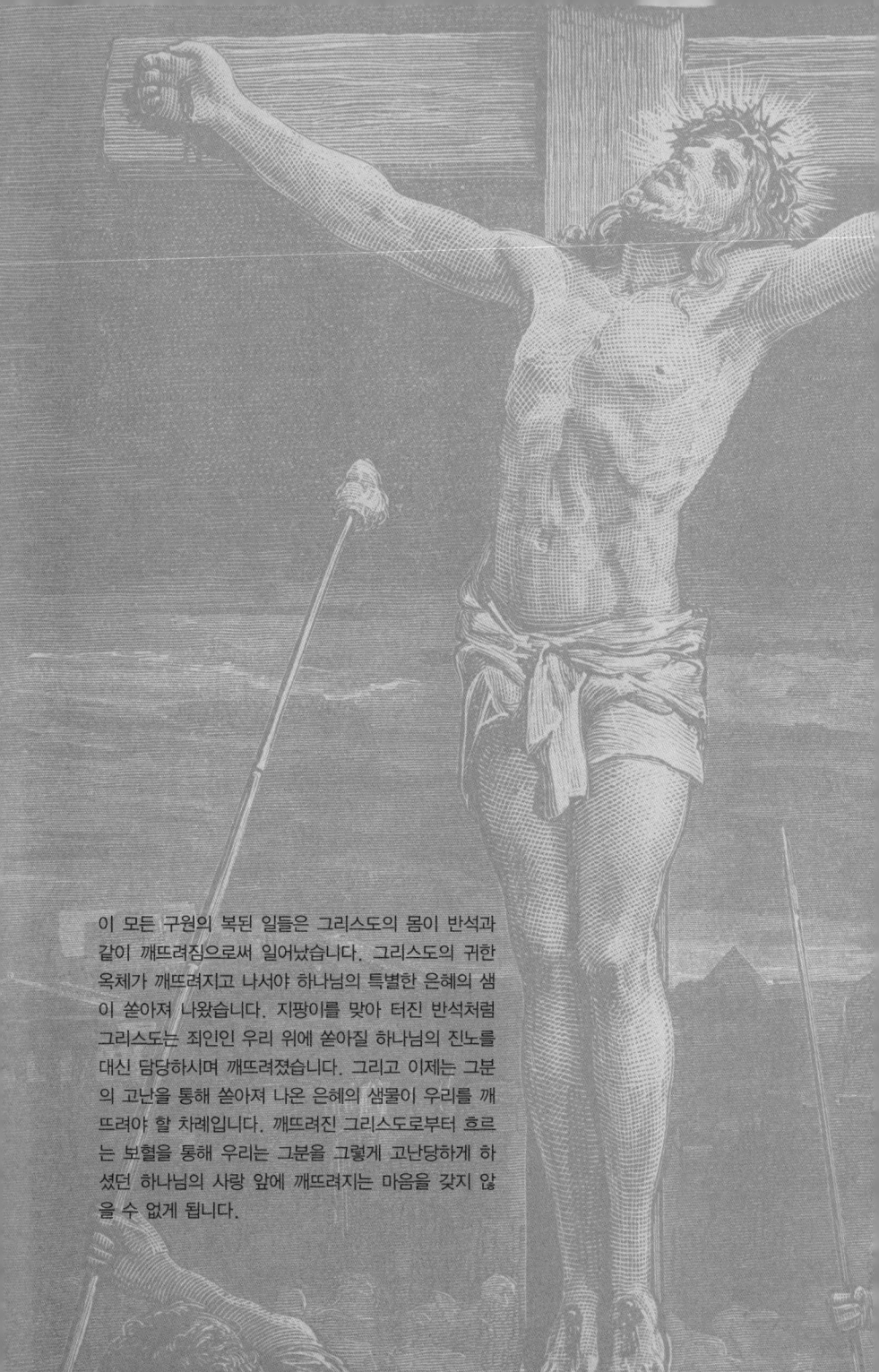

이 모든 구원의 복된 일들은 그리스도의 몸이 반석과 같이 깨뜨려짐으로써 일어났습니다. 그리스도의 귀한 옥체가 깨뜨려지고 나서야 하나님의 특별한 은혜의 샘이 쏟아져 나왔습니다. 지팡이를 맞아 터진 반석처럼 그리스도는 죄인인 우리 위에 쏟아질 하나님의 진노를 대신 담당하시며 깨뜨려졌습니다. 그리고 이제는 그분의 고난을 통해 쏟아져 나온 은혜의 샘물이 우리를 깨뜨려야 할 차례입니다. 깨뜨려진 그리스도로부터 흐르는 보혈을 통해 우리는 그분을 그렇게 고난당하게 하셨던 하나님의 사랑 앞에 깨뜨려지는 마음을 갖지 않을 수 없게 됩니다.

제4장

십자가와 생명의 은혜

"내가 호렙 산에 있는
그 반석 위 거기서 네 앞에 서리니
너는 그 반석을 치라 그것에서
물이 나오리니 백성이 마시리라"

출 17:6

맛사의 사건

출애굽기 17장은 매우 중요한 장입니다. 이스라엘 역사상 길이 기억되는 중요한 한 사건이 여기에 기록되어 있기 때문입니다. 그것은 다름 아닌 맛사 혹은 므리바의 사건입니다. 모세가 지팡이로 반석을 쳐서 생수를 내어 이스라엘 백성들로 마시게 하는 이적적인 사건이 그곳에서 일어나게 됩니다. 이스라엘 백성들은 두고두고 이 사건을 회고했습니다. 그리고 성경은 이 사건의 교훈과 의미를 여러 차례 반복해서 전해 주었습니다.

16장에서는 이스라엘 백성들에게 베푸신 하나님의 초자연적인 은총이 나타납니다. 그것은 다름이 아니라 이스라엘 백성들의 먹을 것을 해결하시는 하나님의 신비한 방법입니다. 이 놀라운 일은 하나님께서 이스라엘 백성들에게 만나를 내리시는 사건으로 나타났습니다.

이스라엘 백성들이 애굽을 떠날 때에 그들은 양식을 준비하여 길을 떠났습니다. 뿐만 아니라 가축들도 끌고 나왔습니다. 그러나 그들이 가지고 나온 먹을 것들은 정확하게 두 달 보름 만에 동이 났습니다.

그들은 이제 자신들의 힘으로는 더 이상 먹을 것을 공급할 수 없었습니다. 약 250만 내지 300만 명에 이르렀을 이스라엘 백성들이 하루 세 끼를 먹는 문제야말로 다급한 문제인 동시에 엄청난 문제였습니다.

하늘의 양식

광야에는 먹을 것이 아무것도 없었습니다. 그들은 논과 밭을 지나거나 열매가 가득한 과수원 사이를 지나서 행진하였던 것이 아닙니다. 마른 땅과 모래와 전갈과 뱀과 끝없는 원수들의 위협이 도사리고 있는 광야의 길을 지나고 있었습니다.

어디서 그들이 양식을 구할 수 있었겠습니까? 누가 그들에게 먹을 것을 주어 그 긴 세월 동안 생명을 보존할 수 있었겠습니까? 아무도 할 수 없었습니다. 그러나 하나님은 하셨습니다. 이스라엘 백성들은 믿음이 엄청나게 좋았든지 혹은 생각이 모자랐든지 둘 중 하나였던 사람들임에 틀림없습니다. 그들은 아마 자신들이 마련해 온 양식만으로도 가나안에 이를 때까지 충분히 견딜 수 있을 것이라고 믿었던 것 같습니다. 산술적으로는 그런 계산이 충분히 가능했습니다. 그러나 하나님은 광야에서 먼저 모든 양식이 떨어지게 만드셨습니다. 그리고 이스라엘 백성들을 어떻게 자신의 능력으로 그 광야에서 인도하시는지를 보여 주시고자 하셨습니다.

이 만나 사건을 통해서 하나님께서는 이스라엘 백성들이 이 세상에서 살아가는 하나님의 자녀로서 이 땅에서 세상 사람들이 먹는 양식 말고 또 다른 신령한 음식으로 살아가야 할 백성들이라는 사실을 보여 주시고자 하셨습니다. 그리고 이스라엘 백성의 지도자였던 모세는 이 사실을 수시로 상기시켰습니다. "너를 낮추시며 너를 주리게 하시며 또 너도 알지 못하며 네 조상들도 알지 못하던 만나를 네게 먹이신 것은 사람이 떡으로만 사는 것이 아니요 여호와의 입에서 나오는 모든 말씀으로 사는 줄을 네가 알게 하려 하심이니라"(신 8:3).

그들은 그 놀라운 기적을 보았습니다.

한번 생각해 보십시오. 그 엄청난 백성들이 먹을 것이 떨어졌습니다. 광야 사면을 돌아보아도 내일 먹을 양식이 공급될 가능성은 보이지 않았습니다. 그런데 하나님께서 만나의 기적을 베푸시는 것입니다. 이른 아침에 들판에 나아갔을 때 그들은 난생 처음 경험하는 신비한 상황을 맞이하게 되었습니다. 서리가 하얗게 내린 것 같은 들판이 그들 눈앞에 끝없이 펼쳐져 있었습니다.

그리고 그것들을 모아 보니 훌륭한 곡식이 되었습니다. 양질의 가루였습니다. 떡도 굽고 반죽도 해서 음식을 만들어 먹을 수 있는 훌륭한 양식을 아무런 노동의 대가 없이 하늘로부터 매일 공급받는 놀라운 이적을 체험하게 되었습니다. 그들이 그 들판에서 경이로운 눈빛으로 감탄하며 만나가 하얗게 내린 그 들판을 바라보는 모습을 상상해 보십시오.

입맛과 변심

며칠이 지났습니다. 그러자 이스라엘 백성들의 마음도 변하기 시작했습니다. 맛있었던 만나와 신비스럽기까지 했던 만나를 모아 담는 경험도 잠깐이었습니다. 그들은 즉시 이 신령한 양식이 지겹게 느껴지기 시작하였던 것입니다. 그것은 옛날 입맛이 살아났기 때문입니다.

그들은 하나님께서 신령한 방법으로 내려주시는 만나에 감사하는 대신 이전에 애굽에서 노예살이를 할 때에 즐겨 먹던 음식들이 생각났습니다. 정력에 좋은 마늘, 부추, 외 같은 것들이 생각났던 것입니다.

왜 그랬을까요? 무엇 때문에 그들은 한때 감탄하던 이 신령하고 기이한 양식을 싫어하고 광야에서 도무지 구할 수 없는 그런 양식들을 바라게 되었을까요? 그것은 입맛이 변했기 때문입니다.

우리의 신앙 생활도 그러합니다. 하나님의 놀라운 은혜를 경험하고 영적인 변화를 경험한 사람들은 하나님의 말씀을 뜨겁게 사모합니다. 한 끼 식사를 걸러도 하나님의 말씀을 듣고 깨닫는 일을 마다할 수 없는 진리에 대한 사모함이 있습니다. 그런 성도들은 벌써 예배에 참여하는 눈빛부터 다릅니다. 말씀이 선포되는 시간에 설교자를 쳐다보는 눈빛부터 예사롭지가 않습니다. 거룩한 하나님의 진리로 말미암아 변화되고 싶어하는 갈망과 말씀을 통해 하나님을 만나고 싶어하는 마음이 그의 얼굴과 인격 가득히 배어서 설교자의 가슴에 다가옵니다.

그러나 어느 날 그 눈빛이 변하기 시작합니다. 신앙 생활이 공허해지고, 아무것도 느끼지 못하는 예배 시간이 지리하게 느껴지는 때가 옵니다. 그의 입맛이 변해 가고 있다는 증거입니다. 신령한 하나님의 말씀으로 살던 영적인 삶을 잃어버리고 옛사람의 입맛을 따라 살아가고 싶어하는 변화 받기 이전의 옛사람의 습관과 기질의 지배를 받고 있기 때문입니다.

우리가 매일 그리스도 예수의 십자가를 붙들고 또한 그리스도 예수의 십자가에 붙들려 영혼의 묵은 찌끼를 털어 내고 건강하고 강력한 영적인 삶을 유지하고 살아가야 할 이유가 여기에 있는 것입니다.

항상 신령한 것에 대한 거룩하고 은혜로운 정서를 유지하고 살아가는 것이야말로 세속적인 입맛을 죽여 하나님의 말씀에 끊임없이 감화를 받으며 사는 중요한 방법임을 기억하여야 합니다.

먹고 마시는 것이야말로 이 세상을 살아가는 인간의 가장 원초적인 본능입니다. 먹는 것으로 말미암아 문제가 일어나게 되었으니 이번에는 당연히 마시는 것으로 말미암아 문제가 일어나지 않겠습니까?

예수님도 육신을 위하여 염려하는 그리스도인들을 바라보시며 먹는 것과 마시는 것을 함께 말씀하셨습니다. "그러므로 내가 너희에게 이르노니 목숨을 위하여 무엇을 먹을까 무엇을 마실까 몸을 위하여 무엇을 입을까 염려하지 말라……"(마 6:25).

이스라엘 백성들이 하나님을 원망한 것은 바로 마실 물 때문이었습니다. 아시다시피 팔레스타인 지방은 물이 귀한 지방입니다. 우물을 파서 물이 나온다고 할지라도 대부분 마실 수 없는 쓴물인 경우가 허다합니다. 그래서 음료수로 사용할 수 있는 물이 나오는 우물은 몇 백년씩 두고두고 그 족속의 재산이 됩니다.

해갈시키신 방법

지금 여기서 우리가 다루고자 하는 것은 이스라엘 백성들이 왜 원망을 하게 되었으며 또 그 원망에 대해서 하나님은 어떻게 생각하셨는지, 결과가 무엇이었는지와 같은 물을 둘러싼 여러 가지 이야기들이 아닙니다.

문제는 이 백성들에게 물을 주시고자 하시는 하나님의 방법에 대해서 주목하고자 하는 것입니다. 왜냐하면 이 사건이 그리스도의 고난과 관련하여 중요한 진리를 담고 있다고 믿어지기 때문입니다.

이스라엘 백성들이 이와 유사한 위기에 처할 때마다 늘 하던 습관이 있었습니다. 그것은 모세를 원망하는 것이었습니다. 그들이 이 같은 상황에서 잘 사용하는 말이 있었습니다.

그것은 바로 이런 말이었습니다. "당신이 우리를 애굽 땅에서 인도하여 이리로 끌어 내어 우리로 하여금 죽게 하는도다." 그들이 형통할 때에는 한 번도 모세에 대하여 이 같은 말을 한 적이 없었습니다.

생각해 보십시오. 그들을 인도한 사람은 모세가 아니었습니다. 그들을 애굽에서 건져 내신 분은 하나님이셨습니다. 여호와 하나님께서 크신 편팔로 그들을 건져 내어 광야로 들어오게 하셨고 그 광야에서 그들의 갈 길을 보여 주셨던 것입니다.

그럼에도 불구하고 어려움에 처할 때마다 그들의 눈에는 하나님은 보이지 않았고 오직 그들을 이끌어 내는 도구로 사용되었던 모세만이 눈에 들어오게 되었습니다.

오히려 이스라엘 백성들은 이렇게 반문하여야 했습니다. "먹고 마시는 것이야말로 인간의 가장 원초적인 필요이다. 따라서 우리를 지으신 하나님은 우리가 먹을 것과 마실 물이 필요하다는 사실을 잘 아실 것이다. 우리는 하나님의 뜻을 좇아 애굽을 떠나 광야에 들어섰다. 그런데 왜 전능하신 하나님의 인도를 받으면서 우리가 이러한 원초적인 문제로 말미암아 고통을 받아야 하는가? 왜 하나님은 우리를 이러한 결핍의 상황에 두시는 것일까? 하나님, 우리에게 무엇을 알게 하시렵니까?"

결핍 속에서 들리는 음성

그들의 눈에는 모세만 보였습니다. 그리고 원망하였습니다. 하나님과의 관계는 간 곳이 없고 오직 차가운 물질적인 이해 관계만이 눈에 들어왔습니다. 그리고 자신들의 고생스러운 광야 생활이 바로 모세로 말미암아 비롯되었다고 생각하게 되었습니다. 그러나 사실 생각해 보십시오.

언제 모세가 그들을 데리고 나왔습니까? 하나님은 그들 가운데 당신이 살아 계신 증거를 보이셨고 모세는 단지 하나님의 뜻을 전했습니다. "할렐루야, 아멘." 하며 태산이라도 삼킬 듯이 애굽을 뛰쳐 나온 사람들은 그들 자신이었습니다. 그럼에도 불구하고 지금 모세를 원망하고 있는 것입니다.

그럴 때마다 모세가 잘하던 습관이 있었습니다. 그것은 하나님 앞에 나아가는 것이었습니다. 하나님께 기도하는 것이었습니다. "하나님, 이 백성들을 어찌하여야 합니까? 이 백성들은 모두 연구 대상들이옵나이다. 먹이시는 하나님이 어찌 물을 주시지 아니하시겠습니까? 그럼에도 불구하고 이 백성들이 나를 원망하고 죽이려 하나이다. 하나님, 어떻게 해주시옵소서."

결핍 속에서 하나님의 음성을 들으십시오. 이스라엘 백성들은 물을 찾았지만 당연히 물이 필요한 것을 알면서도 그러한 결핍에 이스라엘 백성들을 두심으로써 하나님은 무엇인가 이스라엘 백성들에게 말씀하시고 싶었던 것이 있었습니다. 이스라엘 백성들은 물을 찾았지만 하나님은 이스라엘 백성들이 자신과 맺고 있는 관계를 찾으셨습니다.

사랑하는 독자 여러분, 여러분들은 결핍을 해결하는 방식에 있어서 신령한 사람이 되어야 합니다. 결코 이스라엘 백성들과 같은 방식으로 결핍을 해결하려고 해서는 안 된다는 것입니다. 결핍 속에서 고통을 느끼고 그것 때문에 좌충우돌하다가 하나님을 원망하는 것은 동물과 같은 삶입니다.

하나님과의 관계는 안중에 없고 자기의 힘으로 해결해 보려고 몸부림치다가 그것도 안 되면 사람을 원망하고 나아가서는 하나님을 원망하는 어리석은 방법을 포기하여야 합니다. 결핍을 해결하는 영적인 태도를 성경을 통해서 배우십시오.

모세가 하나님께로부터 부름받은 때부터 늘 모세를 따라다니던 물건이 한 가지 있었습니다. 그것은 지팡이였습니다. 그 지팡이가 무엇을 의미하는지는 알 수 없지만 하여튼 모세가 이스라엘 백성들을 위하여 하나님께로부터 보내심을 받은 영적 지도자로서 리더십을 행사할 적마다 그 지팡이가 등장합니다.

애굽의 나일강을 피로 만들 때도 그러하였고, 그 이전에 바로 앞에서 이적을 행해 보이던 때에도 지팡이가 등장합니다. 모세가 그 지팡이를 들면 뭔가 사건이 일어나는 것입니다. 피, 개구리, 이, 악질, 독종, 우박, 메뚜기 등등의 모든 재앙이 모세의 지도력 아래 이루어지게 되었습니다.

지질학자가 웃을 이야기

하나님께서는 이 같은 결핍의 상황에서 모세에게 말씀하셨습니다. "여호와께서 모세에게 이르시되 백성 앞을 지나서 이스라엘 장로들을 데리고 나일강을 치던 네 지팡이를 손에 잡고 가라 내가 호렙산에 있는 그 반석 위 거기서 네 앞에 서리니 너는 그 반석을 치라 그것에서 물이 나오리니 백성이 마시리라 모세가 이스라엘 장로들의 목전에서 그대로 행하니라"(출 17:5-6).

그러나 이 대목은 지질학을 전공하는 사람들이 들으면 혀를 차며 웃을 노릇입니다. 왜냐하면 물은 산꼭대기에서 나는 법이 없기 때문입니다. 물은 계곡 아래 습기 있는 곳으로 내려와서 땅을 파야 나는 법입니다.

높은 곳에서 내린 물이 지표 아래로 흐르는 것은 당연하지 않겠습니까?

오히려 하나님은 모세에게 이렇게 명령하셔야 했습니다. "모세야, 습기가 많고 우묵한 골짜기에 웅덩이를 파라. 그리하면 거기 물이 있느니라."

그러나 하나님께서는 호렙산의 반석을 치도록 명하셨습니다. 거기서는 물이 나올 수 없음에도 불구하고 하나님은 모세에게 그렇게 명령하셨습니다. 거기서 하나님께서 물을 내시겠다는 것입니다. 이것은 우리에게 무엇을 의미합니까?

반석과 그리스도

여기서 우리가 하나 생각하고 넘어가야 할 대목이 있습니다. 호렙산에서 일어난, 이 반석이 터지고 생수가 나오는 이적적인 사건은 그리스도의 고난과 직접적으로 연결되고 있다는 것입니다. 우리는 구약에서 일어난 사건을 함부로 그리스도를 예표하는 사건으로 해석할 권리가 없습니다. 그러나 성경의 저자들에게는 이러한 권한이 있습니다.

왜냐하면 그들은 하나님께서 영감하신 성령의 기록자들이기 때문입니다. 그러므로 이 사건이 그리스도를 예표한 사건이라고 하는 것은 구약에서 계시된 그리스도에 대하여 누구보다 깊은 관심을 가지고 있던 사도 바울에 의하여 확증되었습니다.

"형제들아 나는 너희가 알지 못하기를 원하지 아니하노니 우리 조상들이 다 구름 아래에 있고 바다 가운데로 지나며 모세에게 속하여 다 구름과 바다에서 세례를 받고 다 같은 신령한 음식을 먹으며 다 같은 신령한 음료를 마셨으니 이는 그들을 따르는 신령한 반석으로부터 마셨으매 그 반석은 곧 그리스도시라"(고전 10:1-4).

터진 바위, 깨어진 육체

그러므로 여기에서 이루어진, 반석이 터지는 사건은 곧 그리스도 예수의 고난 사건을 가리키는 예표였습니다. 반석은 그리스도였고, 그 반석이 터진 것은 그리스도의 고난이었으며, 거기서 솟아난 생수로 말미암아 이스라엘 백성들이 해갈하게 된 것은 먼 훗날 그리스도의 십자가의 보혈로 말미암아 성도들이 누리게 될 생명을 가리키는 것이었습니다.

따라서 우리는 이스라엘 백성들에게 생수를 마련하신 하나님의 방법이 인간의 상식을 초월한 방법이었다는 사실을 통해서, 그리스도 예수를 통해서 하나님이 버려진 세상에 생명을 주시려고 하는 방법이 사람들에게 잘 이해되지 않는 것이 당연하다고 생각할 수 있게 되는 것입니다.

모세가 이스라엘 백성들에게 먹을 물을 주겠노라고 말하면서 반석으로 올라갈 때에 이스라엘 백성들이 모세의 행동을 얼마나 우습게 생각했겠습니까? 그들은 이렇게 말하고 싶었을 것입니다. "많이 배운 사람이 그것도 모르시오? 어려움을 많이 만나더니 노망이 들었소? 산 위에서 무슨 물이 난다는 말이오? 그것도 단단하고 커다란 바위 위에서 어떻게 우리의 마실 물을 예비한다는 말이오? 돌멩이가 물과 무슨 관계가 있다는 말이오?"

보십시오. 얼마나 놀라운 광경입니까? 하나님께서는 이 광경을 통해 이미 그리스도께서 오시기 1,500여 년 전에 이 세상 사람들이 그리스도를 얼마나 잘못 이해할 것인가를 보여 주셨습니다.

반석을 보며 물과 관계가 없을 것이라고 생각했던 광야의 백성들처럼 과연 그들의 후예인 이스라엘 백성들은 그리스도 안에서 그들에게 주시려고 하시는 하나님의 생명을 읽어 낼 수 없었습니다.

베들레헴의 마굿간에서 태어나시고 선한 것이 나지 않기로 알려진 나

사렛에서 유년과 청년과 장년의 세월을 보낸 평범하고 시골스러운 예수 그리스도의 모습 속에서 세상의 생명 주시기를 원하시는 하나님의 구원 계획을 읽는 것이 그들에게는 불가능하였습니다.

불신하는 세상

오늘날 세상을 보십시오. 우리가 믿는 그리스도 안에 인생의 문제에 대한 궁극적인 해결이 있다고 믿는 사람이 어디에 있습니까? 2,000년 전에 죽은 그리스도 예수 안에 하나님과 화해할 수 있는 길이 있고, 그분을 받아들이는 것이 영원을 향하여 사는 길임을 확신하는 사람이 어디에 있습니까?

이 세상 사람 누구도 그렇게 믿는 사람이 없습니다. 우리도 또한 그렇게 믿지 않았던 사람들입니다. 사람들에게 있어서 그리스도가 이 세상의 구원이고 생명이라고 말하는 것은 우습기도 하고 불쾌하기도 한 일입니다. 그래서 그리스도께서 오실 때 세상이 보여 줄 불신은 여러 차례 예고되었습니다.

이스라엘 백성들이 반석에서는 물이 나올 수 없다고 생각했던 것은 오랜 경험에서 나온 것일지는 몰라도 그것은 하나님이 하시면 이루어질 수 있다는 신앙의 가능성을 저버린 불신앙적인 편견의 소산이었습니다. 마찬가지로 사람들은 그리스도 예수를 이 세상의 구원자로 믿기를 싫어하였습니다. 그런 분에게서 생명과 구원을 읽어 낸다고 하는 사실 자체가 불가능하다고 믿었기 때문입니다. 오늘날 그리스도의 십자가를 거절하는 세상을 보십시오. 사람들은 예수 그리스도 한 사람에게 온 세상의 구원과 생명이 달려 있다는 성경의 진리를 비웃고 있습니다.

'한 사람'에 매인 종교

많은 종교들을 생각해 보십시오. 어느 종교도 한 사람의 인격에 철저히 매여 있는 종교는 없습니다. 석가모니(釋迦牟尼) 즉 부처가 불교를 만들었지만 불교 신자들은 역사적인 석가모니에 매여 있는 사람들이 아닙니다. 석가모니 없는 불교는 얼마든지 가능하다고 믿고 있습니다.

공자(孔子)가 유교의 시조이지만 유교적인 방식으로 살아가는 사람들이 공자의 인격에 매여 있는 것은 아닙니다. 공자가 어느 시대 사람인지 몰라도 사람들은 얼마든지 유교적인 방식의 삶을 살아갈 수 있고 그런 사고로 자신의 인생을 이어갈 수 있습니다. 이러한 태도는 이단에 있어서도 마찬가지입니다.

이단들조차도 이단의 비조들이 받았다는 계시나 혹은 그들이 행한 일을 중요하게 생각하지, 그 비조들 자체에 매여 있지는 않습니다. 그들이 비록 자신들의 비조들을 숭상한다고 할지라도 그 비조들이 없는 자신들의 주의와 주장은 얼마든지 유지될 수 있습니다.

그러나 기독교는 그렇지 않습니다. 그리스도의 가르침이나 그가 행하신 일 가지고는 충분하지 않습니다. 기독교는 그리스도 없이 존재할 수 없습니다. 그분의 역사적인 실존, 그분의 가르침, 그분의 행하심뿐만 아니라 그분의 인격까지도 기독교의 중심이 되고 있습니다.

반드시 우리 주 그리스도 예수이어야만 했습니다. 그분이 거기 계셔서 그렇게 십자가에 못박히심으로 우리의 죄를 위해 대속하시지 아니하셨다면 기독교 신앙은 존립할 수 없었던 것입니다.

그러나 세상 사람들은 자신들이 가지고 있는 편견 때문에 그리스도를 통하여 하나님의 구원 방법을 받아들이는 일을 싫어합니다. 예수 그리스도 안에서 온 인류를 구원하시는 거룩한 하나님의 방법을 이해하기에는 너무나 많은 세상의 편견들이 그들의 마음을 지배하고 있습니다.

뿐만 아니라 이 세상 신들이 그들의 마음을 더욱 어둡게 하고 그들의 영적인 분별력을 흐리게 하여 그리스도를 올바로 바라보지 못하도록 만들고 있습니다.

예고된 불신

그러나 그리스도에 대한 이러한 불신과 오해는 이미 오래전에 예고되었습니다. 이사야 선지자는 말합니다. "우리가 전한 것을 누가 믿었느냐 여호와의 팔이 누구에게 나타났느냐 그는 주 앞에서 자라나기를 연한 순 같고 마른 땅에서 나온 뿌리 같아서 고운 모양도 없고 풍채도 없은즉 우리가 보기에 흠모할 만한 아름다운 것이 없도다 그는 멸시를 받아 사람들에게 버림받았으며 간고를 많이 겪었으며 질고를 아는 자라 마치 사람들이 그에게서 얼굴을 가리는 것같이 멸시를 당하였고 우리도 그를 귀히 여기지 아니하였도다"(사 53:1-3).

그리스도 예수는 이미 이스라엘 백성들에게 받아들여지지 않았습니다. 그들은 오랫동안 구원을 기다리던 사람들이었습니다. 이스라엘 백성들의 유일한 소망은 자신들을 구원할 구원자를 맞이하는 것이었습니다.

아담과 하와가 타락한 이래로 그들은 하나님과의 완전한 교제를 잃어버렸습니다. 죄의 지배를 받으며 그 죄에 대한 형벌로 말미암아 고통을 받으며 어두운 세상을 살아왔습니다. 하나님께서는 그들을 버려 두셨습니다. 그들로 하여금 그들 자신의 힘으로는 구원받을 수 없다는 사실을 철저하게 깨달아 알기까지 기다리셨습니다.

근원적인 고통

타락한 아담의 후손들이 어떻게 살았는지 보십시오. 그의 후손들 가운데는 제법 똑똑한 이들도 있었습니다. 아벨을 살인하고 여호와 앞을 떠났던 가인은 에덴 동편 놋 땅에 거하며 성을 쌓았습니다. 많은 자손을 낳았고 화려한 문명을 일구어 나갔습니다. 그 이후로 그렇게 하나님 곁을 떠난 이 세상 백성들이 자신의 구원을 위하여 살아왔습니다.

커다란 나라와 발달한 문명이 자신들을 구원해 줄 수 있을 것이라고 생각했습니다. 심지어는 전쟁을 통해서 자신들이 구원받을 수 있을 것이라고 생각했습니다. 수많은 문화와 명멸하는 사상과 인생의 갈 길을 알려 주겠노라고 나선 수많은 사색가들이 있었지만 그들의 화려한 철학들도 인류에게 구원을 줄 수 없었습니다. 그들은 단지 자신이 원하는 대로 말할 뿐이었습니다.

인간 속에 내재하고 있는 근본적인 비극의 원인들을 해결할 수가 없었습니다. 발달한 문명, 개화된 도시로도 그 비극의 원인을 밝힐 수 없었고 해결할 수 없었습니다. 한때는 미개한 문명과 부족한 물질이 범죄의 원인이 된다고 생각하던 때도 있었습니다.

결핍이 피할 수 없는 사회악들을 가져온다고 믿었던 때가 있습니다. 그러나 이전의 결핍된 시대보다 더욱더 눈에 띄는 잔악한 범죄와 비극적인 죄악들이 오늘날 풍요로운 이 세상 한복판에서 자행되고 있습니다.

무엇 때문입니까? 왜 사람들은 이렇게 잘못 생각하였을까요? 그것은 바로 인간의 궁극적인 비극이 인간 세상 안에 내재하는 결핍과 세상에 문제가 있다고 믿었기 때문입니다. 좋은 세상이 되면 좋은 사람들이 될 것이라고 믿었던 것입니다.

그러나 그것은 어리석은 생각이었습니다. 왜냐하면 인간의 궁극적인 비극은 하나님과의 망가진 관계에 있기 때문입니다.

비극의 원인

이것을 깨닫지 못한 사람들은 모두 핵심을 비껴 간 것입니다. 그리스도의 인격에 직면하지 아니하고는, 한 사람 메시아 앞에 직면하지 아니하고는 올바른 역사를 볼 수도 없고 인간의 비극의 궁극적인 원인을 진단할 수도 없는 것입니다.

그럼에도 불구하고 많은 사람들은 생각합니다. '2,000년 전에 이 땅에 살았던 그리스도 예수가 오늘 우리의 삶에 무슨 관계가 있다는 말인가?' 마치 반석으로 올라가는 모세를 보며 그 반석이 자신들에게 절박하게 필요한 생수와 무슨 관계가 있을까 하고 의아해 했던 이스라엘 백성들처럼 말입니다.

그러나 그 반석이 바로 목말라 고통받는 이스라엘 백성들의 궁극적인 해결 방안이었습니다. 지금도 그 진리는 여전합니다. 한 분 그리스도 예수 안에 인류의 모든 역사와 인생의 모든 의미가 담겨 있는 것입니다.

수많은 나라들이 떠올랐다가는 사라지고 기라성 같은 영웅들이 역사 위에 모습을 드러냈다가는 휘장 뒤로 사라져 갔지만 그 수많은 인류의 역사는 오직 한 분을 향해 달려왔던 것입니다. 그분이 바로 그리스도 예수였습니다. 그럼에도 불구하고 극히 소수의 사람들만이 그리스도를 바로 알고 있습니다.

하나님의 애타는 소원은 바로 이것입니다. 반석에서는 생수가 날 수 없다는, 세상에서 통용되는 평범한 고정 관념과 편견을 버리고 능히 그 반석에서 생수를 바라볼 수 있는 사람이 되기를 원하시는 것처럼, 우리가 그리스도를 이런 방식으로 알게 되기를 원하시는 것입니다.

세상 사람들에게는 언제나 그리스도 예수로 말미암는 구원은 어리석은 것이었으며, 그분의 십자가에 죽으심으로 말미암아 우리에게 미치는 영원한 의는 미련한 것이었습니다. 이것이 바로 오늘날 죽어 가는 수많은 영혼들이 그리스도를 거절하는 이유입니다.

넘쳐난 샘물

모세가 하나님의 지시하심을 따라서 호렙산의 반석을 쳤을 때 물이 나왔습니다. 그리고 그 물은 모든 사람들이 해갈할 수 있을 만큼의 양이었습니다. 같은 사건을 기록하고 있는 민수기서에서는 이 장면을 이렇게 묘사합니다. "모세와 아론이 회중을 그 반석 앞에 모으고 모세가 그들에게 이르되 패역한 너희여 들으라 우리가 너희를 위하여 이 반석에서 물을 내랴 하고 모세가 그의 손을 들어 그의 지팡이로 반석을 두 번 치니 물이 많이 솟아 나오므로 회중과 그들의 짐승이 마시니라"(민 20:10–11).

적어도 250만 내지 300만 명의 사람이 먹고 또한 그들의 짐승들까지 마시어 해갈하였다고 하였으니 물이 솟아난 정도가 아니라 그 물이 작은 개울을 만들며 흐를 만큼 엄청난 양이었을 것입니다. 모여 있는 회중의 수가 엄청났으니 먼저 마신 사람도 있었고 뒤늦게 마시는 사람도 있었을 것입니다.

반석에서 터진 샘물은 앞에 선 사람들이 마셔 버리자 뒤에 온 사람들은 마실 수 없게 되었습니까? 그렇지 않습니다. 그들은 누구든지 모두 갈한 목을 축일 수 있었습니다. 더 이상 물 생각이 나지 않을 정도로 실컷 마실 수 있었습니다. 남자나 여자나 어린아이나 노인이나 심지어 짐승들까지 실컷 마시고 죽음과 같은 목마름에서 해방될 수 있었습니다.

그리고 이 같은 생수의 역사는 반석이 터지는 것과 함께 일어났습니다. 본문에는 반석을 쳤다고만 되어 있고 반석이 갈라지거나 터졌다고는 되어 있지 않습니다. 그러나 상식적으로 생각해 볼 때 터지지 않은 생바위에서 물이 솟아오른다는 것은 있을 수 없는 일일 것입니다. 물론 바위 밑에서 물이 나왔을 수도 있습니다.

깨어진 반석과 고난

그러나 원문 성경에는 바위 밑에서 나왔다고 되어 있지 않고 '그것으로부터' 솟아올랐다고 되어 있습니다. 따라서 이 바위는 모세가 지팡이로 쳤을 때 깨뜨려졌음에 틀림없습니다. 잠시 후 우리가 살펴보겠지만 반석을 친 이 사건이 그리스도의 고난을 예표한 사건이었기 때문에 더욱 그렇게 생각할 수 있습니다.

요점은 이것입니다. 십자가에서 그리스도의 살이 찢기신 것처럼 그리스도를 상징하는 이 바위 역시 깨뜨려짐과 함께 생수가 솟았다고 보는 것이 성경의 문맥에 부합하는 것입니다.

신약성경에서는 이 사건을 어떻게 말하고 있습니까? 사도 바울은 이 반석이 곧 그리스도라고 말하고 있습니다. 다시 말해서 고린도전서에서 바울은 구약의 이 반석 사건을 그리스도의 고난과 연관지어 말했던 것입니다. 그리고 이 사건은 신령한 양식과 함께 신령한 음료를 공급해 주신 사건으로 언급되고 있습니다. 사도는 말합니다. "다 같은 신령한 음료를 마셨으니 이는 그들을 따르는 신령한 반석으로부터 마셨으매 그 반석은 곧 그리스도시라"(고전 10:4).

그러므로 모세가 이 반석을 쳐서 생수가 쏟아져 나오게 한 사건은 우리에게 필연적으로 그리스도의 고난에 대하여 생각하게 만듭니다. 이 반석이 생수를 낸 사건을 그리스도의 고난과 구속의 능력과 연관을 짓는다면 좀 이상하게 생각하는 분들도 있을 것입니다.

그렇습니다. 만약에 사도가 이 문제에 대해서 분명히 언급하지 않았다면 성경을 이런 식으로 해석하는 것은 성경이 지지하고 있는 해석의 원칙에서 어긋나는 것입니다. 우리는 이런 것을 가리켜서 우화적인 해석이라고 합니다. 우리는 그런 식으로 성경을 해석할 권리가 없습니다. 그러나 성령의 감동을 받은 신약의 기자들은 그렇게 해석할 권리가 있었습니다.

하나님께서 사도들을 감동시키셔서 그렇게 해석하게 하셨다면, 구약의 그 역사는 바로 신약에서 해석한 그 사건을 바라보고 기록된 것입니다. 그러나 우리는 이러한 원칙을 우리 마음대로 사용해서는 안 됩니다. 우리는 단지 사도들이 그렇게 해석한 한도내에서 그 사건을 신약의 실체와 연관짓는 것입니다.

반석이 있었습니다. 그리고 모세가 그것을 쳤습니다. 그러자 반석은 터지고 물은 솟아나게 되었습니다. 수많은 이스라엘 백성들과 짐승들이 먹고 마시고 해갈함을 얻었습니다. 그리고 그 사건은 이스라엘 백성들의 역사 속에 추억으로 간직되어 왔습니다. 똑같은 사건이 다시 되풀이되지 않았지만 막연하게 하나님께서는 우리 조상들의 역사 속에 이토록 놀라운 능력으로 역사하셨다는 신앙의 추억이 연연히 이어져 왔던 것입니다.

그러나 하나님의 성령의 감동을 받았던 바울 사도는 말합니다. 이 사건은 이스라엘 백성들이 원초적인 결핍의 문제인 물 문제로 고통받을 때 한 번 기적을 베푸신 이적적인 사건으로 끝나는 것이 아니라고 말입니다. 이 사건은 지팡이로 반석을 내려치자 반석이 터지며 생수가 솟아난 것같이 그리스도 예수께서 우리를 위하여 고난을 받으시고 깨뜨려진 옥체를 통해 우리 모든 사람들에게 놀라운 은혜의 샘물을 마시게 하실 것임을 예표하는 사건이라는 것입니다. 죄인들이 그 임마누엘의 샘에서 자기의 죄를 씻고 죄 사함을 얻게 되는 놀라운 사건, 즉 그리스도로 말미암아 이루어질 구원 역사의 예표라고 말하고 있는 것입니다.

생수를 내신 방법

문제는 이것입니다. 하나님께서 이스라엘 백성들의 마실 것을 위해서 생수를 내신 방법입니다. 먼저 하나님께서는 모세를 부르셨습니다. 그리고 그로 하여금 백성들 앞을 지나가게 하셨습니다. 모든 이스라엘 백성들로 하여금 한 사람, 모세의 행동을 주목하게 하셨습니다.

사랑하는 여러분, 사람이 어떻게 구원을 얻게 됩니까? 하나님을 등지고 살아가던 죄인들을 향하여 하나님의 거룩한 구원이 어떻게 그들에게 나타납니까? 불화했던 하나님과의 사이에 막힌 담을 허물고, 진노하시는 하나님과 화해하게 되는 놀라운 역사가 어떻게 일어나게 될까요?

이 문제는 모두 그리스도 예수가 하신 일과 연관되어 있습니다. 예수 그리스도가 무엇을 하셨으며 왜 그분이 우리의 신앙의 중심이 되어야 하고 우리가 하나님의 영광을 위하여 산다는 것과 그리스도 예수를 위하여 산다는 것이 동일한 것인가에 대하여 우리는 대답할 수 있어야 합니다.

손에 지팡이를 잡고 이스라엘 백성들의 주목을 받으며 그 앞을 지나가는 모세를 생각해 보십시오. 물을 내기 위해 물과는 아무 상관이 없는 호렙산 위의 반석을 오르고 있는 노(老)지도자 모세를 기억해 보십시오. 백성들은 그 광경을 보면서 하나님께서 모세의 그러한 모습을 통해서 자신들의 결핍의 문제를 해결해 주실 수 있을 것이라는 사실을 믿을 수 있었겠습니까?

오히려 모세가 무릎을 꿇고 두 손을 높이 들고 물 문제를 위하여 기도하고 그때에 하늘의 먹구름이 모였다면 그들은 즉시 모세의 그러한 행동이 자신들의 결핍 문제를 해결할 수 있을 것이라는 확신을 갖게 되었을 것입니다.

그러나 그것은 어디까지나 인간의 생각입니다. 성경은 침묵하고 있으나 아마도 그날 하늘은 비 한 방울 오지 않는 청명한 날씨였을 것입니다. 왜냐하면 하나님께서 그들의 목마름을 인간이 생각하는 평이한 방법으로 해결해 주려고 계획하지 않으셨기 때문입니다.

가장 미련한 방법으로, 인간의 상식에 배치되는 어리석은 방법으로 백성들의 목마름의 문제를 해결해 주시고자 하셨던 것입니다. 그래서 성경은 말합니다. "십자가의 도가 멸망하는 자들에게는 미련한 것이요 구원을 받는 우리에게는 하나님의 능력이라"(고전 1:18).

아, 하나님의 지혜로

무엇 때문입니까? 왜 하나님께서는 이렇게 어리석어 보이는 방법으로 인간이 전혀 예기치 못한 방식으로 생수를 내셨을까요? 그에 대한 대답은 이러합니다.

하나님께서는 당신 홀로 이스라엘 백성들의 구원을 이루시는 분임을 보여 주고 싶으셨던 것입니다. 그리고 인류를 구원하시는 하나님의 방법이 인간의 평이한 생각과 얼마나 다른지를 보여 주심으로써 후일 그리스도 예수께서 이 세상에 오셔서 그 백성들을 구원하는 방법을 생각나게 하시기 위함이었습니다. 이스라엘 백성들이 광야에서 전혀 예기치 않은 방법으로 목마름을 해결했던 것처럼 하나님께서는 인간들이 전혀 생각할 수 없는 한 사람 예수의 고난을 통해 온 인류 영혼의 목마름의 문제를 해결하셨던 것입니다.

이스라엘 백성들이 물을 위하여 반석에 오르는 모세를 보고 의아했던 것처럼, 오늘날 성경이 그토록 밝히 말하는 그리스도 예수 한 분을 대하면서 그분 안에 인류의 모든 구원이 있다는 사실을 믿는 사람들은 거의 없습니다.

그러나 그리스도께서 하신 이러한 구속의 역사에 대한 무지는 이미 예견된 것이었습니다. 이 세상의 지혜와 그리고 이 세상에서 인정받는 권력자들도 알 수 없는 것이었습니다. "이 지혜는 이 세대의 통치자들이 한 사람도 알지 못하였나니 만일 알았더라면 영광의 주를 십자가에 못박지 아니하였으리라 기록된 바 하나님이 자기를 사랑하는 자들을 위하여 예비하신 모든 것은 눈으로 보지 못하고 귀로 듣지 못하고 사람의 마음으로 생각하지도 못하였다 함과 같으니라"(고전 2:8-9).

모세가 호렙산 반석에 섰습니다. 생수가 그 반석에서 쏟아져 나오기 전에 어떤 일이 일어났습니까? 모세는 지팡이를 들어 반석을 내리쳤고 반석은 터졌습니다.

산 위에 있어서 누구에게도 맞아 본 적이 없고 깨뜨려져 본 적이 없던 반석이었을 것입니다. 당시는 한가하게 등산모를 쓰고 단장을 짚고 등산하던 사람도 별로 없었을 시대이니 그 반석이 그처럼 지팡이에 맞아 보기는 처음이었을 것입니다.

심판의 지팡이

지팡이가 반석을 때렸고 두 번 두드렸을 때 반석은 터지고 생수가 솟아 나왔습니다. 이 반석은 곧 그리스도 예수의 몸입니다. 이 반석은 바로 존귀하신 우리 주 예수 그리스도의 옥체였습니다.

이제껏 모세의 손에 들려 있던 지팡이는 이적의 지팡이였습니다. 이스라엘 백성들이 애굽을 떠나기 전에 모세가 애굽 사람들에게 행하였던 열 가지 재앙은 애굽 사람들에게는 재앙이었지만 이스라엘 백성들에게는 구원의 서곡이었습니다. 그것은 애굽 백성들로 하여금 여호와만이 참하나님이신 것을 인정하도록 만들어 준 사건이었습니다.

애굽 백성들이 모세의 손에 들려진 지팡이를 볼 때마다 무엇을 생각하였을지 상상해 보십시오. 그들에게 있어서 모세의 손에 들려진 지팡이는 재앙의 물건에 다름이 아니었습니다. 적어도 애굽의 사람들이 보기에는 그러하였습니다.

지팡이가 움직이는 것, 모세가 그것을 붙잡고 손을 뻗치는 순간 거기에는 피비린내 나는 살육과 재앙이 뒤따랐습니다. 엄청난 사람들이 죽어 가고 고통받는 역사가 일어났습니다. 수많은 사람들이 피와 개구리와 이와 파리와 악질과 독종, 우박과 메뚜기와 어둠을 인하여 죽어 갔고 고통받았습니다. 급기야는 애굽에 태어난 모든 처음 난 것들이 죽는 역사가 일어났습니다. 바로의 장자로부터 시작하여 가축의 처음 난 것까지 모두 시체가 되었습니다. 이것은 무엇을 의미합니까? 간단합니다. 이것은 바로 하나님의 심판입니다.

고통으로 울부짖는 이스라엘 백성들의 부르짖음이 하나님께 상달하였고 하나님께서 그 백성들을 긍휼히 여기시사 그들을 억압하는 애굽 백성들을 징계하시고자 하였던 것입니다. 모세의 손에 들린 그 지팡이는 언제나 그랬듯이 하나님의 거룩한 심판을 불러오는 도구가 되었던 것입니다.

십자가로 심판하심

하나님의 백성들을 억압하던 죄악의 나라 애굽을 치던 그 지팡이가 반석을 내리친 것은 바로 그리스도 예수의 육신을 깨뜨린 것이 하나님의 진노로 말미암는 사건임을 보여 주는 것입니다. 그리스도를 죽인 것은 사람이었지만 그들은 모두 사단의 도구에 불과하였습니다.

마귀가 그 일을 주모하였지만 그 뒤에는 더 훌륭한 지혜자가 계셨습니다. 그분은 하나님이셨습니다. 그리고 그리스도의 육체를 깨뜨려 심판하심으로 온 백성들을 그 보혈로 구원하시는 것은 바로 그 하나님의 지혜였습니다. 그리고 이 하나님의 놀라운 지혜는 오늘날까지 많은 사람들에게 어리석은 것으로 받아들여지고 있습니다. 사람들은 이 하나님의 지혜를 알지 못하기 때문에 오늘도 하나님의 명백한 구원 계획 앞에 나아오지 않는 것입니다.

지팡이에 깃들여 있던 하나님의 메시지는 진노였습니다. "내 백성을 내놓으라. 내 백성으로 나를 섬기도록 가게 하라. 그렇지 아니하면 내가 너희를 심판하리라." 세상의 모든 죄에 대한 하나님의 진노가 반석이신 그리스도 위에 쏟아부어졌던 것입니다.

하나님께서는 죄에 대하여 참을 수 없는 진노를 품고 계셨고 우리와 화목하시기 위해서는 어찌하든지 그 공의로운 진노를 드러내 보이고 푸셔야 했습니다. 그러나 이 세상에 있는 죄인된 우리들을 향하여는 차마 그 진노를 쏟아붓지 못하셨습니다. 왜냐하면 하나님의 사랑이 그분으로 하여금 그렇게 만들었기 때문입니다.

하나님께서는 오히려 자신의 아들을 이 세상에 보내어 우리의 모든 죄를 짊어지게 하시고 하나님의 공의로운 진노의 심판을 홀로 담당하게 하셨습니다. 자신의 진노를 사랑하는 아들 위에 남김없이 쏟아부으며 그 아들의 희생 위에서 우리와 더불어 화목하기를 원하셨던 것입니다.

반석이 되신 예수 그리스도는 한 번도 하나님께로부터 받아 본 적이 없는 대우를 받으셔야 했습니다. 그분은 생명 자체이십니다. 죽음과 양립하실 수 없는 분이고 본성상 죽으실 수 없는 분이십니다.

그러나 그리스도 예수는 구원받을 백성들의 죄를 지시기 위하여 인간의 몸을 입고 육체의 죽음에 복종되셨습니다. 그리고 그분은 자기가 죽는 것이 우리들을 구원하시는 하나님의 지혜인 것을 알았기에 기꺼이 자기의 옥체를 깨뜨려 버리셨던 것입니다.

그분은 반석으로서 하나님의 진노의 지팡이를 맞으셨습니다. 그리고 반석이신 예수 그리스도의 그 육체를 하나님의 진노의 지팡이가 때리자 사람들은 곧 그리스도의 고난의 도구들이 되었습니다. 그리스도의 살을 찢고 피가 흐르게 하고 가시관을 씌우고 하나님의 진노를 받는 자에게 합당한 온갖 멸시와 수욕을 당하게 하였습니다.

깨어진 육체 사이로

하나님께서는 그리스도 예수가 고난을 당하고 죽으실 것을 이렇게 보여 주셨습니다. 지팡이가 두드리는 반석과 생수를 내기 위해 터진 바위를 통해서 보여 주셨던 것입니다. 모세가 반석을 치자 하늘에서 물이 쏟아진 것이 아닙니다. 바위는 터지고, 쪼개진 그 사이로 생명수가 쏟아져 나왔습니다. 강물이 되어 흘렀습니다.

예수 그리스도께서 마르지 않는 생명의 물을 주시는 방법이 무엇이었습니까? 갈하지 않는 영혼의 생수를 공급해 주셔서 어두운 세상을 이기며 살아가게 하시는 신령한 방법이 무엇이었습니까?

제가 어디든 설교 부탁을 받고 가서 그리스도의 고난과 십자가를 설교할 때면 모든 사람은 아니지만, 하나님의 은혜에 목말라 하는 영혼들은 어디에나 있고 영원한 생수이신 그리스도를 보여 줄 때마다 감격하는 사람들이 언제나 있다는 사실을 확인할 수 있었습니다. 그리스도의 고난과 그 고난 앞에서 구원의 은혜를 누리고 있는 하나님의 백성으로서의 놀라운 감격을 다시금 체험하며 슬퍼하고 또한 기뻐하는 많은 영혼들을 대할 수 있었습니다.

삶의 모든 소망을 잃어버리고 곤고하며 마음이 어두울 때 하나님 앞에 나와서 예수님의 그 넓은 사랑과 놀라운 은혜를 묵상할 때 우리의 가슴 속에 스며드는 하나님의 사랑에 마음 저릴 때가 없습니까? 목메이는 하나님의 사랑을 느끼게 되는 때가 없습니까?

마르지 않는 물

교회당을 들어설 때에는 갑갑하게 느껴지고 고통스럽게 느껴지던 마음이었지만, 예배를 드리고 그 속에서 함께 하나님을 경배하는 형제를 보고 자매들을 만나면서 우리의 마음은 다시금 하나님께로 향하는 것을 경험하게 됩니다.

우리로 하여금 당신의 뜻대로 살아가기를 원하시는 하나님께서 나로 하여금 실제로 그런 삶을 살게 해주십니다. 그런 은혜를 예배를 통해 경험하게 됩니다. 우리가 어떻게 그 놀라운 능력의 근원에 잇대어 살 수 있게 되었습니까? 우리의 심령이 갈하고 고통받을 때 우리를 건져 주시는 하나님의 놀라운 은혜와 사랑을 어디서 체험하게 되었습니까?

이렇게 목마른 우리를 해갈시켜 주는 영생의 샘물은 결코 마르지 않습니다. 우리 같은 죄인이 하나님 앞에 나아갈 때 한 번도 빈 손으로 돌려 보내신 적이 없으신 하나님이십니다. 하나님께서는 우리가 언제나 이렇게 그리스도의 보혈로 말미암아 이루어진 그 구속의 샘에서 솟아나는 생수를 마시고 이기며 살기를 원하시지만, 그럼에도 불구하고 우리는 여전히 목마르고 결핍한 가운데 힘없이 이 어두운 세상을 지날 때가 많습니다.

무엇 때문입니까? 그리스도께서 이렇게 자신의 육체를 깨뜨려 생명수를 강같이 흘리셨음에도 불구하고 우리가 그 샘물을 우리의 삶의 근원으로 삼지 못하는 이유는 무엇 때문입니까? 그것은 우리가 그 샘을 귀히 여기지 아니하고 싫어하였기 때문입니다.

우리의 유일한 생명이 그것임에도 불구하고 예수 그리스도에게서 먹고 마시는 것을 싫어했습니다. 반석을 터뜨려 쏟으신 그 물이 이스라엘 온 백성들 가운데 흘러갔던 것처럼 그리스도의 육체를 깨뜨리사 흘러나오게 하신 임마누엘의 샘물은 지금도 우리 가운데 흐르고 있습니다. 빈부나 귀천이 없이 누구에게나 열려 있습니다.

목마른 자들아, 다 이리 오라.
이곳에 좋은 샘 흐르도다.
힘쓰고 애씀이 없을지라도
이 샘에 오면 다 마시겠네.

이 샘에서 마실 때마다 목이 다시 갈하는 일이 없습니다. 신자들의 마음 속에서 끊임없이 솟아나 생수가 되어 우리로 하여금 결핍으로 가득 찬 이 세상을 신령한 은혜로 이기며 살아갈 수 있도록 만들어 주는 생명의 근원이 바로 그 터진 반석에 있음을 기억하십시오.

승리의 원동력

그리스도 예수께서 십자가에 매달리사 고난받으신 모습을 볼 때마다 여러분은 무엇을 생각하십니까? 주께서 매달리사 고난받으신 그 육체를 볼 때마다 우리는 단지 우리를 위해 희생당하신 한 사람의 죽음 그 이상의 것을 보는 것입니다. 그리스도의 죽으심은 우리에게 실제적인 일들을 가져 왔습니다.

우리로 하여금 어두운 세상을 승리하며 살아갈 수 있는 능력을 공급해 주시기 위해 자신이 먼저 십자가로 말미암아 사단의 권세를 깨뜨리셨던 것입니다. 그래서 성경은 우리에게 말합니다. "또 범죄와 육체의 무할례로 죽었던 너희를 하나님이 그와 함께 살리시고 우리의 모든 죄를 사하시고 우리를 거스르고 불리하게 하는 법조문으로 쓴 증서를 지우시고 제하여 버리사 십자가에 못박으시고 통치자들과 권세들을 무력화하여 드러내어 구경거리로 삼으시고 십자가로 그들을 이기셨느니라"(골 2:13-15).

그렇습니다. 그리스도의 십자가 죽음은 분명히 죄 사함 이상의 것이었습니다. 그리스도께서 십자가에 못박혀 죽으심으로 죄인인 우리를 용서하셨을 뿐 아니라 그 십자가로 말미암아 우리들에게 사단의 권세를 이기고 죄악을 이기며 하나님의 백성답게 살아갈 수 있는 신령한 능력을 주셨던 것입니다.

그러므로 방금 거듭난 신자라고 할지라도 그들 속에는 죄악을 이기며 살아갈 수 있는 능력이 있습니다. 그들의 마음이 하나님께 순종하고 자신의 신앙과 삶의 모든 능력의 근원을 그리스도의 십자가와 부활에서 찾으며 승리를 기도하기만 한다면 말입니다.

따라서 그리스도께서 십자가에서 이루신 이 일은 너무나 크고 위대하기 때문에 우리들이 얼핏 보아서 모든 의미를 깨달을 수 있다고 생각하는 것은 어리석은 것입니다.

갈급했던 사람들

모세가 반석을 치고 생수가 솟아나게 되었을 때 이스라엘 백성들이 어떻게 하였습니까? 갈한 목을 적실 수 있는 생수가 강같이 터져 솟아 나올 때 그들은 어떠한 표정이었을까요? 꿈에도 그리던 맑은 물을 마음껏 마실 수 있게 되었을 때 그들은 어떤 모습이었을까요? "흥, 물이 나오는구먼." 이렇게 말하며 힐끗 쳐다보고 말았습니까?

아닙니다. 그들은 틀림없이 쏟아져 나오는 물을 바라보며 외쳤을 것입니다. 그리고 흩어졌던 사람들이 모두 쏟아지는 샘 곁으로 모였을 것입니다. 손에 손을 맞잡고 기뻐 뛰며 이렇게 소리쳤을 것입니다. "물이다. 물! 물! 물! 하나님이 우리를 위하여 물을 내셨도다! 반석에서 물이 쏟아지다니……." 감격과 기이한 환호성이 그들 가운데 있었을 것입니다.

사랑하는 여러분, 우리 역시 십자가에서 이루신 그 일 앞에 이렇게 반응해야 합니다. 그리스도인에게는 인생의 위기라는 것이 있을 수 없습니다. 우리의 인생이 벼랑 끝에 서 있는 것은 하나님을 떠나서 걸어왔기 때문입니다. 이스라엘 백성들이 이렇게 기뻐하고 한없이 즐거워하며 그 물을 먹고 모든 사람들이 함께 뛰며 즐거워하고 환호성을 지르던 광경을 상상해 보십시오.

기쁨의 근원

이것이 바로 그리스도의 십자가로 말미암아 구속받은 우리의 모습이어야 합니다. 기쁨을 이기지 못하고 그리스도로 말미암아, 그분 안에 있는 생명의 부요로 인하여 기뻐하며 이것을 소유하지 못한 사람들을 불쌍히 여길 수 있는 사람들이 되어야 한다는 것입니다.

그러므로 그리스도의 십자가에 대한 감격이 없는 곳에는 영혼 깊은 곳에서 솟아 나오는 신앙 고백이 없습니다. 그리스도께서 십자가에서 이루신 일에 대한 감격이 없는 곳에는 잃어버린 영혼들을 향한 거룩한 슬픔이 없습니다. 따라서 복음 전도도 없습니다.

그러나 여러분, 그렇게 좋아하는 것은 우리였지만 그리스도 예수에게는 우리의 이 기쁨을 위하여 어떤 일들이 일어났습니까? 오랜만에 마음껏 마시는 물에 몸과 마음을 풀고 기뻐하며 환호성을 지르고 박수 치는 이스라엘 백성들 앞에는 모세의 지팡이를 맞고 깨뜨려진 반석이 있었습니다. 깨뜨려지기 전까지는 솟아나지 않던 그 물이 깨어지자 비로소 생수를 쏟아내기 시작하였습니다.

만세 반석 열리니

이와 같이 우리에게 생명을 주시기 위해서 그리스도는 죽으셔야 했고 우리의 영혼을 구원하시기 위하여 그분의 육체는 버림을 받으셔야 했습니다. 그리스도 안에서 우리가 얻게 된 모든 좋은 것은 그분께서 하나님 앞에서 모든 나쁜 것을 받으셨기 때문입니다.

그리스도께서 하나님의 진노의 잔을 마시셨기 때문에 우리는 하나님의 긍휼의 풍성함을 공로 없이 누리게 되었습니다. 우리를 향한 하나님의 끓어오르는 진노는 십자가에 다 부어지고, 이제 하나님을 떠나 목자 잃은 양같이 유리하며 고생하는 우리를 향한 하나님의 긍휼히 여기시는 사랑이 역사하시기 시작하였습니다. 그분의 사랑이 우리에게 두드러지게 나타나기 시작하였다는 것입니다.

이런 놀라운 은혜를 입은 우리이지만 그럼에도 불구하고 우리는 신앙생활의 경험을 통하여 우리가 침체 상태에 빠질 때가 있다는 것을 압니다. 그리스도께서 우리를 위하여 이루신 이 놀라운 일들이 우리 앞에 있음에도 불구하고 우리는 그러한 축복으로부터 멀어진 가운데 살아갈 때가 있습니다. 그러나 우리는 그리스도의 십자가를 묵상함으로써 우리의 모든 불만족과 결핍을 능가하시는 하나님의 사랑을 다시 한 번 경험하게 됩니다.

> 만세 반석 열리니 내가 들어갑니다.
> 창에 허리 상하여 물과 피를 흘린 것
> 내게 효험 되어서 정결하게 하소서.

십자가 찬송은 우리로 하여금 그리스도 예수 안에 있는 부요함을 깨닫게 합니다. 그리고 우리가 하나님 앞에 아무것도 아닌 존재들임을 다시 한 번 생각나게 해줍니다. 천천히 가사를 묵상하며 그 내용이 우리의 가슴에 젖어 오도록 허락하십시오.

그리고 우리는 이렇게 기도할 수 있습니다. "주님, 당신만이 제 삶의 이유이고 목표이십니다. 주님과 함께하는 것만이 제 인생의 진정한 가치입니다. 그리스도의 십자가를 통해서 제가 누구인지를 알고 하나님의 사랑이 어떠한지를 깨닫게 됩니다."

침체 가운데서 속히 하나님의 은혜의 자리로 나아오는 순발력을 가지고 있는 사람들은 이처럼 십자가를 깊이 묵상하는 사람들입니다. 언제든지 상하기 쉽고 굳어지기 쉬운 마음이 십자가로 말미암아 잃어버린 신앙의 감격들을 회복하고 새로운 기쁨과 은혜를 회복하게 되는 것입니다. 그리스도의 십자가는 이렇게 역사하기도 합니다.

깨어 있다는 의미

그러므로 그리스도 예수의 십자가를 단지 구원받지 못한 사람들을 위하여 필요한 것이라고 느끼는 것이야말로 그리스도의 하신 일을 수치스럽게 하는 일이 아니고 무엇이겠습니까?

깨어 있다는 의미는 무엇일까요? 그것은 그리스도의 십자가의 사건을 현재적으로 늘 체험하며 살아가는 일에 다름이 아닐 것입니다. 왜냐하면 그리스도의 십자가를 통해서만 우리는 하나님이 누구신지를 가장 잘 알 수 있고 또 하나님 앞에서 우리가 어떤 존재인지를 깨달아 알 수 있기 때문입니다.

우리는 그럴 수 없음에도 불구하고 때때로 범죄하고 죄의 낙을 좇을 때가 있습니다. 그러나 그때마다 우리의 영적인 본성은 우리로 하여금 우리가 옳은 길을 가고 있지 않다는 사실을 깨닫게 해줍니다. 그리하여 우리는 죄 가운데서 곤고한 심령이 될 때가 있습니다.

그때마다 우리는 죄 사함을 위하여 기도합니다. 우리가 곤고한 심령으로 우리의 죄 사함을 위하여 기도할 때 우리 앞에 생각나는 것은 바로 그리스도의 십자가입니다. 그리스도께서 우리를 위해 죽으신 그 십자가를 통하여 깊이 죄 용서를 경험하게 되는 것입니다. 사죄의 확신이 우리의 영혼 속에 밀려 들어올 때 우리는 분명히 십자가를 생각하고 있을 것입니다. 어두운 그림자와 사단의 사슬들이 풀려지고 그리하여 기뻐 찬양하게 되는 영적인 부요함들은 그리스도 예수께서 우리에게 허락해 주신 것입니다.

십자가를 묵상하라

어떻게 그리스도께서 이런 놀라운 일들을 우리에게 베풀어 주셨습니까? 이적을 행함으로써도 아니고 기적을 베풂으로써도 아닙니다. 심지어는 자신의 말로써 이 일을 성취하신 것도 아닙니다. 오로지 자기의 육신을 십자가에서 죽게 함으로 이 일을 이루신 것입니다.

자기를 깨뜨려 죄 사함의 길을 여시고 거룩한 하나님 앞에 나아갈 수 있게끔 길을 여셨던 것입니다. 피 뿌려 이루어 놓으신 새롭고 산 길을 여셨기에 우리는 하나님 앞에 나아가게 되었습니다. 그리스도께서 우리에게 이러한 은혜와 생명을 주시기 위하여 지불하셨던 대가를 언제나 생각해야 합니다.

"하나님의 사랑이 우리에게 이렇게 나타난 바 되었으니 하나님이 자기의 독생자를 세상에 보내심은 그로 말미암아 우리를 살리려 하심이라 사랑은 여기 있으니 우리가 하나님을 사랑한 것이 아니요 하나님이 우리를 사랑하사 우리 죄를 속하기 위하여 화목제물로 그 아들을 보내셨음이라" (요일 4:9-10).

이 모든 구원의 복된 일들은 그리스도의 몸이 반석과 같이 깨뜨려짐으로써 일어나게 되었습니다. 그리스도의 귀한 옥체가 깨뜨려지고 나서야 하나님의 특별한 은혜의 샘이 쏟아져 나왔습니다.

지팡이를 맞아 터진 반석처럼 그리스도는 죄인인 우리 위에 쏟아질 하나님의 진노를 대신 담당하시며 깨뜨려졌습니다. 그리고 이제는 그분의 고난을 통해 쏟아져 나온 은혜의 샘물이 우리를 깨뜨려야 할 차례입니다.

깨뜨려진 그리스도 예수로부터 흐르는 그 보혈을 통해 우리는 그분을 그렇게 고난당하게 하셨던 하나님의 사랑 앞에 깨뜨려지는 마음을 갖지 않을 수 없게 됩니다.

나를 깨뜨려

그러므로 이런 십자가의 사랑을 경험한 사람들은 모두 자신을 깨뜨려 하나님 앞에 우리를 위해 화목 제물을 삼으신 그리스도 예수를 본받아 살아야 합니다. 하나님은 우리를 구원하시되 우리의 의로운 행실로 구원하지 않으셨습니다. 오직 중생의 씻음과 성령의 새롭게 하심으로 우리를 깨끗하게 하셨습니다.

예수 그리스도는 그분이 이미 받으신 고난의 의미를 깨닫는 자들에게 이 모든 일들을 이루어 주십니다. 그리스도께서 하나님의 진노로 깨뜨려짐으로써 흘리신 그 십자가의 보혈에 우리의 마음이 녹는 것입니다. 보혈의 능력은 진노의 능력이 아니라 사랑의 능력입니다.

그 피에 우리의 마음을 적시는 순간 우리는 하나님의 사랑을 새롭게 깨닫게 되고, 그 하나님의 사랑이야말로 우리의 모든 삶의 능력의 근원임을 고백하지 않을 수 없게 되는 것입니다. 우리를 위해 그렇게 십자가에서 죽으신 그리스도 예수의 고난과 부활의 능력에 우리의 영적인 삶의 뿌리를 대고 살아가지 아니한다면 우리는 승리하는 삶을 살 수 없을 것입니다.

십자가는 이와 같이 우리의 교만을 파하는 놀라운 힘이 있습니다. 그 앞에서 우리가 아무것도 아닌 존재임을 깨닫게 하는 능력이 있습니다. 그러므로 아직까지도 자신이 잘난 줄 알고 제 힘과 재주를 믿고 살아가는 사람들은 아직 십자가의 그리스도를 만나지 못한 사람입니다.

그리스도 예수께서 그렇게 자신의 몸을 깨뜨려서 우리를 구원해 주셨던 것처럼 이제는 그 십자가의 고난의 의미를 깨닫고 그 뜨거운 보혈에 돌 같은 우리의 마음이 녹아질 차례입니다.

우리는 얼마나 자주 이렇게 놀라운 구원의 은혜를 그리스도의 고난을 통해 받았음에도 불구하고 그리스도를 향해 마음을 닫고 살아가는지 모릅니다. 우리가 깨뜨려져야 합니다. 우리의 교만한 자아가 터진 반석처럼 쪼개져야 합니다.

그때에 비로소 그리스도인다운 인격의 향기가 나기 시작하는 것입니다. 그 보혈의 능력은 우리 속에 은밀하게 자라온 염려의 가시나무 떨기들을 불살라 버리는 위대한 능력이 있습니다. 그리고 우리의 마음을 죄악으로부터 정결케 하고 새롭게 하여 하나님의 은혜로 가득 차게 만들어 주는 힘이 있습니다. 이 부요한 생명의 샘물을 그리스도께서 주셨습니다.

세상을 사랑하라

그러한 놀라운 은혜의 샘물이 그리스도의 고난을 통하여 우리에게 주어졌음에도 불구하고 지금도 너무나 많은 사람들이 그 영생수를 등 뒤로

한 채 작열하는 태양볕과 같은 세상 아래 사람들을 원망하며 하나님을 원망하며 자기의 목을 쥐어 뜯으며 메마른 벌판을 이를 악물며 쓰러질 듯 지나갑니다.

하나님께서 이러한 처지 속에 살아가는 사람들을 긍휼히 여기시는 것처럼 우리도 그들을 긍휼히 여겨야 합니다. 우리는 그리스도 예수께서 우리를 위해 주신 영생의 부요함을 한없이 즐거워하고 기뻐합니다.

모세가 반석을 터트려 쏟아지게 한 샘물은 강물 되어 흘렀으나 그들은 다시 목마르게 되었고 똑같은 결핍에 직면하지 않을 수 없게 되었습니다. 그러나 그리스도께서 자신의 육체를 깨뜨려 이루신 이 영적인 은혜의 샘물은 영원히 마르지 아니하고 우리에게 솟아나는 것입니다. 지금도 그리스도께서는 우리에게 말씀하십니다.

"오호라 너희 모든 목마른 자들아 물로 나아오라 돈 없는 자도 오라 너희는 와서 사 먹되 돈 없이, 값 없이 와서 포도주와 젖을 사라 너희가 어찌하여 양식이 아닌 것을 위하여 은을 달아 주며 배부르게 하지 못할 것을 위하여 수고하느냐 내게 듣고 들을지어다 그리하면 너희가 좋은 것을 먹을 것이며 너희 자신들이 기름진 것으로 즐거움을 얻으리라"(사 55:1-2).

생명 샘물로 나아오라

그리스도께서는 이 샘물을 우리에게 주시기 위하여 나무에 달려 죽으셨습니다. 그리고 지금도 우리는 기도할 때마다 그분을 못박는 망치 소리를 듣습니다.

그러면 여러분들은 이렇게 물을 것입니다. "그러면 우리가 어떻게 해야 할까요? 주님이 그토록 자신의 고귀한 육체를 깨뜨려 이루신 그 샘에서 우리는 무엇을 하여야 할까요? 무엇을 가지고 그 샘에 나아가야 할까요?"

주님은 말씀하십니다. "값 없이 은혜로 너희에게 이 샘물을 주노니 누구든지 와서 이 샘에서 마시라."

우리가 그리스도의 고난에 보태야 할 것이 아무것도 없습니다. 이스라엘 백성들이 반석에서 쏟아지는 물을 위하여 무엇을 보태었습니까? 깨뜨려진 바위는 물을 쏟았고 그들은 단지 마셨을 뿐입니다. 우리도 그렇게 십자가의 샘에서 마셔야 합니다.

험악한 세상을 이길 힘이 거기서 나기 때문입니다.

제3부

십자가를 따라 산다는 것

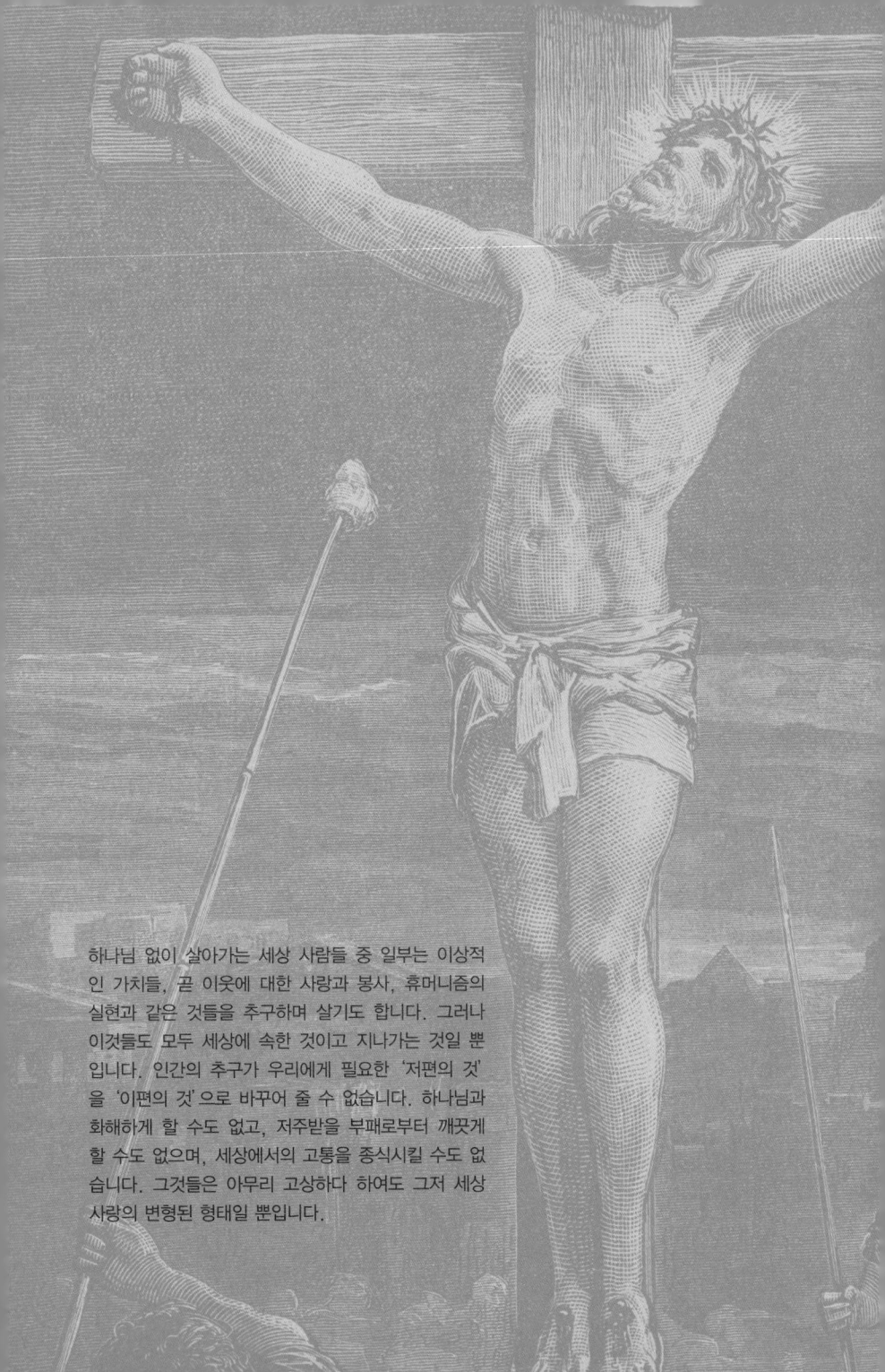

하나님 없이 살아가는 세상 사람들 중 일부는 이상적인 가치들, 곧 이웃에 대한 사랑과 봉사, 휴머니즘의 실현과 같은 것들을 추구하며 살기도 합니다. 그러나 이것들도 모두 세상에 속한 것이고 지나가는 것일 뿐입니다. 인간의 추구가 우리에게 필요한 '저편의 것'을 '이편의 것'으로 바꾸어 줄 수 없습니다. 하나님과 화해하게 할 수도 없고, 저주받은 부패로부터 깨끗하게 할 수도 없으며, 세상에서의 고통을 종식시킬 수도 없습니다. 그것들은 아무리 고상하다 하여도 그저 세상 사랑의 변형된 형태일 뿐입니다.

제5장

십자가와
자기 사랑

"이 세상이나 세상에 있는 것들을
사랑하지 말라 누구든지 세상을 사랑하면
아버지의 사랑이 그 안에 있지 아니하니
이는 세상에 있는 모든 것이 육신의 정욕과
안목의 정욕과 이생의 자랑이니
다 아버지께로부터 온 것이 아니요
세상으로부터 온 것이라"

요일 2:15-16

공포의 보수

　오래전에 영화를 한 편 본 적이 있습니다. 1950년대 남미의 한 가난한 마을을 배경으로 돈벌이를 찾는 이들이 인생역전을 꿈꾸는 영화였습니다.
　마을에서 멀리 떨어진 유전 지대에 큰 불을 났는데 그 화재를 진압하려면 막대한 양의 액체 니트로글리세린이 필요하였습니다. 그래서 정유 회사가 그것을 운반할 트럭 운전수를 모집하게 되었습니다. 니트로글리세린은 아주 작은 충격에도 쉽게 폭발하는 성질을 가졌으므로 그야말로 목숨을 걸어야 하는 위험천만한 일이었습니다.
　정유 회사와 계약을 맺은 주인공과 세 명의 동료들은 일확천금의 꿈을 안고 운반을 시작하였으나 차례차례 폭사하거나 사고사하게 됩니다. 혼자 살아남은 주인공은 천신만고 끝에 그 액체를 계약한 장소까지 운반할 수 있었고 거액의 사례비를 받을 수 있었습니다. 그런데 돌아오는 길에 너무 신이 나서 차를 마구 몰다가 낭떠러지 아래로 굴러 떨어져 목숨을 잃고 맙니다.
　예전에 본 영화지만 아직도 마지막 장면이 인상 깊게 남아 있습니다. 주인공은 벼랑을 굴러 피투성이가 되었는데도 끝까지 그 보수를 손에 쥐고 있었습니다. 피 묻은 손으로 잔뜩 움켜쥐고 있다가 숨을 거두는 순간

손이 펴지면서 돈이 땅바닥으로 떨어지는 것이 바로 그 영화의 엔딩이었습니다.

신자의 세상 사랑

그리스도인들로 하여금 정상적인 신앙 생활을 어렵게 하는 것은 세상에 대한 사랑입니다. 많은 사람들은 그리스도인이 되었음에도 불구하고 마치 세상을 사랑하도록 부름을 받은 것처럼 살아갑니다. 그러나 그리스도인들은 이제 자기를 구원하신 하나님의 은혜에 대하여 믿음으로 반응하면서 살아야 하는 존재들입니다. 그리고 그러한 믿음 생활은 우리의 신앙의 대상이신 하나님을 인격적으로 깊이 사랑하는 것을 중심으로 합니다.

"그러나 내게는 우리 주 예수 그리스도의 십자가 외에 결코 자랑할 것이 없으니 그리스도로 말미암아 세상이 나를 대하여 십자가에 못박히고 내가 또한 세상을 대하여 그러하니라"(갈 6:14).

사도 바울의 이러한 고백도 사실은 이 같은 사랑에 대한 확신입니다. 그리스도인들 중에는 깊고 분명한 회심을 경험하고 신앙을 가진 사람들이 있습니다. 또한 그런 회심의 경험이 없다고 하더라도, 인생의 다른 어떤 시기보다도 하나님을 깊이 사랑하고 몸과 마음이 하나님께 바쳐진 것을 깊이 느끼며 신앙 생활하던 특별한 때를 가진 사람들이 있습니다. 우리는 이때를 가리켜서 첫사랑의 때라고 부르기도 합니다.

그러나 사도의 고백은 보다 체계적이고 분명합니다. 그리스도인이 누구이고 그들 속에 있는 새로운 삶의 궁극적인 동기와 자원이 무엇인지를 분명히 보여 주는 진리들을 담고 있습니다. 사도는 먼저 자랑거리에 대하여 말합니다.

그리스도인들은 세상이 동의해 줄 수 없는 것들을 자랑하며 사는 사람들입니다. 자랑거리는 곧 사랑거리입니다. 사람들이 자랑하는 것들은 모두 그들이 사랑하는 것들입니다. 사랑하면서도 떳떳이 자랑거리로 내놓을 수 없는 것들도 있지만, 자랑하면서 사랑하지 않는다는 것은 사실상 거의 불가능한 일입니다.

사도 바울은 십자가를 자랑한다고 밝히 말합니다. 뿐만 아니라 사도는 왜 자신이 십자가만을 자랑하지 않을 수 없게 되었는지에 대하여 두 개의 십자가를 말합니다. 하나는 세상이 매달린 십자가이고, 또 하나는 자아가 매달린 십자가입니다.

세 개의 십자가

우리는 여기서 모두 세 개의 십자가를 봅니다. 예수께서 매달린 하나의 십자가를 가운데 두고 양쪽에 서 있는 두 개의 다른 십자가를 봅니다. 하나는 세상이 매달린 십자가이고, 또 하나는 옛사람의 자아가 매달린 그것입니다. 그 두 개의 십자가는 다른 하나인 그리스도의 십자가의 결과입니다.

우리는 여기서 인간들의 세상 사랑을 바라보는 사도의 예리한 시각을 발견합니다. 사도에 의하면 인간들의 세상 사랑은 사람들을 향하여 역사하는 세상과 세상의 유혹에 대하여 반응하는 자아에 의하여 이루어진다는 것입니다.

여기서 바울이 말하는 '세상'은 하나님을 대적하고, 하나님을 사랑하여야 할 인간의 거룩한 의무를 육체의 정욕과 안목의 정욕으로 바꾸어 가지며 살아가기를 즐기는 세상입니다. 사도의 눈앞에 드러난 세상의 정체는 정욕입니다.

'육신의 정욕과 안목의 정욕' 이야말로 세상으로 하여금 세상 되게 하는 가장 중요한 요소라는 사실을 간파하고 있습니다. 세상은 자신을 건축할 때 하나님의 생각을 고려하지 않습니다. 자신들의 육체의 소욕을 따라 자기의 소견에 옳은 대로 행하며 사는 곳이 바로 세상입니다. 그리고 세상의 추구점은 바로 이생의 자랑입니다.

그러나 사도는 그리스도인들은 이제 그렇게 살아서는 안 된다고 힘주어 말합니다. 이전에는 비록 그런 식으로 살았지만, 그리스도의 십자가를 통하여 구원받은 다음에는 그런 식으로 살아서는 안 된다는 사실을 말하고 있는 것입니다.

바울이 지금 힘주어 고백하고 있는 것은 '나는 십자가만을 자랑하는 사람이다.'라는 것입니다. 그는 이 위대하고 아름다운 신앙의 고백을 하기 전에 자랑하는 일에 대하여 먼저 말하고 있습니다. "할례를 받은 그들이라도 스스로 율법은 지키지 아니하고 너희에게 할례를 받게 하려 하는 것은 그들이 너희의 육체로 자랑하려 함이라"(갈 6:13).

갈라디아 교회

당시 갈라디아 교회에 있던 유대주의자들은 유대인들로서 그리스도인이 된 자들입니다. 그들은 비록 그리스도로 말미암아 구원을 받았다고 생각하였으나, 구약의 많은 의식적인 율법들이 아직도 신약의 기독교회에 구속력을 행사하고 있다고 믿는 사람들이었습니다. 그들은 바울의 전도 사역이 끝난 후 개종한 이방인들에게 구약의 의식들을 여전히 지켜야 한다고 주장하였습니다.

그들은 특히 할례를 받아야 한다고 주장하였습니다. 그러나 그것은 열심 있는 유대인들 사이에 여전히 유행하던 민족주의적인 편견에 놀아나는 것이었습니다. 그들은 비록 그리스도인이 되었으나, 여전히 유대인이었습니다. 그 유대주의자들은 비록 복음을 듣고 산 자가 되었으나 여전히 유대인들로서 그들의 동족과 관계를 가지며 살아가지 않을 수 없었습니다. 그러나 유대인들은 자기의 동족들이 이방인들과 교제를 갖는 것을 불결하게 여기고 있었습니다.

갈라디아 교회의 유대주의자들은 이러한 상황에서 그리스도인들에게 할례를 행하게 함으로써 유대인들로부터 오는 핍박을 피해 보고자 하였던 것입니다. 그래서 사도는 이렇게 말합니다. "무릇 육체의 모양을 내려 하는 자들이 억지로 너희에게 할례를 받게 함은 그들이 그리스도의 십자가로 말미암아 박해를 면하려 함뿐이라"(갈 6:12).

결국 유대주의자들은 자신들의 이러한 주장을 정당화시키기 위하여 바울이 권위 있는 사도가 아님을 입증하고자 하였고 바울이야말로 복음에서 율법의 요소를 멋대로 제거함으로써 그릇된 가르침을 만들어 냈다는 모함까지 하게 되었습니다.

이들의 이와 같은 태도는 그리스도를 믿으면서도 십자가를 거스르는 세상과 화해를 도모하고자 하는 데서 비롯된 것입니다. 그리고 이것은 바로 십자가를 필요로 하면서도 여전히 세상을 버리지 못하는 모습으로 드러나게 되었습니다. 세상 자랑과 세상 사랑은 언제나 하나임을 볼 수 있습니다.

육체를 자랑함

그는 먼저 육체를 자랑하는 일에 관하여 말합니다. "할례를 받은 그들이라도 스스로 율법은 지키지 아니하고 너희에게 할례를 받게 하려 하는 것은 그들이 너희의 육체로 자랑하려 함이라 그러나 내게는 우리 주 예수 그리스도의 십자가 외에 결코 자랑할 것이 없으니 그리스도로 말미암아 세상이 나를 대하여 십자가에 못박히고 내가 또한 세상을 대하여 그러하니라"(갈 6:13 – 14).

자랑거리가 될 수 없는 것들을 자랑하는 갈라디아 사람들에 대하여 말하다가, '그러나'(but)라는 말로써 자신에게는 그들과는 전혀 다른 자랑거리가 있음을 말합니다. 사도는 이 같은 자신의 자랑거리에 대하여 개인적으로 고백함으로써, 그리스도인들이 무엇을 사랑하고 자랑하며 살아가야 하는 사람들인지를 상기시키고 싶었던 것입니다.

우리는 사도가 말한 고백 가운데서 '그러나'라는 말이 주는 의미에 주목할 필요가 있습니다. "……너희의 육체로 자랑하려 함이라 그러나 내게는……." '그러나'라는 말을 중심으로 앞에는 세상을 사랑하기 때문에 육체를 자랑하는 다수의 사람들이 기록되어 있고, 뒤로는 한 사람이 기록되어 있습니다. 육체를 자랑하는 이들은 바로 갈라디아 교인들이었으며

'그러나'라는 반의어와 함께 기록된, 그들과는 다른 자랑거리를 보이는 사람은 사도 바울이었습니다.

세상은 세상을 사랑한다

그것은 이 세상의 사람들에게는 육체를 자랑하며 사는 일이 일반적이라는 의미입니다. 그리스도를 바로 알지 못하는 이 세상 사람들이 이 세상이나 세상에 속한 것들을 사랑하며, 육체로 자랑을 삼으며 살아가는 것은 언제 어디서나 볼 수 있는 일반적인 현상이라는 것입니다. 그리스도를 믿지 아니하는 자들은 믿지 아니하므로 육체를 자랑 삼으며 살아갑니다.

세상은 하나님에 대하여 무지합니다. 하나님과 하나님이 자신들을 위하여 행하신 일들에 대하여 무관심하고 자신들의 외모에 관심을 갖는 것만큼 영혼의 운명에 대하여 진지하게 생각하지 아니합니다. 나아가서는 모든 사상에 하나님이 없다 하며 하나님의 통치를 거스릅니다.

그래서 바울은 복음을 받아들이지 아니하는 사람들에 관하여 이렇게 말합니다. "내가 여러 번 너희에게 말하였거니와 이제도 눈물을 흘리며 말하노니 여러 사람들이 그리스도의 십자가의 원수로 행하느니라 그들의 마침은 멸망이요 그들의 신은 배요 그 영광은 그들의 부끄러움에 있고 땅의 일을 생각하는 자라"(빌 3:18-19).

이것이 바로 하나님 없이 살아가는 세상 사람들의 모습입니다. 때때로 그들 가운데는 사려 깊은 사람들도 있어서 보다 가치 있는 일들을 위하여 열심을 내기도 합니다. 감각적인 쾌락과 땅의 보화에 대한 호기심을 가지고, 이런 것들을 추구하려는 사람들이 지금도 많이 있습니다. 그러나 인간들은 즉시 이런 것들이 자신들을 만족시키기에는 아무런 힘이 없고 무언가 영원을 향한 갈망을 채울 수 없다는 사실을 알게 됩니다.

그래서 때로는 그들 중 지각 있는 사람들은 이상적인 가치들, 곧 과학이나 예술, 선한 것과 아름다운 것, 이웃에 대한 사랑과 진실한 봉사, 휴머니즘의 실현 같은 것들을 추구하며 살기도 합니다. 그러나 이것들도 모두 세상에 속한 것들입니다. 성경은 이런 것들이 모두 세상에 속해 있고, 모두 지나가는 것들이라고 말합니다. "이 세상도, 그 정욕도 지나가되 오직 하나님의 뜻을 행하는 자는 영원히 거하느니라"(요일 2:17).

결국 이 모든 인간의 추구가 우리에게 필요한 '저편의 것'을 '이편의 것'으로 바꾸어 줄 수 없습니다. 이 모든 일들은 죄와 쾌락을 추구하며 사는 것보다는 나은 유익을 가져다줄지 모르지만 하나님과 화해하게 할 수도 없고, 저주받을 부패로부터 깨끗하게 할 수도 없으며, 눈물로 가득 찬 세상에서의 고통을 종식시킬 수도 없습니다. 이러한 고상한 추구조차도 단지 세상 사랑의 변형된 형태일 뿐입니다.

세상은 이처럼 자신의 육체와 생각을 신처럼 떠받들어 섬기며, 육체의 정욕을 좇아 살아가는 삶들을 당연한 것으로 여깁니다. 인생이 어디로부터 와서 어디로 가는지에 대하여 진지하게 생각할 겨를도 없이 바쁘게 살아갑니다.

한편으로는 하나님을 향한 본성적인 목마름이 있어 그분을 찾지만, 또 한편으로는 하나님을 미워하고 하나님으로부터 도망치려고 합니다. 그래서 하나님을 사랑하는 대신 세상을 사랑하고, 보다 영원한 것보다는 순간적인 즐거움과 성취를 위하여 살아가려고 합니다.

금생에서의 분깃을 사모하는 사람들에게 세상이 마지막으로 그들에게 주는 것은 두세 평 남짓한 한 자락의 무덤뿐이건만, 그들은 여전히 세상 사랑으로 하나님 사랑을 대신하려고 하는 사람들입니다. 그래서 사람들은 자신의 육체를 신처럼 섬기며, 육신의 소욕에 순종하는 삶을 살아갑니다. 육체의 욕심을 따라 살아가는 삶을 당연한 것으로 생각합니다.

그들은 부끄러운 죄악들을 자랑스러운 영광으로 생각하기도 합니다. 왜냐하면 선악의 판단을 하나님의 뜻에서 구하지 아니하고, 이 세상에 유행하는 풍조에서 구하고 있기 때문입니다. 그들은 잠깨어 일어난 순간부터 시작해서 피곤한 몸으로 잠자리에 드는 순간까지 온통 땅의 일만을 생각하는 사람들입니다. 이런 사람들이 모여 사는 곳이 바로 이 세상이라는 것입니다.

따라서 우리가 내릴 수 있는 결론은 이것입니다. 세상은 세상 자신을 사랑합니다. 그리고 그리스도인들조차도 그렇게 세상을 사랑하는 세상의 물결에 마주하여야 합니다. 왜냐하면 땅에 발을 딛고 살아가기 때문입니다.

바울도 한때는

이 시간에 우리는 '그러나 내게는……'이라는 말을 쓸 때의 바울의 심경을 이해할 필요가 있습니다. 그리고 그것은 그리 어려운 일이 아닙니다. 어떤 의미에서 지금 사도가 반박하고 있는, 육체를 자랑하려는 유대주의자들의 생각이 사실은 이전에 바울 자신이 생각하고 추구하던 바였기 때문입니다.

그가 오늘 십자가만을 자랑한다고 고백하기 이전에 한때 그도 자신의 대적들과 같이, 세상 사람들처럼 십자가가 아닌 다른 것들을 자랑하던 때가 있었습니다. 그는 한때 유대 종교 지도자를 꿈꾸던 젊은 엘리트였습니다. 그는 스스로 고백하기를 자신은 육체를 신뢰하던 자였다고 하였습니다. 그는 말합니다. "그러나 나도 육체를 신뢰할 만하며 만일 누구든지 다른 이가 육체를 신뢰할 것이 있는 줄로 생각하면 나는 더욱 그러하리니 나는 팔 일 만에 할례를 받고 이스라엘 족속이요 베냐민 지파요 히브리인 중의 히브리인이요 율법으로는 바리새인이요 열심으로는 교회를 박해하고 율법의 의로는 흠이 없는 자라"(빌 3:4-6).

그는 한때 육체를 자랑하였습니다. 몸에 남겨진 할례의 표를 자랑하였으며, 이스라엘 족속이라는 것과 정통적인 유대인으로서 유대교의 엄격한 규례를 따라 살아온 것과 자신이 가지고 있는 종교적인 열심을 자랑하였습니다. 왜냐하면 그것들이 자신을 구원하리라고 믿었기 때문입니다. 그는 자랑할 만한 것이 너무도 많은 사람이었습니다.

그는 난 지 팔 일 만에 율법의 규례를 따라 할례를 받았으며, 이스라엘 베냐민 지파의 족속이었으며, 정통 히브리인이었으며, 율법을 철두철미하게 지키고 살았으며, 자신이 믿는 종교에 대한 열심에서 교회를 박해하는 것을 사명으로 알고 살아온 사람이었습니다.

그는 당대의 석학 가말리엘의 문하에서 수학하였으며, 또한 웅변의 신 헤르메스(Hermes)라고 착각하게 할 정도로 언변에 뛰어난 달변가였으며(행 14:12), 아덴에서는 스토아 학파 철학자들과 에피쿠로스 학파 철학자들을 압도할 정도로 철학에 달통한 사람이었습니다(행 17:17-18). 그는 이 모든 것들을 고상하게 여겼으며(빌 3:7-8), 이것들을 할 수 있는 한 자랑하며 살아왔습니다.

그러나 지금은

하지만 이제 그는 "그러나……"라고 말합니다. 이 한마디로써 이제 바울은 자신이 이전과는 다른 삶의 원리 아래서 살아가고 있음을 말해 주는 것입니다. 이전에는 바울이 비난하는 사람들과 마찬가지로 육체를 자랑하는 삶을 살아왔지만 지금은 그리스도 안에서 세상이 동의해 줄 수 없는 전혀 다른 것을 자랑하는 삶을 살아가고 있음을 보여 주는 것입니다.

"그러나 내게는 우리 주 예수 그리스도의 십자가 외에 결코 자랑할 것이 없으니……." 육체를 자랑하지 아니하고 십자가만을 자랑하는 신앙과 삶의 변화는 자신에게만 일어난 예외적인 사건이었음을 말해 주고 있습니다.

"그러나"라고 단호하게 말함으로써 자랑거리에 있어서 세상의 풍조를 좇지 아니하고 자기가 자랑하는 십자가를 세상이 인정해 주지 아니하는 것에 대하여 전혀 마음 쓰지 않을 수 있는, 그 무엇이 사도의 마음속에 역사하고 있음을 보여 주었던 것입니다. 이것은 두말할 필요도 없이 사도의 영혼 속에서 일어난 변화를 기초로 하고 있습니다. 그리고 그것은 바로 그리스도의 십자가에 대한 체험이었습니다.

그가 그리스도 예수의 십자가를 체험적으로 알았기 때문에 "그러나"라고 단호하게 말하며 십자가를 자랑하는, 세상 사람 보기에는 어리석은 삶을 택할 수 있었던 것입니다. 그는 실로 십자가만을 자랑하는 삶을 선택했기 때문에 자신에게 허락된 모든 것을 잃어버렸습니다. 그는 촉망되던 장래도 잃어버렸고, 동족들에게는 반역자 취급을 받아야 했으며, 종교적인 동료들에게는 변절자로 낙인 찍혀야 했습니다.

그럼에도 불구하고 그는 그리스도의 십자가만을 자랑하는 이 일을 위하여 모든 것을 버릴 수 있었습니다. 이것은 십자가의 의미와 구원의 가치와 십자가를 통해 드러난 하나님의 위대한 계획을 자신의 것으로 받아들일 수 있었기 때문입니다.

십자가의 고난을 앎

그러므로 우리는 이 점을 분명히 해야 합니다. 누구든지 그리스도의 십자가를 경험을 통해서 알지 아니하고는 누구도 그 십자가에 자신의 삶을 위탁할 수 없다는 사실입니다. 그리고 그리스도의 십자가의 의미를 깨닫고 거기에 자신의 삶을 위탁하지 않는 사람들은 정도와 방향은 달라도 세상을 사랑하며 육체를 자랑하면서 살아갈 수밖에 없는 것입니다.

그렇습니다. 십자가를 자랑하는 삶은 육체의 욕심을 따라 썩어져 가는 구습을 좇는 이 세상에서는 일반적인 삶의 모습이 아닙니다. 그것은 예외적인 삶의 방식입니다. 그리스도를 믿고 그 십자가로 말미암아 성도가 된 우리에게는 모두 '……그러나 내게는……'이라는 고백이 있는 것입니다. 나아가서 그 고백을 자신의 삶 속에서 자신 있게 말할 수 있어야 합니다.

하나님을 모르는 사람의 특징은 세상을 사랑하는 것입니다. 인간은 무엇인가를 사랑하지 않고는 배울 수 없도록 만들어진 존재입니다. 때로 하나님께서 인간에게 주신 하나님을 아는 지식의 희미한 씨앗들이 남아 있어서 사람들로 하여금 이러한 하나님에 대한 영혼의 추구를 영적인 무지 속에 왜곡되이 세상을 사랑함으로써 하나님을 향한 목마름을 대신하려고 하기도 합니다.

사람들은 마셔도 마셔도 그치지 않는 갈증밖에는 더해 주는 것이 없는 세상 사랑을 그치지 못하고 살아갑니다. 사람들은 세상의 가치 기준을 따라 살아갈 뿐 아니라 세상 자체를 깊이 사랑하며 살아갑니다. 이것이 바로 이 세상과 세상 사람들의 삶의 특징이 되고 있습니다.

숙명적인 사랑

어떤 사람들은 세상을 살 만하다고 느끼기도 하고 어떤 사람은 못 살 곳이라고 느끼기도 합니다. 어떤 사람들은 가지고 있는 것을 지키기 위하여 세상을 사랑하고 또 어떤 사람들은 손에 넣지 못한 것들을 획득하기 위하여 세상을 사랑하기도 합니다. 그들에게 있어서 세상은 그야말로 위대한 힘입니다.

그리고 그들의 세상 사랑은 어떤 의미에서 종교적인 모습이기도 합니다. 그들이 세상에서 보람을 느끼건 혹은 절망을 느끼건 그런 것과 상관없이 세상을 깊이 사랑하고 있는 이유는 그들이 자랑하고 있는 것들이 세상에 속한 것들이라는 사실을 보아서도 잘 알 수 있습니다.

그리스도의 십자가를 자랑하지 않는 사람들의 관심거리와 자랑거리를 잠시만이라도 생각해 보십시오. 그들이 무엇에 대해서 말할 때 가슴 뛰고 흥분하는지 잠시만이라도 귀기울여 보십시오. '더 좋은 학벌, 더 높은 명예, 더 강한 권력, 더 많은 재산, 더 안락한 직장, 더 값비싼 자동차, 더 호화스러운 집, 더 으리으리한 별장, 더 짜릿한 쾌락······.'

귀는 들어도 족하지 않고 눈은 보아도 차지 않습니다. 사람들은 이것들을 사랑하며 살아가는 것입니다. 또 그 사랑이 그들로 하여금 살아 있게 하는 것입니다.

그러므로 이렇게 세상에 있는 것들을 사랑하며 살아가는 사람들은 언제나 그 관심이 세상에 있습니다. 왜냐하면 자신들이 사랑하는 것들이 세상 안에 모두 있기 때문입니다. 그리스도 안에는 그들이 사랑하는 것이 없습니다.

따라서 그리스도의 십자가와 구원의 가치를 경험하고 깨닫지 못한 사람이 십자가를 자랑한다는 것은 거의 불가능한 것입니다. 그리스도인들이 세상이 이해할 수 없는 것들을 자랑하며 살아가는 것처럼 세상은 또한 그리스도인들이 이해할 수 없는 것들을 사랑하며 살아가는 것입니다.

욕망은 불꽃처럼

세상의 특징은 욕망입니다. 불같이 타오르고 아무리 삼켜도 꺼질 줄 모르며 번져 가는 불길과 같은 욕망이야말로 하나님을 떠나 살아가는 세상의 특징이 아니고 무엇이겠습니까?

순간의 쾌락을 위하여 다른 사람들의 행복을 무참히 짓밟는 일이 공공연히 통용되는 곳이 어디입니까? 사람들의 다툼이 어디서 일어납니까? 나라와 나라 사이에 전쟁이 어디에서 일어납니까? 사람들의 범죄가 어디에서 발생합니까? 욕심이 없는 곳에는 다툼도 없습니다. 사람들은 이 욕망 때문에 더욱 죄를 저지릅니다.

그래서 그 죄악들은 그들의 마음을 더욱 어둡게 하고 그들의 눈을 더욱 흐려지게 하여 참된 것들을 바로 보지 못하게 만듭니다. 욕망에 눈이 먼 사람들이 죄를 짓게 되고 그 죄는 더욱 그들로 하여금 욕망을 따라 살아가는 육체의 습관에 길들여지게 만드는 것입니다.

인생의 허무를 한편으로 느끼면서 그 허무한 마음을 달래기 위해 세상에 있는 것들을 더욱 사랑하게 되고, 세상에 있는 것들을 사랑함으로써 영원한 것을 바라보며 하나님을 찾아야 할 감각을 더욱더 잃어버리는 것입니다.

한편으로는 하나님을 바라면서도 또 한편으로는 하나님께 대항하며, 한편으로는 그리스도를 찾으면서도 또 한편으로는 십자가를 부끄럽게 여기는 이율 배반적인 모습들이 바로 이 때문에 나타나는 것입니다.

성경은 이 점에 대하여 말합니다. "오직 각 사람이 시험을 받는 것은 자기 욕심에 끌려 미혹됨이니 욕심이 잉태한즉 죄를 낳고 죄가 장성한즉 사망을 낳느니라 내 사랑하는 형제들아 속지 말라"(약 1:14-16).

이러한 세상 사랑의 본질에 대하여 사도 요한은 명백히 말합니다. "이 세상이나 세상에 있는 것들을 사랑하지 말라 누구든지 세상을 사랑하면 아버지의 사랑이 그 안에 있지 아니하니 이는 세상에 있는 모든 것이 육신의 정욕과 안목의 정욕과 이생의 자랑이니 다 아버지께로부터 온 것이 아니요 세상으로부터 온 것이라 이 세상도, 그 정욕도 지나가되 오직 하나님의 뜻을 행하는 자는 영원히 거하느니라"(요일 2:15-17).

겁 없는 정욕

이 세상과 정욕과 자랑은 모두 하나입니다. 이 세상의 정신은 자신을 자랑하는 것이고 세상을 사랑하는 사람들의 마음은 세상을 향해 타오르는 욕망으로 나타납니다. 그리고 그 육신은 보는 것들의 지배를 받아 생겨난 욕망이 자리하고 있습니다. 때로는 이 욕망의 불길이 너무나 맹렬하게 타오르기도 합니다.

세상 사람들은 자신의 마음을 죄악된 욕망으로 불붙게 하기 위하여 특별한 노력을 할 필요가 없습니다. 언제나 죄의 지배를 받는 육신이 자신을 자극하는 안목의 정욕과 손잡으면 욕망의 불길은 저절로 치열하게 타오릅니다.

그 불길은 너무나 맹렬해서 양심이라는 물로 끌 수 없고 도덕이라는 물로도 그 불길을 잡을 수가 없습니다. 욕망의 지배를 받으며 불길같이 타오르는 인간의 사악한 탐욕을 지성이라는 찬물로 꺼 보려고 하는 것은 마치 불타는 빌딩 위에 한 바가지의 물을 쏟아붓는 것에 지나지 않습니다.

사람들은 이러한 인간의 사악한 욕망들이 빚어내는 비극을 막기 위하여 법을 엄격하게 만들기도 하지만, 처벌받을 것이라는 두려움의 담장을 타오르는 욕망은 언제나 넘어서기가 쉽습니다.

이 정욕의 불길은 너무나 맹렬하게 타올라서 양심을 사르고 도덕을 넘어서며 지성의 통제를 삼켜 버립니다. 드디어는 하나님의 율법까지 불태워 버리고자 합니다.

오늘날 흥청거리는 이 도시의 죄악상을 바라보십시오. 모두 육체의 정욕을 만족하게 하고 안목의 정욕을 채우기 위하여 살아가고 있지 않습니까? 이생에 있는 것들을 자랑하는 사람들이 세상에서 살아가는 삶이 바로 오늘날과 같은 타락한 도시를 만들고 있습니다.

번창하는 향락 문화를 보십시오. 육체의 정욕을 채우고 이 세상에서 자기 마음대로 살기 위해서는 무엇이든지 거칠 것이 없이 살아갈 수 있는 용기를 보여 주고 있습니다. 하나님을 향한 사랑은 하나님을 향하여 용기 있게 하고 세상을 향한 사랑은 육체의 정욕과 안목의 정욕과 이생의 자랑을 따라 살아가는 일에 용기를 줍니다. 요한은 이 세상의 특징을 먼저 육체의 정욕과 안목의 정욕이라고 규정하고 있습니다. 이 얼마나 날카로운 통찰입니까?

우리는 아담과 하와가 선악과를 따먹음으로 에덴의 축복을 잃어버리고 하나님과 원수 되었을 때 그 비극이 한순간의 시선으로부터 시작되었음을 기억합니다. 더욱이 그 선악과를 바라본 순간 먹지 말라고 명령하신 하나님의 거룩한 음성이 생각나는 대신 먹으면 눈이 밝아지고 하나님과 같이 될 것이라는 뱀의 말이 더욱 실감나게 다가왔습니다.

그들은 눈이 밝아지고 싶었습니다. 그리고 하나님처럼 되고 싶었습니다. 이 모두 한순간의 시선으로 시작된 것입니다. 금지된 실과를 보암직도 하고 먹음직스럽게 느낀 하와의 안목의 정욕은 그로 하여금 육체로 손을 내밀어 돌이킬 수 없는 죄에 떨어지게 하였습니다.

하나님 없이 살아가는 세상

부패한 이 시대의 타락상을 보십시오. 끔찍한 일들이 순간의 쾌락을 위하여 자행되고 있으며 세상에 있는 자랑거리들을 자기의 손에 넣기 위해 다른 사람들의 행복을 짓밟는 일들이 공공연하게 당연시되고 있습니다. 세상은 그런 짓들을 하며 살아가는 사람들을 당연하게 받아들이거나 추켜세워 주기도 하고 이런 자랑거리들이 없이 살아가는 사람들을 무능한 사람으로 치부하기도 합니다.

하나님의 형상을 가진 사람들을 무참하게 폭행하고 처참하게 때려 죽이는 장면들이 사람들에게는 가장 흥미 있는 오락거리가 되고 있습니다. 살인하는 장면들을 다루고 있는 영화와 소설들이 앞다투어 팔리고 있고 술취하는 것과 간통과 가정을 파괴하는 가공할 부끄러운 일들이 이 세상에서는 가장 인기 있는 드라마와 소설의 주제가 되고 있습니다. 재물을 손에 넣기 위하여 수단과 방법을 가리지 아니하고 살아가는 일들이 많은 사람들에게 동정거리가 되고 있습니다.

믿음의 눈을 가진 사람들에게는 가슴이 쓰라릴 정도의 이 엄청난 부패와 타락들을 세상은 대수롭지 않게 여기고 있습니다. 사람들의 이 욕망은 서로 충돌해서 끔찍한 범죄를 낳기도 합니다. 이 모든 세상의 가공할 타락과 하나님을 향한 극단적인 반역은 모두 자기의 욕심을 따라 살고 싶어하는 세상의 정욕이 빚어낸 결과들입니다.

또한 이 세상의 특징은 이생의 자랑입니다. 이 세상의 특징은 현세에 관심을 갖는 것입니다. 자신들이 어디로부터 왔는지 그리고 이렇게 살다 가는지 어디로 가는지에 대하여 관심이 없습니다. 동료들의 시신을 옆에 둔 문상의 자리에서도 화투를 치다가 욕심이 충돌하여 서로 다투기가 십상인 것이 바로 어리석은 인생들의 하는 일입니다.

그들은 더욱이 죽음 너머에 있는 세상과 영혼의 운명에 대하여는 더욱 무관심합니다. 오직 육신이 호흡을 계속하는 날 동안은 세상만이 그들의 관심의 대상이고 거기서 얻은 것을 자랑하는 재미로 살아가고, 거기로부터 무엇인가를 얻을까 하는 기대를 가지고 살아갑니다. 이것이 바로 세상입니다. 이런 사람들의 삶의 방식과 사고는 거대한 시대 정신을 형성합니다. 그리고 그러한 시대 정신을 따라 살아가지 않는 사람들을 세상은 국외자로 간주합니다.

영원을 준비하라

세상을 사랑하는 사람들의 특징은 영원을 갈망하지 않고 구원을 사모하지 않는다는 것입니다. 여전히 세상에 있는 것들을 사랑하고 죽어 가는 영혼의 외마디 소리를 이러한 세상 사랑으로 감추며 살아갑니다. 이것이 바로 세상을 사랑하며 살아가는 인간의 모습입니다. 육체를 자랑하며 살아가는 인간들의 마지막은 육체와 함께 멸망하는 것입니다.

그래서 사도는 두 가지 삶을 말합니다. "스스로 속이지 말라 하나님은 업신여김을 받지 아니하시나니 사람이 무엇으로 심든지 그대로 거두리라 자기의 육체를 위하여 심는 자는 육체로부터 썩어질 것을 거두고 성령을 위하여 심는 자는 성령으로부터 영생을 거두리라"(갈 6:7-8).

인생은 반드시 영원을 향한 인생입니다. 인생은 결코 스스로 깨닫게 된 삶의 허무를 감추기 위하여 육체의 욕망을 따라 멋대로 살아갈 장난 같은 것일 수 없습니다. 삶은 언제나 진지해야 합니다. 왜냐하면 삶의 결과가 죽음이고 세상에 죽음보다 진지한 것이 없기 때문입니다.

그러므로 우리는 할 수 있는 대로 우리 자신에게 물어야 합니다. 혹시 하나님이 우리에게 주신 이 인생이 영원을 향한 유일한 기회인 것을 잊고 살아가지는 않는지, 세상을 사랑하는 것 때문에 영혼과 영원에 대한 가치를 잊고 지내지는 않는지 언제나 되묻지 않으면 안 됩니다. 세상은 세상을 사랑하고 자랑하며 살아가는 것이 당연한 곳이기 때문입니다.

현재완료의 십자가

그러나 사도는 말합니다. 자기가 세상 사람들과는 달리 세상을 사랑하지 않고 십자가만을 자랑할 수 있는 이유에 대하여 밝히 말합니다. "……그리스도로 말미암아 세상이 나를 대하여 십자가에 못박히고 내가 또한 세상을 대하여 그러하니라"(갈 6:14).

주목할 것은 사도가 "십자가에 못박히고"라고 고백한 그것이 현재완료 동사 에스타우로타이(ἐσταύρωται)로 쓰여진 점입니다. 원어대로라면 '십자가에 못박히고'는 '십자가에 못박혀 있고'(have been crucified)라는 의미가 됩니다. 이것은 십자가에 못박힌 시점은 과거에 일어난 것이지만 그 영향은 현재도 계속되고 있다는 의미입니다. 바울이 세상에 대하여 못박히고 또한 세상이 바울에 대하여 못박힌 것은 지금 갈라디아서를 쓰고 있는 시간에 일어난 일이 아니었습니다.

이미 오래전 흘러가 버린 젊은 시절에 그리스도께서 갈보리 언덕에서 십자가에 못박히신 채 "다 이루었다." 말씀하시며 돌아가셨을 때 세상은 이미 믿는 자들을 대하여 못박혔습니다. 바울 사도는 그리스도인들을 박해하기 위하여 살기가 등등하게 다메섹으로 달려가고 있을 때 예수를 만났고, 그분 앞에 엎드려 "주여, 누구시니이까."라고 고백하였을 때 십자가에 못박혔습니다.

현재완료 시제로 표현된 '십자가에 못박히다.' 라는 표현은 수십년이 지난 지금까지 그의 삶과 심령에 그리스도의 십자가 사건이 영향을 끼치고 있었음을 보여 주는 것입니다. 그리스도의 십자가는 매일매일 그의 삶 속에 재연된 구속 사건으로 그에게 다가왔습니다. 언제나 자신이 그 십자가로 말미암아 구원을 받았고 자신의 삶의 의미는 오직 그 십자가를 통해서 드러날 수밖에 없다는 사실을 잊지 않았습니다.

소명의 원천

그에게 있어서 그리스도의 십자가 사건은 결코 차가운 교리도 아니었고 누가 만들어 놓은 신학적인 유산도 아니었습니다. 그에게 있어서 그리스도의 십자가 사건은 그의 영적인 생활 속에 끊임없이 재연되어 그로 하여금 그리스도를 위하여 그리스도의 구속을 증거하며 그 구원의 소식을 전파하기 위하여 자기가 만난 그리스도를 말하지 않고 배길 수 없게 하는 신적인 강제력의 원천이 되었습니다.

그래서 그는 자신이 만난 그리스도를 전하지 아니하고는 화가 있을 것 같은 두려움을 느낄 정도로 처절한 신적인 강제력의 지배를 받으며 살아가게 되었고, 그것이 바로 그로 하여금 거룩한 복음 전도의 길을 고난 속에서도 걸어가게 만든 원동력이 되었던 것입니다.

그는 한때 수많은 자랑거리를 가진 사람이었지만, 이제는 십자가밖에는 자랑할 것이 없는 생애를 살아가도록 영향을 받고 있었습니다. 사실 영향을 받고 있다는 표현으로도 충분하지 않은 신적인 강제력이 그의 삶을 주장하고 있었습니다.

그리고 그 같은 신적인 강제력은 복음 전도를 위하여 부르심을 받은 그의 소명을 이루는 중요한 요소가 되기도 하였습니다. 그는 말합니다. "내가 복음을 전할지라도 자랑할 것이 없음은 내가 부득불 할 일임이라 만일 복음을 전하지 아니하면 내게 화가 있을 것이로다"(고전 9:16).

그는 그리스도 예수의 십자가를 경험하게 되었습니다. 그리고 그리스도의 십자가를 통해 나타난 하나님의 사랑을 경험하게 되자 그는 그리스도 예수께서 자신을 부르신 그 일에 헌신하지 않을 수 없었습니다. 우리도 이와 같은 십자가에 대한 경험이 필요합니다.

십자가가 지배합니까?

오늘날 우리에게 있는 신앙의 정서는 너무 차갑거나 혹은 쓸데없이 뜨겁습니다. 그리스도께서 우리를 위해서 십자가에 못박혀 죽으시고 우리에게 생명을 주시기 위해 자신을 내어 주셨음에도 불구하고 사람들은 별로 감동받지 않습니다. 그러나 이 모든 메마른 반응은 우리에게 교리로 아는 그 이상의 십자가에 대한 지식이 필요함을 말해 주는 것입니다.

사도는 그리스도 예수의 십자가의 의미를 깊이 경험하게 되자 오랜 세월이 지나도록 그의 심령과 삶에 영향을 끼치고 있는 십자가를 간직하며 살게 되었습니다. 세상을 사랑할 수 없을 만큼 더 크고 심대한 영향을 그에게 끼치고 있었고 수많은 자랑거리들을 하찮은 것으로 여기지 않을 수 없을 만큼 십자가를 자랑하며 살아가도록 지속적으로 영향을 주고 있었던 것입니다. 사도가 '못박히고'라는 말을 현재완료 동사로 쓴 것도 바로 이 때문입니다.

여러분들에게도 이 그리스도 예수의 십자가 사건이 현재완료의 사건이 되고 있는지 묻고 싶습니다. 그리스도 예수께서 우리를 위해 십자가에 못박힌 그 사건이 지금도 여전히 여러분들의 심령에, 삶에, 생각에, 욕망에 지배력을 행사하고 있는지 묻고 싶습니다.

혹시 우리들의 메마르고 피상적인 영적인 생활과 형식적인 신앙 생활은 바로 예수 그리스도의 십자가 사건이 단지 과거에 일어난 사건에 그치고 있기 때문이 아닐까요? 이전에 일어난 그 사건이 한때 감격한 사건으로 끝나고 지금은 단지 예전에 그리스도의 십자가 앞에서 용서함을 받았다는 안일한 죄 사함의 추억만이 우리의 삶을 더욱 방종하게 만들고나 있지 않은지 생각해 보지 않을 수 없습니다.

오늘 피로 물들어 말하는 예수 그리스도의 십자가 앞에 그 십자가의 의미를 온 영혼과 온 마음으로 느끼며 그리스도의 십자가 외에는 결코 자랑할 것이 없다고 고백하는 사도의 말을 들어 보십시오. 그에게는 이 십자가의 사건이 과거의 사건이 아니라 오늘 다시 그의 마음속에 재연되고 있는 사건이었습니다. 그리스도께서 십자가에 못박히신 것은 한 번에 이루어진 일이었지만 그 십자가의 의미를 깨닫게 되고 그리함으로써 세상과 자아가 십자가에 못박힌 것은 한 번이 아니라 이제껏 영향을 끼치고 있었습니다.

그가 이 십자가의 사건을 현재완료로 고백하고 있는 것을 보십시오. 이것이 그를 거룩한 사도로 만들었고 이 믿음이 그로 하여금 세상과 죄를 이기며 육체를 자랑하지 않을 수 있게 하였습니다.

두 개의 십자가

그러면 "세상이 나를 대하여 십자가에 못박혀 있고 내가 또한 세상을 대하여 십자가에 못박혀 있다."라고 한 것이 무엇을 의미하는지를 말씀드려야 하겠습니다.

사도가 그의 고백 바로 앞에서 육체를 자랑하는 다수의 사람을 언급한 뒤에 "그러나 내게는……"이라고 말한 것처럼, 여기서도 육체를 자랑하는 갈라디아 사람들과 자신을 대조시키며 '나를'과 '내가' 라는 표현을 쓰고 있는 것을 주목하십시오.

다시 말하면 세상이 사람에 대하여 못박혀 있는 것이나 사람이 세상에 대하여 못박혀 있는 상황은 일반적인 일이 아니라는 것입니다. 이 사건은 십자가 때문에 사도 바울 자신에게 일어난 특별한 사건이라는 것입니다. 그렇습니다. 이것은 그리스도 예수의 십자가를 경험함으로써 사도의 영혼 속에 일어난 매우 특별하고 독특한 일입니다.

세상과 우리의 옛사람의 자아는 한 통속입니다. 바울이 십자가에 못박힌 세상을 이야기할 때 이 세상은 단지 구원받아야 할 세상을 의미하는 것만은 아닙니다. 하나님을 거스르고 대적하고 교만하며 자기를 뽐내는 정신으로 살아가는 세상을 의미합니다.

근본적으로 세상을 지배하고 있는 것은 죄입니다. 그리고 우리들이 구원받기 전에 그 세상 속에서 숨쉬고 그 세상에 널리 퍼져 있는 죄의 지배를 받으며 우리도 똑같이 살아왔습니다. 그래서 성경은 우리에게 말합니다. "그는 허물과 죄로 죽었던 너희를 살리셨도다 그때에 너희는 그 가운데서 행하여 이 세상 풍조를 따르고 공중의 권세 잡은 자를 따랐으니 곧 지금 불순종의 아들들 가운데서 역사하는 영이라 전에는 우리도 다 그 가운데서 우리 육체의 욕심을 따라 지내며 육체와 마음의 원하는 것을 하여 다른 이들과 같이 본질상 진노의 자녀이었더니 긍휼이 풍성하신 하나님이 우리를 사랑하신 그 큰 사랑을 인하여 허물로 죽은 우리를 그리스도와 함께 살리셨고 너희는 은혜로 구원을 받은 것이라"(엡 2:1-5).

살아 있는 세상

세상은 살아 있습니다. 죄의 지배를 받는 세상은 정지되어 있지 아니하고 격렬하게 움직입니다. 결코 그 움직임은 멈추지 않습니다.

우아한 몸짓으로 사람들을 유혹하기도 하고 협박 어린 목소리로 사람들을 위협하기도 합니다. 사람들을 친구처럼 불러서 노예로 만들기도 하고 소외된 사람들을 달래기도 합니다. 달콤한 속삭임으로 욕망을 불러일으키기도 하고 사람들의 손과 악수함으로써 죄악에 끌어들이기도 합니다. 능숙한 말솜씨로 하나님 없이 살아가는 세상의 자랑거리들이 얼마나 찾고 추구할 만한 가치가 있는 것인지를 설득하려고 합니다.

그리고 이러한 유혹은 그리스도인들에게까지 미칩니다.

세상의 목표는 옛사람의 욕망을 우리 가운데 다시 살아나게 하는 것입니다. 그리하여 우리의 거듭난 속사람의 지배를 받으며 살아가지 못하도록 만들려고 하는 것입니다. 갑자기 우리의 신앙 생활이 힘겹게 느껴지고 우리가 찾고 추구하는 것들이 가치 없게 느껴지며 또한 우리들이 이제껏 살아온 믿음을 지키는 생활이 우리에게 무엇을 보상해 주었는지 반문하는 회의를 불러일으킵니다. 이 모든 것들이 바로 세상이 하는 일입니다.

이것은 모두 세상이 살아 역사하기 때문입니다. 끊임없이 사람들을 유혹함으로 죄악을 향하여 살게 하고 세상 가운데서 마음을 거두지 않도록 우리를 사로잡아 오는 것입니다. 그러나 바울에게 있어서만큼은 세상이 십자가에 못박혀 있었습니다.

이 세상 죽이기

한때 세상을 십자가에 못박았다가 다시 풀어 준 것이 아니라 예전에 바울이 십자가의 의미를 깨달았을 때에 십자가에 못박힌 그 세상이 지금 이 순간까지 계속해서 매달려 있는 것입니다. 이것은 모두 그가 온 마음으로, 온 영혼으로, 온 인격으로 그리스도의 십자가를 체험하였기 때문입니다.

한때 바울을 유혹하던 세상은 십자가에 못박혀 죽어 버렸습니다. 시체가 되어 생명을 잃어버리고 말았습니다. 적어도 바울에 대해서는 세상이 그러하였습니다. 죽은 자는 영원히 말이 없는 것처럼 세상은 예수 그리스도의 십자가를 경험하고 그 십자가에 붙잡힌 바울을 더 이상 말로 유혹할 수 없게 되었습니다.

바울로 하여금 육체를 자랑하며 살도록 끊임없이 유혹하던 세상의 두 손은 십자가에 처참하게 못박혀 버렸습니다. 커다란 대못으로 나무에 달려 누구도 뺄 수 없게끔 되어 버렸습니다. 그토록 오랜 세월 동안 율법을 열심으로 지키며 율법을 따라 살도록 그를 끌고 다니던 세상의 두 발은 뼈가 깨어지도록 못박혀서 더 이상 바울을 끌고 다닐 수 없게 되었습니다. 바울로 하여금 육체를 자랑하게 하고 세상에 있는 것들을 사랑하게 만들던 세상은 이렇게 죽어 버렸습니다.

그는 그리스도의 십자가를 경험하는 순간 세상의 의미를 새롭게 깨닫게 되었습니다. 그에게 있어서 세상은 이제 먹고 마시고 자랑하고 뽐내며 살아야 할 곳이 아니라 오히려 구원받지 못한 그 상태를 그리스도의 마음으로 긍휼히 여겨야 할, 하나님을 적극적으로 대적하며 그리스도의 십자가를 알려고 하지 않는 무지한 곳이었습니다.

나 달려 죽은 십자가

바울은 또 하나의 십자가를 말합니다. "내가 또한 세상을 대하여 십자가에 못박혀 있어 왔노라." 사람들은 언제나 세상을 사랑합니다. 명예를 자랑하고 재력에 긍지를 느끼며 권력을 뽐내고 미모를 자랑합니다. 얼마 되지 않는 지식과 흙덩이 같은 재물을 가지고 자랑합니다. 그들은 이생의 자랑 속에 가려져 신음하며 죽어 가는 영혼의 고통 소리에 귀를 기울이지 않습니다.

그들의 관심은 오직 자기의 욕심대로 사는 것이고 세상에 있는 것들을 자랑하는 것입니다. 세상의 유혹에 장단을 맞추고 육체를 자랑하도록 가르치는 세상의 조종을 받습니다. 그리고 거기에 기쁘게 반응합니다. 이것은 모두 자아가 살아 있기 때문입니다.

죄의 지배를 받는 세상과 죄의 낙을 좇아 살기를 즐거워하는 우리의 자아가 만날 때 불신앙은 먹구름처럼 번져 갑니다. 육체의 열매가 독버섯처럼 자라고 우리의 마음은 점점 하나님의 참사랑으로부터 멀어져 갑니다. 그러나 바울에게 있어서 자아는 세상처럼 동일하게 십자가에 못박혀 버렸습니다.

육체를 자랑거리로 생각하던 바울의 자아의 머리에는 커다란 가시 면류관이 씌워졌고, 세상의 유혹에 대하여 답하던 그의 두 손은 뼈가 으스러지도록 커다란 나무 십자가에 피흘리며 박혔습니다. 세상이 부를 때에 그토록 빨리 달려가던 그의 발이 이제는 발목을 뚫고 들어온 커다란 못으로 인하여 움직일 수 없게 되었습니다.

  육체의 정욕을 좇아 세상을 사랑하고 자기의 의를 자랑하던 바울의 심장은 옆구리를 뚫고 들어온 예리한 창끝에 찔려 물과 피까지 다 쏟아 내었습니다. 그의 자아는 결국 머리를 떨구고 죽어 버렸습니다. 십자가에 매달려 숨을 거두었던 것입니다.

  죽은 자는 말이 없는 것처럼, 그는 세상을 사랑하도록 반응할 수 없게끔 되어 버렸습니다. 그리스도의 십자가의 의미를 온 영혼으로 체험하자 도무지 세상을 위하여 살 수 없는 자신을 발견하게 되었던 것입니다.

십자가의 능력

  2,000년 전 핍박자요 포행자였던 사울을 이렇게 변화시켰던 그 위대한 십자가의 능력은 지금도 계속되고 있습니다. 여러분이 어떤 가문의 사람이건 십자가는 그것에 관계하지 않습니다. 여러분들이 얼마나 많은 지식을 가졌고 삶의 높은 덕성을 얼마나 많이 지녔든지 십자가는 그것에 상관하지 않습니다. 여러분들이 이 시간까지 죄악 가운데 있어 사하심을 입지 못해 곤고한 심령이 되었다 할지라도 십자가는 여전히 여러분과 같은 죄인들을 부르시는 것입니다.

  바울의 회심을 볼 때마다 우리는 이러한 사실을 확인하게 됩니다. 그는 어떤 면에서 우리보다 더 그리스도를 찾지 않던 사람이었습니다. 그가 구속의 주님을 만나기 위해서 눈물 흘리며 기도한 적이 있었습니까? 다메섹으로 가는 길에서 예수 그리스도를 만난 것은 결코 그가 바라고 원했던 일이 아니었습니다. 예기치 못한 사건이었습니다. 뜻밖의 일이었습니다.

  그러나 하나님은 바울이 구원을 필요로 하지도 않던 때에 찾아오셔서 그에게 그리스도를 보이시고 그를 변화시키셨습니다. 그를 구원하셨고 그는 자기를 구원한 그리스도의 십자가를 위하여 살기로 결심하게 되었던 것입니다.

지금도 이 십자가는 우리 가운데 우뚝 서서 우리들에게 진리를 전해 줍니다. 누구든지 이 십자가를 진실로 경험하면 세상을 사랑하지 않게 된다는 것입니다. 우리는 그리스도와 함께 십자가에 못박힌 사람들입니다. 결코 세상 사랑으로서는 만족할 수 없는 사람들입니다.

세상에 있는 사람들은 세상 것을 자랑해도 우리는 오직 그리스도의 십자가만을 자랑하여야 할 사람들입니다. 지금도 격렬하게 유혹하며 다가오는 세상을 향하여 우리의 마음을 내어 주는 것은 바로 우리에게 새로운 십자가의 경험이 필요함을 증거하는 것입니다.

우리의 자아가 진실로 자랑해야 할 것을 자랑하고 사랑받을 가치가 있는 것만을 사랑하며 살아가는 새사람으로 바뀌기 위하여 우리에게는 새로운 십자가의 경험이 필요합니다. 누가 십자가의 사랑에 눈물 흘리며 범죄를 계획하겠습니까?

왜 죽으셨습니까?

그리스도께서 이 세상에 오셨을 때 세상은 그분을 영접하지 아니하였고 오히려 자기들을 사랑하는 그분을 십자가에 못박았습니다. 세상은 그분을 향해 돌 던졌으며 침 뱉었습니다. 채찍으로 때리고 가시관을 씌웠습니다. 홍포를 입혀 그분을 조롱하였습니다.

그리스도께서 이 세상에 오셔서 무슨 나쁜 일을 하셨습니까? 세상이 그분을 미워해야 할 이유가 도대체 어디 있습니까? 그분은 이 세상의 구원을 위해 하늘의 영광을 버리고 이 땅에 오셨고 영생의 도리를 가르치셨으며 병든 자를 고쳐 주고 주린 자를 먹이시며 고통받는 자와 함께 아파하셨습니다.

목자 잃은 양같이 유리하고 고생하는 무리들을 찾아오셨지만 그렇게 자신들을 찾아온 단 한 분 예수 그리스도를 세상은 저주했고 버렸습니다. 죄 없으심에도 불구하고 그분은 한 사람의 사형수가 되어 흉악범들과 함께 동류로 취급받으며 십자가에 처형되셨습니다.

사랑하는 여러분, 그분은 누구를 위하여 죽으셨습니까? 죄 없으신 하나님의 아들이 왜 십자가에 못박히셔야 했습니까? 성경은 우리에게 말합니다. "그가 찔림은 우리의 허물 때문이요 그가 상함은 우리의 죄악 때문이라 그가 징계를 받으므로 우리는 평화를 누리고 그가 채찍에 맞으므로 우리는 나음을 받았도다 우리는 다 양 같아서 그릇 행하여 각기 제 길로 갔거늘 여호와께서는 우리 모두의 죄악을 그에게 담당시키셨도다"(사 53:5-6).

우리가 어떻게 그리스도를 십자가에 못박은 이 세상의 피 묻은 손과 화해의 악수를 할 수 있겠습니까? 우리가 어떻게 존귀하신 구원의 주님의 얼굴에 침 뱉은 이 세상의 입에 입맞출 수 있다는 말입니까? 그분을 십자가에 못박아 죽이기까지 미워한 이 세상의 가슴에 우리가 어떻게 안길 수 있겠습니까? 우리는 그럴 수 없습니다. 그렇게 살아서는 안 되는 사람들입니다.

세상아, 네가 나를 버리려느냐?

제가 존경하는 설교자 요한네스 크리소스토무스(Johannes Chrysostomus)는 주후 4세기 중엽에 태어나 5세기 초까지 살았던 사람입니다. 그는 386년에 자신이 태어난 안디옥에서 사제로 임명되었으며 이후 12년 동안 수석 설교자로 활약하였습니다.

그가 안디옥에서 대중의 인기를 한 몸에 받으며 봉사하고 있을 때 제국의 중심지 콘스탄티노플의 대주교가 사망하였습니다. 바로 397년의 일이었습니다. 이때부터 동방기독교 세계의 노른자위를 차지하기 위한 치열한 쟁탈전이 벌어졌습니다.

크리소스토무스는 그러한 자리를 탐하지 않았습니다. 그러나 콘스탄티노플의 귀족들은 그의 명성 자자한 설교를 자신들이 들어야 한다고 생각하였습니다. 그리하여 거의 납치하다시피 그를 콘스탄티노플로 데려갔습니다. 진정한 하나님의 사람 크리소스토무스는 부패와 향락의 물결에 잠긴 그 도시에서도 정직하고 금욕적인 생활과 능력 있는 설교로 감화를 끼쳤습니다.

한편으로 세상을 사랑하지 아니하는 그의 강직함과 순결한 정신과 삶은 타락한 특권층의 미움을 샀습니다. 세상을 사랑하며 살아가는 사람들에게는 하나님만을 사랑하며 살아가는 이 설교자의 삶이 거치는 돌이 되었기 때문입니다. 결국 그는 부패한 성직자와 황후 에우독시아(Eudoxia)의 권모술수로 박해를 받다가 본도(폰투스)의 뜨거운 태양볕 아래서 순교의 길을 갔습니다.

세상을 사랑하며 살아가지 않는다는 이유 때문에 황후를 비롯하여 귀족들과 성직자들의 핍박을 받을 때 그는 이런 유명한 말을 남겼습니다. "세상아, 네가 정녕 나를 버리려느냐? 나도 너를 버리노라."

여러분의 자랑은 무엇입니까?

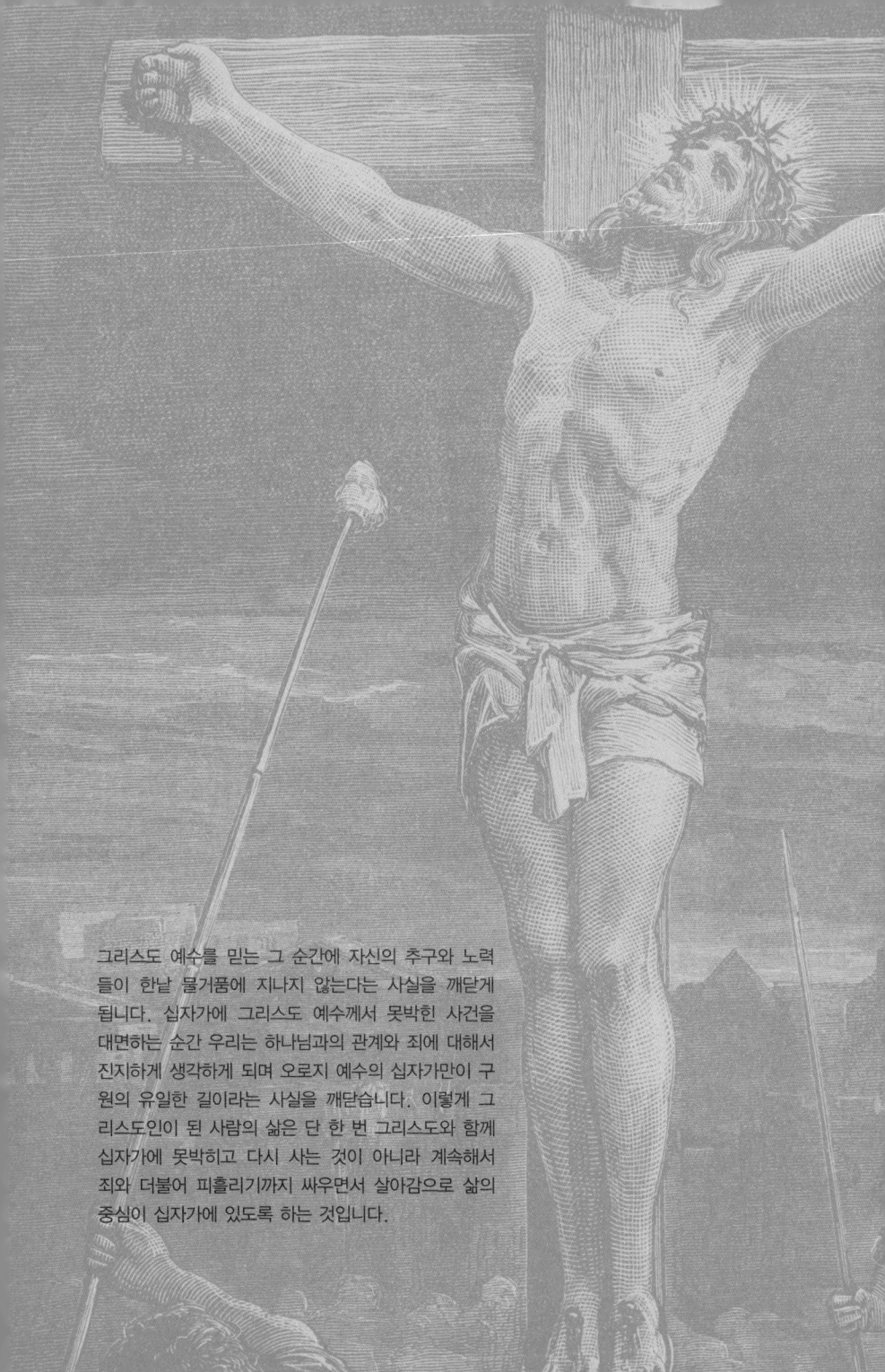

그리스도 예수를 믿는 그 순간에 자신의 추구와 노력들이 한낱 물거품에 지나지 않는다는 사실을 깨닫게 됩니다. 십자가에 그리스도 예수께서 못박힌 사건을 대면하는 순간 우리는 하나님과의 관계와 죄에 대해서 진지하게 생각하게 되며 오로지 예수의 십자가만이 구원의 유일한 길이라는 사실을 깨닫습니다. 이렇게 그리스도인이 된 사람의 삶은 단 한 번 그리스도와 함께 십자가에 못박히고 다시 사는 것이 아니라 계속해서 죄와 더불어 피흘리기까지 싸우면서 살아감으로 삶의 중심이 십자가에 있도록 하는 것입니다.

제6장

십자가와
거룩한 삶

"내가 그리스도와 함께 십자가에 못박혔나니
그런즉 이제는 내가 사는 것이 아니요
오직 내 안에 그리스도께서 사시는 것이라
이제 내가 육체 가운데 사는 것은
나를 사랑하사 나를 위하여 자기 자신을 버리신
하나님의 아들을 믿는 믿음 안에서 사는 것이라"

갈 2:20

왜 사십니까?

어느 날 택시를 타고 가다가 운전 기사에게 말을 건넸습니다. 제가 물었습니다. "기사님, 왜 사십니까?" 제가 건네 주는 껌 한 개를 까서 씹으면서 그는 대답 대신 긴 한숨을 먼저 내뿜었습니다. 그러고는 한참 생각하다가 이렇게 중얼거렸습니다. "자식 새끼들 때문에 살지요……."

왜 사나건
웃지요.

'남으로 창을 내겠소'라는 시에 나오는 한 소절입니다. 시인이 왜 사느냐고 질문을 받았을 때 그냥 웃겠다고 대답한 이유는 무엇입니까? 자기도 삶의 진정한 의미를 모르기 때문이 아니겠습니까? 자신도 모르니까 웃음으로 답을 대신할 수밖에 없다는 것입니다.

이것은 철학적인 달관의 결과가 아닙니다. 살면서도 삶의 진정한 의미를 알지 못하는 것이 성경이 지적하고 있는 인생의 참모습입니다.

이제는 누구도 우리에게 이런 식으로 질문하는 사람이 없는 가운데 살아가고 있습니다. 말하자면 이 세상을 살아가는 사람들에게 있어서 가장 원초적이어야 할, 답을 얻지 못하면 미쳐 죽어 버릴 것 같은 질문이 이제는 금기시되고 있는 것입니다. 누구도 감히 서로를 향하여 이렇게 묻는 사람이 없습니다. 그리고 그것은 철학자들끼리나 주고받는 이야기들로 이해되고 있습니다.

아름다운 고백

사도는 갈라디아서 2장에서 모든 그리스도인의 마음에서 잊혀질 수 없는 고백을 남기고 있습니다. "내가 그리스도와 함께 십자가에 못박혔나니 그런즉 이제는 내가 사는 것이 아니요 오직 내 안에 그리스도께서 사시는 것이라."

우리는 먼저 이 불후의 아름다운 고백이 어떻게 해서 여기에 실리게 되었는지 문맥을 주목할 필요가 있습니다.

베드로가 안디옥에 가서 이방인들과 함께 식사를 하고 있었습니다. 그 때 할례받은 유대인들이 식사하는 곳으로 다가왔습니다. 그러자 베드로는 흠칫 놀라면서 그들과 함께 식사하지 않은 것처럼 외식하였습니다. 많은 유대 그리스도인들이 여기에 걸려 넘어졌습니다.

그래서 바울은 베드로를 공개적으로 책망하였습니다. 유대주의의 규례에 젖어서 무심코 한 베드로의 행동이 베드로를 바라보던 많은 그리스도인들에게 신앙적인 혼란을 불러일으켰기 때문이었습니다. 즉 그들이 그리스도 예수께서 십자가를 통해 이루신 구속을 믿음으로 받아들이는 것 외에 자신들의 구원을 위하여 또 다른 율법을 행하여야 한다는 암시를 받게 되었다는 것입니다.

이 사건을 통해서 유대인으로서 그리스도인이 된 사람들은 다시 율법을 지켜야 한다는 생각을 하게 되었고, 이방인으로서 그리스도인이 된 사람들은 자신들도 그 율법을 지키기 위해 할례를 받고 유대인이 되어야 한다는 생각까지 하게 되었습니다. 이러한 생각은 바로 바울이 갈라디아서에서 다루고 있는 이단들의 주장과 똑같은 것이었습니다.

그래서 사도 바울은 우리의 구원이 어디서 나느냐고 다시금 묻습니다. 이것은 자신과 그들로 하여금 이 문제에 있어서 그리스도께로 가까이 다가가게 하기 위한 것이었습니다.

그는 반문합니다. "만일 우리가 그리스도 안에서 의롭게 되려 하다가 죄인으로 드러나면 그리스도께서 죄를 짓게 하는 자냐 결코 그럴 수 없느니라"(갈 2:17).

그는 우리의 구원이, 우리의 의가 율법의 행위에서 나는 것이 아님을 다시 한 번 못박습니다. "우리는 본래 유대인이요 이방 죄인이 아니로되 사람이 의롭게 되는 것은 율법의 행위로 말미암음이 아니요 오직 예수 그리스도를 믿음으로 말미암는 줄 알므로 우리도 그리스도 예수를 믿나니 이는 우리가 율법의 행위로써가 아니고 그리스도를 믿음으로써 의롭다 함을 얻으려 함이라 율법의 행위로써는 의롭다 함을 얻을 육체가 없느니라"(갈 2:15 – 16).

사도의 아름다운 고백은 우리에게 그리스도의 십자가로 말미암아 구원받은 우리들이 그 십자가와 어떤 관계 속에서 어떻게 살아가야 할지를 그림처럼 보여 주고 있습니다. 본장에서는 이 문제를 다루어 보고자 합니다.

왜 구원하셨나?

예수 그리스도를 십자가에 못박으사 믿음으로 말미암아 우리를 구원해 주신 것이 하나님의 은혜였다는 사실을 우리는 압니다. 그렇습니다. 우리가 그리스도를 믿는 것이 하나님께는 또한 기쁨이 되었습니다.

예수 그리스도께서 십자가에 못박혀 죽으신 그 형벌이 우리의 죄에 대한 대가로 하나님에 의하여 받아들여졌습니다. 그 토대 위에서 하나님은 믿는 우리를 용서하도록 작정하셨습니다.

무엇 때문에 하나님이 그리스도께서 이루신 토대 위에서 우리를 사해 주시기로 작정하셨습니까? 성경은 우리에게 말합니다. "하나님이 세상을 이처럼 사랑하사 독생자를 주셨으니 이는 그를 믿는 자마다 멸망하지 않고 영생을 얻게 하려 하심이라"(요 3:16).

이 시간에 우리가 생각해야 할 것이 있습니다. 하나님께서 그 놀라운 구원의 은혜를 받은 사람들이 어떻게 살아가기 원하실까 하는 것입니다. 그리고 우리 앞에 놓여 있는 그리스도인의 삶이 어떠한 성격의 것인지를 깨달을 필요가 있습니다.

사도가 이 아름다운 고백을 하는 가운데 우리에게 두 가지 사실을 말해 주고 있습니다.

못박힌 나

첫째로 "내가 그리스도와 함께 십자가에 못박혔나니"라고 하면서 '나'에 대해서 말해 주고 있습니다.

사도가 그리스도와 함께 못박혔다고 주장하는 '나'는 누구일까요? 사도가 말하는 '나'는 이 세상에서 율법의 요구를 좇아 자기의 구원을 이루어 보려고 애쓰던 자아를 가리킵니다.

그러한 자기가 그리스도 예수께서 십자가에 못박히신 사건을 받아들이는 그 순간 못박혀 버리게 되었던 것입니다. 그는 다른 유대인들과 마찬가지로 자신의 구원의 문제를 가지고 고민했습니다. 그가 율법의 의로는 흠이 없고 열심에 있어서 교회를 핍박하는 열성적인 유대교주의자가 된 것도 바로 그 길이 구원의 길이라고 믿었기 때문입니다.

우리는 바울과 같이 율법 아래서 살아 본 적이 없기 때문에 율법을 따라서 구원을 얻으려고 애쓰는 삶이 무엇인지 잘 알지 못합니다. 그러나 분명한 사실 하나는 우리가 그리스도 예수를 모를 때에도 이 세상을 살아가면서 자신의 인생을 행복하게 하기 위하여 열심히 노력하던 사람들이었다는 사실은 분명합니다.

그리고 이 세상을 살아가면서 누군가가 혹은 어떤 사건이, 때로는 어떤 환경이 자기를 불행하게 한다고 생각될 때, 우리는 우리 자신의 행복을 지키기 위해서 생명을 거는 일을 서슴지 않았던 사람들입니다.

물론 좀더 생각이 있고 학식이 있는 사람들은 먹고 입는 것만으로 자신의 고통의 문제를 궁극적으로 해결할 수 없다는 사실을 알기 때문에 자신을 의탁할 수 있는 사상을 찾기도 합니다. 그래서 철학을 구하기도 하고 종교에 귀의하기도 합니다.

또 어떤 사람들은 그러한 복잡한 문제를 아예 외면하기 위해서 더 열심히 세상적인 일에 몰두하거나 쾌락적인 일에 자신을 내어 던지기도 합니다. 이 모든 인생의 몸부림은 자신을 어떻게 하면, 죄로 말미암아 허무하게 되어 버린 인생의 문제로부터 자기를 건질 수 있을까 하는 영혼의 몸부림으로 이해해야 하는 것입니다. 하나님이 아니면 채워질 수 없는 영혼의 빈 잔이 그리스도 예수의 십자가 사건을 통해 새로운 해결을 보게 되었습니다.

십자가를 깨닫고

그러나 그리스도 예수의 십자가의 의미를 깨닫게 되는 순간 이러한 자신의 노력이 아무 쓸모없다는 사실을 깨닫게 됩니다. 그리하여 왜곡된 방법으로 자신을 구원하려고 애쓰던 모든 노력을 포기하고 세상적인 방법으로 영원의 문제를 도피해 보려고 하던 그릇된 생각들을 그만두게 됩니다.

그리스도 예수를 믿는 그 순간에 자신의 추구와 노력들이 한낱 물거품에 지나지 않는다는 사실을 깨닫게 됩니다. 십자가에 그리스도 예수께서 못박힌 사건을 대면하는 순간 우리는 하나님과 우리 사이에 놓여 있는 관계에 대하여 생각하게 됩니다.

우리가 죄에 대해서 진지하게 생각하게 되는 것도 바로 이때입니다. 그리고 그리스도께서 우리를 위하여 십자가에 못박히신 사건을 깊이 체험하며 오로지 그리스도 예수의 십자가만이 구원의 유일한 길이라는 사실을 깨닫습니다. 하나님께서 그 십자가를 통하여 우리로 하여금 하나님의 백성답게 살아갈 수 있는 능력을 공급해 주신다는 사실도 깨닫게 됩니다.

사도가 말하고자 하는 요점도 바로 그것입니다.

사도는 그리스도 예수의 십자가의 참된 의미를 깨닫게 되는 순간, 스스로의 노력으로 자기를 구원해 보려는 모든 시도들이 아무것도 아니었다는 사실을 알게 되어서 그것들을 그만두게 되었습니다.

열심을 품고 행하던 옛날의 그 일들이 십자가의 의미를 발견하게 되자 그 의미를 잃어버리게 되었습니다. 더 이상 그런 일들을 하며 살 수 없게 되었습니다.

뿐만 아니라 예전에 자랑하던 육체에 속한 수많은 자랑거리들이 그리스도의 십자가의 진정한 의미를 깨닫는 순간 아무것도 아니라는 사실을 깨닫게 되었습니다. 왜냐하면 오직 그를 구원한 것은 그리스도의 십자가뿐이었기 때문입니다.

그리스도 예수 안에 있는 생명을 십자가 안에서 발견하게 되자 그가 이전에 자랑하던 것들이 시체 위에 발라 놓은 화장품 같은 것이 되어 버리고 말았습니다. 이제는 더 이상 그런 것들을 위해 살 생각이 들지 않게 되었습니다. 이제 그런 것과는 관계 없는 사람이 되어 버리고 말았습니다. 이것이 바로 '내가 그리스도와 함께 십자가에 못박혔나니' 라는 말의 의미입니다.

그러므로 우리는 우리에게도 일어난 이 같은 사실을 확인해야 합니다. 그리스도의 십자가의 의미를 아는 지식에서 자라가는 것이야말로 우리의 영적인 삶이 풍성해지는 비결입니다.

여러분들은 어떤 의미에서 모두 성자들과 방불한 마음으로 하나님의 진리의 도가 과연 그러한지를 생각하고 우리의 인생의 수많은 질문에 대해서 성경은 무엇이라고 말하는지 진지하게 생각해야 합니다. 그러나 너무나 많은 사람들이 생각하려고 들지를 않습니다.

우리가 무엇을 믿고 무엇을 붙들고 어떻게 사는 것이 하나님께 기쁨이 되는지를 되새겨 보려고 애쓰지 않는다는 것입니다. 아무리 유능한 군인이라고 할지라도 어둠 속에서 자기의 전투 능력을 다 발휘할 수 있는 사람은 없습니다. 사단은 수시로 우리를 영적인 어둠과 무지로 데려가려고 합니다.

십자가와 영적 삶

둘째로 "내가 사는 것이 아니요 오직 내 안에 그리스도께서 사시는 것이라"라고 한 말은 변화된 영적인 삶의 본질을 말해 줍니다. 쉽게 말하면 사도 바울이 그리스도와 함께 십자가에 못박혔는데 그런 삶이 이루어지고 나서는 하나님께로부터 주어진 하나의 축복을 경험하게 되었습니다.

죄 사함과 함께 주어진 것이었습니다. 죄 사함뿐만 아니라 그리스도가 그 안에 들어와 사시게 된 것입니다. 이것은 바로 그리스도인의 신비입니다. 자신이 그리스도와 함께 십자가에 못박힌 경험을 갖자마자 곧 자신 안에 그리스도께서 살아 계신 것을 경험하게 되었던 것입니다.

이제 그의 삶은 자신 혼자만의 삶이 아니었습니다. 지금까지는 혼자 살아왔으나 이제는 혼자 사는 것이 아니라 그리스도와 함께 살아가는 것이었습니다. 자기의 인생을 주장하고 움직이는 원동력이 지금까지는 자신이었으나 이제는 자기는 십자가에 못박혔고 그리스도께서 자기를 위하여 행하시는 것을 경험하게 되었습니다.

십자가는 그것을 믿는 사람들에게 단지 죄 용서만을 가져다준 것이 아니었습니다. 죄를 이기며 살아갈 수 있는 실제적인 능력을 덧입혀 주었습니다.

그러므로 거듭나기만 하면 우리 안에 성령이 오십니다. 우리 안에 계심으로써 영적인 본성을 거듭나게 하시고 인격적으로 우리 안에 계셔서 당신이 느끼시는 바를 우리도 느끼게 하십니다. 우리가 그리스도인으로서 하나님이 기뻐하시는 삶을 살면 내 안에서 그리스도께서 기뻐하시는 것이 느껴집니다.

내 영혼이 그러한 기쁨을 느끼기 때문에 내 삶이 또한 기쁨과 확신에 넘칠 수 있습니다. 뿐만 아니라 우리가 하나님이 기뻐하시지 않는 일을 생각하거나 행할 때 우리는 우리 안에 계신 그리스도께서 탄식하시고 슬퍼하시는 것을 느끼게 됩니다.

내 영혼이 내 안에 계신 그분의 상심함과 슬픔을 느끼기 때문에 삶의 진정한 기쁨과 확신이 사라지고 침체에 빠져들게 되는 것입니다. 이처럼 그리스도와 우리는 하나가 된 삶을 살아가게 되는 것입니다.

결국 그리스도 예수께서 우리를 위하여 십자가에 못박혀 죽으신 것이 얼마나 커다란 영적인 비밀을 창출했는가 하는 것을 알 수 있습니다. 그리스도의 십자가는 단지 우리의 죄를 한 번 용서해 주는 데서 그치지 않았습니다.

그리스도의 십자가는 우리를 단번에 영원히 용서받게 해주었을 뿐 아니라 나아가서 그분의 십자가의 죽으심을 믿는 우리 안에 그리스도가 들어오셔서 살아 계시는 신비한 연합의 영적 삶을 새롭게 시작할 수 있게 하였습니다.

이것이 바로 이미 구원받은 그리스도인들이 십자가의 도에 대하여 진지하게 상고하지 않으면 안 되는 또 하나의 이유입니다.

공급하는 십자가

그리스도의 십자가는 타락과 죄로 말미암아 인간이 하나님께로부터 받았으나 잃어버렸던 삶의 목적과 의미를 새롭게 회복시켜 주었을 뿐 아니라, 실제로 죄 많은 세상에서 그러한 하나님의 구원 계획을 성취하며 살아가는 구체적인 힘들을 공급해 주었습니다.

그러나 육체의 욕심을 따라 옛사람의 습관대로 살려고 하는 경향성은 죄악된 성격을 띠고 있고 이러한 삶은 필연적으로 그리스도께 사로잡힌 삶을 살지 못하게 하는 요인이 됩니다.

하나님께서는 아담을 창조하시고 그에게 생육하고 번성하며 온 땅을 정복하고 다스리도록 권세를 주셨습니다. 첫 아담은 실패했으나, 우리의 구속을 위하여 자기를 버리신 두 번째 아담이신 그리스도 예수를 통하여 우리는 이전의 아담이 했던 것과는 전혀 다른 방법으로 세상을 다스려 가는 방법을 배웁니다.

세상은 자기의 욕심을 따라 타락했으나 우리가 거듭나고 그리스도의 십자가로 말미암아 우리 안에 그분께서 충분히 살아 계시도록 우리 자신을 내어 드릴 때 우리는 세상의 지배를 받는 대신 그리스도 예수의 다스림을 받는 사람으로 살아갈 수 있습니다.

하나님만이 우리와 함께하기를 원하고 그분과 동행하는 삶을 살고 싶어하는 것입니다.

옛사람을 지배하던 옛 주인에게 복종하는 대신 십자가로 말미암아 우리 안에 들어와 계신 그리스도에게 순종하며 살고 싶어하는 것입니다. 거기서 기쁨을 느끼고 거기서 그리스도인의 삶의 위대한 비밀을, 개척 정신을 가지고 배워 나갑니다.

성경에 기록된 그리스도인의 삶의 감추어진 비밀들을 체험을 통해 알게 됩니다. 전에는 희미하던 것들이 이제는 깨닫고 경험함으로 더욱 분명하게 드러나고 그것을 통하여 진정한 하나님의 계획과 뜻을 알게 됩니다.

종식된 지배력

물론 그리스도인들도 유혹받습니다. 마귀의 도전도 마주하게 됩니다. 때로는 범죄할 수도 있고 넘어질 수도 있습니다. 그러나 이제 그리스도와 함께 십자가에 못박히고 나면 더 이상 사단의 세력은 나의 삶의 지배적인 세력이 될 수 없습니다. 죄 가운데 있는 동안에도 성령의 슬퍼하심을 느끼게 됩니다.

그리고 거룩한 삶을 살지 못하고 있는 현실에 대한 갈등은 고통으로 존재합니다. 그런 의미에서 사단의 세력은 여전히 그리스도인의 삶에 영향을 주지만, 이제 더 이상 그리스도인의 삶 속에서 지배적인 세력이 될 수 없습니다.

그리스도와 함께 십자가에 못박혀 구원받은 사람들에 의하여 복음이 전해집니다. 그리고 그렇게 전해진 복음을 통해서 또 다른 사람들이 구원을 경험하게 되고 그 모든 사람들은 거대한 지체가 되어 이 땅이 하나님의 나라로 회복되어 가기를 갈망하며 살아가는 것입니다.

하나님의 나라의 특징은 하나님의 뜻이 이루어지는 것입니다. 그리고 하나님의 통치가 환영받는 곳입니다. 하나님께서 이 세상을 창조하실 때 가지셨던 그 창조의 목적으로 이 세상이, 우리의 인생이 돌아가도록 만들어 주시는 것입니다. 십자가를 통하여 이 일을 하시는 것입니다.

아프리카 밀림에서 사자를 불러도 사람을 물지 않고 고분고분 걸어 나와 친구가 되는 일은 재현되지 않지만, 포악한 죄인들이 하나님의 복음을 듣고 십자가 그늘 아래서 회개하며 하나님께 순종하며 살아가는 이 세상에서의 하나님의 나라의 실현은 우리를 통하여 이루어지는 것입니다. 이것이 바로 십자가의 그늘 아래서 살아가는 사람들이 땅을 정복하며 살아가는 방법입니다.

삶의 목적을 회복시키는 십자가

그러므로 하나님께서는, 비록 이 세상은 여전히 타락한 가운데 있지만 우리를 바라보시면서 세상의 회복을 위한 하나님의 거룩한 계획을 실행에 옮기시는 것입니다.

우리는 이렇게 그리스도의 십자가를 알고 그분의 죽으심과 부활에 연합된 삶을 살아감으로써만 타락 이전에 하나님께서 우리에게 주셨던 인생의 진정한 목적으로 돌아가게 되는 것입니다. 그리고 그것은 하나님께 기쁨이고 우리에게도 인생의 참된 의미에 대한 진정한 발견입니다.

그리스도인들은 이렇게 살 수밖에 없는 사람들입니다. 그들은 모두 왜 사는지에 대한 이유를 분명히 알고 또 무엇을 소망하면서 고통스러운 세상에서 신앙을 지키며 살아가는지 말할 수 있는 사람들이어야 합니다. 그리스도인들이 이러한 고백이 없다면 그리스도인으로서의 정체성을 유지하며 살아간다는 것은 불가능한 일입니다.

그래서 사도 베드로는 이렇게 말합니다. "또 너희가 열심으로 선을 행하면 누가 너희를 해하리요 그러나 의를 위하여 고난을 받으면 복 있는 자니 그들이 두려워하는 것을 두려워하지 말며 근심하지 말고 너희 마음에 그리스도를 주로 삼아 거룩하게 하고 너희 속에 있는 소망에 관한 이유를 묻는 자에게는 대답할 것을 항상 준비하되 온유와 두려움으로 하고"(벧전 3:13-15).

그리스도를 모르는 사람들은 자기가 왜 사는지 답할 수 없는 사람들입니다. 십자가를 통해서만 인생의 진정한 목적이 발견되기 때문입니다. 이 평범한 질문에 대한 의미 없는 대답들의 역사가 바로 인간의 사상의 역사가 아니겠습니까? 얼마나 허무합니까? 교만한 지식도 죽음의 위협 앞에 자신을 지키지 못하고, 세상에 자랑하던 그 뛰어난 사색도 사람들 앞에서 진정한 생의 의미를 따라 살지 못하게 합니다.

예수 그리스도와 함께 십자가에 못박히고 다시 살아나게 되자 사도는 삶의 진정한 의미를 깨닫게 되었습니다. 그리고 그의 생의 목표는 너무나 분명한 것이었습니다. 그것은 새롭게 만들어 낸 것이 아니라 하나님께서 이미 아담과 하와 안에서 주신 목표의 회복이었습니다.

그 나라와 의를 위하여

만약 누군가가 여러분들을 향해 왜 사느냐고 묻는다면 무엇이라고 말할 수 있겠습니까? 이렇게 말씀하시겠습니까? "우리는 그의 나라와 의를 위하여 사노라." 우리가 비록 그러한 답변에 어울리는 삶을 살지 못한다고 할지라도 정직해지기만 한다면 그렇게 대답하는 것 외에 다른 길이 없다는 사실을 깨닫게 될 것입니다.

그리스도의 십자가의 의미를 아는 사람이라면 왜 사느냐는 질문에 대하여 그리스도의 십자가를 모르는 사람들의 장난기 섞인 대답을 어떻게 거침없이 내놓을 수 있겠습니까?

우리는 이렇게 답하면서 단지 양심의 가책으로 일관하는 삶을 살아서는 안 될 것입니다. 끊임없이 그리스도께서 우리를 구속하신 그 위대한 구원의 계획이 단지 나의 영혼으로 하여금 지옥의 심판을 피하게 하시려는 데 목적이 있는 것이 아님을 상기한다면 우리는 삶의 진정한 의미를 십자가 앞에서 물을 때마다 우리가 어떻게 살아가야 할 존재인지를 깨닫게 될 것입니다.

구원은 값없이 은혜로 거저 주어졌지만 그러나 하나님의 거룩한 구원은 위대한 목적을 가지고 있습니다. 그리고 우리가 구원받았다고 할지라도 이러한 위대한 목적에 부합하는 인생을 살아가지 아니한다면 평탄한 길을 걸어간다 할지라도 그것은 결코 우리에게 행복한 것이 될 수 없습니다.

만약 그리스도께서 십자가로 자신을 구원하신 그 놀라운 은혜의 구원을 믿으면서도 여전히 구원받지 못한 자의 삶을 갈등 없이 지속적으로 살아갈 수 있다면 그는 삶으로써 자신의 회심이 참된 것이 아님을 입증하는 것입니다.

우리가 사는 것은 하나님의 나라와 그 의를 위하여 사는 것입니다. 그리스도께서 우리를 위해 사셨으니 이제 우리는 우리의 것이 아닙니다. 우리가 이렇게 고백할 때 우리는 가슴이 뜨거워지는 경험을 하여야 합니다. 그리고 실제로 이러한 삶을 사모하며 살아가는 사람들은 이 고백이 가지고 있는 위대한 힘을 경험하게 될 것입니다.

당신의 비문은 무엇입니까?

인생을 모두 마치는 마지막에 여러분의 비문을 어떻게 써 달라고 요구하시겠습니까? 비록 실패도 있었고 좌절도 있었으며 고통 가운데 방황한 적도 있었지만, 그럼에도 불구하고 우리는 이렇게 말할 수 있어야 하지 않겠습니까? 최소한 이렇게 요구할 수 있어야 하지 않겠습니까? "그럼에도 불구하고 언제나 그리스도와 그의 나라를 위하여 살고 싶어하던 사람 여기에 잠들다."

이것이 바로 우리의 소망에 관한 분명한 이유입니다. 그리스도의 십자가는 단지 이 세상만을 소망하던 어리석은 인간들로 하여금 그 인생의 지평을 영원의 세계로 향하여서까지 열어 줍니다. 이 세상이 영원과 영원 틈바구니 사이에 있는 잠시 동안의 존재라는 사실을 깨닫게 되는 것도 바로 십자가를 통해서입니다.

우리의 소망은 이 세상에 없습니다. 이 세상에 있는 것들이 우리의 소망이 되는 것은 그것이 영원한 것과 관계를 갖고 있는 한에서입니다. 그리하여 우리는 무엇을 하든지 이것이 영원을 향하여 어떤 의미를 갖고 있으며 어떻게 해서 이러한 모든 수고와 인생의 행적들이 우리를 창조하신 하나님의 목적에 부합할 수 있겠는지에 대하여 집요하게 생각하게 됩니다.

기쁜 소식

이 세상은 결국 자신의 힘으로 스스로를 구원할 수 없습니다. 우리는 그 사실을 압니다. 그리하여 우리는 이 죄 많은 세상에서, 예수 그리스도께서 오셔서 이렇게 우리의 죄를 구속하시고 우리에게 완전한 자유와 기쁨을 그리고 완전한 목적에로 우리와 세상을 돌려 놓기 원하시는 하나님의 궁극적인 계획이 있으며, 누구든지 그리스도의 십자가 앞에 나와서 믿기만 하면 거기로 초대하신다는 사실을 알기 때문에 복음을 전하는 것입니다.

이것이 바로 기쁜 소식입니다. 그리고 그리스도와 함께 십자가에 못박힌 사람들의 삶은 필연적으로 자신의 말과 온 삶으로 이 기쁜 소식을 전파하여 세상을 하나님의 나라로 회복시키는 일과 떼어놓을 수 없습니다. 이 일을 위하여 살아 있고 또 이 일을 위하여 죽을 준비를 하는 사람이 바로 진정한 의미의 그리스도인인 것입니다.

그러므로 그리스도 예수 안에 있는 사람 이외에는 누구도 인생의 참된 의미를 알 수도 없고 깨달을 수도 없습니다. 그들이 깨달았다고 생각하는 천박하고 독특한 인생에 대한 견해는 모두 각자에게 알맞는 환각제와 같은 것입니다. 사람은 그렇게 살다가 가서는 안 되는 존재입니다.

문제는 현실

그런데 문제는 현실입니다. 모든 그리스도인들이 바울과 같이 살고 있는 것은 아닙니다. 우선 그리스도에 대한 체험의 깊이가 동일하지 않은 것 같습니다. 그렇다고 해서 바울과 같은 수준의 십자가 체험이 아니면 구원받은 것이 아니라고 말하는 것은 좀 어려운 것입니다. 너무나 많은 그리스도인들이 체험의 깊이와 정도는 다르지만 그리스도의 십자가 앞에 회개하고 거듭남을 경험했다고 고백합니다. 그런데 너무나 많은 사람들이 그리스도와 함께 십자가에 못박혔나니 그런즉 이제는 내가 사는 것이 아니요 그리스도께서 사시는 것이라는 신앙의 고백을 이해하지 못한 채 살아가고 있습니다.

자신이 구원받았다는 사실을 확신하면서도 여전히 영원의 가치보다는 잠시 있다 사라질 세상을 더욱 사랑합니다. 여전히 무지 가운데 있으며 무엇이 올바른 것인지 알지 못하고 또한 알았다고 하더라도 그렇게 살아갈 결심을 하지 못합니다. 결심해도 실천에 옮길 힘이 없다는 사실을 발견하게 됩니다.

그리스도인이 되고 나면 의심이 없습니까? 그렇지 않습니다. 믿음의 지배를 받으면서도 의심이 공존할 수 있습니다. 그리스도의 십자가를 믿으면서도 여전히 세상 사랑의 유혹을 받는 것이 그리스도인임을 성경은 밝히 말하고 있습니다.

그러면 이 문제에 대해서 우리는 어떻게 생각해야 합니까? 많은 그리스도인들은 여전히 그리스도인다운 삶을 살아가지 못하고 있는데 그들이 단지 예수 그리스도께서 나를 위하여 십자가에 죽으셨다고 입술로 고백하는 것으로써 믿음과 실제적인 삶의 괴리가 메워질 수 있겠습니까?

이것이 바로 오늘날 그리스도인들이 직면하고 있는 현실적인 문제입니다. 저는 이 문제에 대한 분명한 견해를 갖지 못하고 있기 때문에 고통받는, 그러면서도 그 고통의 원인이 무엇인지 알지 못하는 그리스도인들을 많이 만났습니다.

저는 이 문제를 두 가지 방향으로 나누어서 생각해야 한다고 말씀드리고 싶습니다. 첫째는 십자가 사건에 대한 지속적인 체험의 문제이고, 둘째는 성화와 관련된 문제입니다.

체험과 지식

먼저 이 문제는 십자가 사건, 단지 그리스도의 죽으심뿐만이 아니라 다시 사신 부활까지 포함하는 사건에 대한 현재적인 체험의 필요성을 강조하게 합니다. 그러나 저는 이 말씀을 오해를 무릅쓰며 제안하는 것입니다.

왜냐하면 그것이 비록 십자가의 진리라고 할지라도 체험에 대한 잘못된 강조는 신앙 자체를 오도할 위험이 있으며 또한 그 체험을 누리고 있는 것 자체가 성경적인 신앙을 가지고 있다고 생각할 여지가 있기 때문입니다.

실제로 부흥을 조작하려는 시도들이 유행하던 시기마다 어떤 인간의 방법이나 수단에 의하여 회심을 유도해 보려는 인위적인 조작들이 판을 쳤습니다. 눈물 흘리는 것에 대한 지나친 강조나, 울며 기도하는 것에 대한 과도한 가치 부여, 혹은 열광적 찬양에 대한 지나친 기대 같은 것들이 바로 그것입니다.

이런 경우 체험을 소유한 사람들은 그 체험 때문에 자신들이 진리 한가운데 있거나 참된 신앙을 누리고 있는 것처럼 생각하는 경우가 많았습니다. 죄에 대해 각성하며 번민하는 것 자체에 과도하게 가치를 부여하여 그것이 곧 거듭남의 표증인 것처럼 오해함으로 사실상의 불신자를 성찬에 참석하게 하는 일들도 바로 이러한 잘못된 체험 중시 신앙에서 초래되었던 것입니다.

그러나 우리는 한 가지 위험 때문에 또 다른 극단으로 치달아 성경의 많은 증거들을 하찮게 다루는 오류에서도 벗어나야 합니다. 사도 바울의 서신서와 사도행전을 세밀하게 살펴볼 때 우리가 부인할 수 없이 직면하게 되는 한 가지 사실이 있습니다. 그것은 사도 안에서 계속해서 유지되고 있는 십자가와 부활에 대한 감격입니다.

더욱이 이 같은 사실은 다른 사도들과 초대 교회 그리스도인들에게서도 찾아볼 수 있습니다. 그들이 그리스도께서 십자가에 못박히신 사건과 부활의 사실을 기록할 때 현재완료 동사를 즐겨 사용하였던 것은 결코 우연이 아닙니다. 갈라디아서 6장 14절의 '십자가에 못박히고'에 해당하는 헬라어 에스타우로타이(ἐσταύρωται)나 고린도전서 15장 4절의 '다시 살아나사'에 해

당하는 헬라어 에게게르타이(ἐγήγερται)나 모두 현재완료 시제입니다.

마이클 그린(Michael Green)은 이 문제와 관련하여 이러한 판단을 합니다. 그들이 이런 표현을 즐긴 것은 과거에 일어난 십자가의 사건과 부활의 사실이 그들 삶에 실제적 영향을 끼치고 있다는 사실을 보도하는 것이라는 견해가 바로 그것입니다.

우리는 이 같은 의견에 전적으로 동의할 수 있습니다. 어의적으로도 타당하거니와 우리의 신앙 경험이 이것을 입증하기 때문입니다. 무엇보다도 성경이 이 같은 사실을 지지하고 있기 때문입니다.

때로는 절망했다

사도 바울이 그의 사역 과정에서 보여 준 지속적으로 유지된 십자가와 부활에 대한 감격은 일회적인 것이 아니었습니다. 그는 분명히 사역의 와중에서 소망이 끊어지고 마음에 사형 선고를 받은 줄로 생각되던 때가 있었다고 고백합니다(고후 1:8).

뿐만 아니라 뼈저린 후회와 결심 속에서 아덴 전도의 실패를 되씹으며 그리스도와 그의 십자가에 못박히신 것 외에는 아무것도 알지 아니하기로 작정하였노라고 고백하던 때도 있었습니다(고전 2:2).

그러므로 저의 판단은 이렇습니다. 사도 바울에게는 그리스도의 십자가의 의미와 그분의 부활을 깊이 깨닫는 결정적인 체험이 있었지만 그 한 번의 체험이 그를 바울 되게 한 것이 아닙니다. 그 결정적인 체험은 그 의미의 폭과 넓이를 더하면서 계속 깊어져 갔습니다. 그리고 그의 영적인 삶 속에서 더욱더 순수하고 강한 농도로 지속적으로 실제적인 사건으로 경험되었던 것입니다.

특별히 그가 인생 말년에 고백하고 있는 십자가에 대한 고백이 더욱 견고하고 감격적이라는 사실은 이러한 신념을 더욱 굳게 하고 있습니다. "미쁘다 모든 사람이 받을 만한 이 말이여 그리스도 예수께서 죄인을 구원하시려고 세상에 임하셨다 하였도다 죄인 중에 내가 괴수니라 그러나 내가 긍휼을 입은 까닭은 예수 그리스도께서 내게 먼저 일체 오래 참으심을 보이사 후에 주를 믿어 영생 얻는 자들에게 본이 되게 하려 하심이라 영원하신 왕 곧 썩지 아니하고 보이지 아니하고 홀로 하나이신 하나님께 존귀와 영광이 영원무궁하도록 있을지어다 아멘"(딤전 1:15-17).

그가 말년에 다다를수록 더욱 자신에 대한 겸비한 존재 인식을 가졌던 것도 십자가에 대한 지속적인 체험과 깊이를 더해 가는 이해와 무관하지 않다는 것입니다.

십자가가 살아 있게 하라

여기서 우리가 생각해야 할 것이 바로 그리스도의 십자가 사건이 계속해서 우리의 영적인 삶 속에서 체험되도록 해야 한다는 것입니다. 사도 바울의 경우를 생각해 보십시오. 그리스도 예수께서 십자가에 못박히신 사건은 이미 오래전에 종료되었음에도 불구하고 여전히 바울의 삶에 영향을 주고 있습니다. 그는 십자가에서 이루어진 사건이 자신의 영적인 삶 속에 지속적으로 다시 체험되는 신앙 생활을 하였던 것입니다.

그래서 조나단 에드워즈(Jonathan Edwards)는 이렇게 말했습니다.

> 성령의 증거는 단 한 번만 필요한 것이 아니라 우리의 삶 속에서 반복되어야 한다.

그렇습니다. 그리스도 예수께서 십자가에 못박혀 죽으신 사건은 성령께서 우리에게 가장 증거하기 좋아하시는 사실입니다.

우리가 진정으로 그리스도인다운 삶을 유지하기 위해서는 그 증거가 단지 한 번만으로는 충분하지 않은 것입니다. 사도 바울이 이러한 사실의 한 증거입니다. 그는 그리스도의 십자가와 부활을 깊이 체험한 경험이 결정적으로 있었지만 그러나 그의 십자가 사건에 대한 감격은 순교의 순간까지 이어졌습니다. 반복해서 그 십자가의 의미를 체험하고 자신의 정서로 그리스도의 고난을 깊이 느끼는 가운데 그러한 정신에 붙들려 살아갈 수 있었던 것입니다.

그리고 이러한 십자가와 부활의 체험이 그로 하여금 복음을 전파하지 않고서는 살아갈 수 없는 처절한 숙명에 매이게 하였던 것입니다. 그것이 바로 사도 바울 안에 있던 소명의 요체였습니다. 그의 풍부한 기독교에 대한 지식과 넘치는 헌신, 거룩한 선교적인 열정, 괄목할 만한 초인적인 사역과 희생 그리고 거룩한 인격, 그 모든 총체 한가운데는 바로 이와 같은 그리스도에 대한 체험이 있었고 그리스도에 대한 체험 한가운데는 십자가와 부활에 대한 경험이 있었던 것입니다.

그리고 이것은 바울의 삶 속에서 수시로 재연되었습니다. 이것이 바로 제가 그리스도인의 삶에 있어서 십자가 체험이 반복되어야 한다는 사실을 강조하는 이유인 것입니다.

느껴야 할 진리

언젠가 설교를 하고 강단에서 내려오고 있는데 한 지체가 저에게 이렇게 말을 건넸습니다. "전에는 하나님께서 살아 계시다는 사실을 확실히 믿었는데 이제는 믿어지지가 않습니다. 뿐만 아니라 그리스도께서 나를 위하여 십자가에 못박혀 죽으셨다는 사실로 인해서 옛날에는 많이 울었는데 요즘은 십자가 사건 자체가 믿어지지 않습니다."

여러분도 이런 식의 생각을 하실 때가 있을 것입니다. 그러나 이것은 대부분 이전의 체험이 잘못된 것이라는 증거가 아니라 지금, 예전에 체험했던 살아 계신 하나님에 대한 경험과 십자가 사건에 대한 현재적인 체험이 반복되지 못하고 있는 데 있습니다. 따라서 이것은 십자가의 도를 성령으로 말미암아 현재적으로 체험하게 되는 일들을 통하여 해결될 수 있는 문제입니다

여러분들은 모두 한때 그리스도 예수께서 십자가에 못박혀 죽으셨다는 사실 때문에 눈물 흘리기도 하였고 그 사건이 정말 놀라운 사건이라는 사실을 인식하던 때도 있었을 것입니다. 어쩌면 지금 이 책을 읽으시면서 이러한 십자가 사건을 다시 체험하고 계실 수도 있습니다. 그러나 많은 사람들은 그런 십자가와 부활의 사건을 계속적으로 자신의 영적인 삶 안에서 경험하는 일에 실패하고 있습니다.

하지만 이것은 그리스도 예수의 십자가 사건을 믿지 않거나 부인하기 때문이 아니라 계속적으로 경험하지 못하고 있기 때문에 오는 신앙과 삶의 불일치입니다.

이것은 결국 영적인 삶의 결함이라고 말할 수 있습니다. 그렇다면 왜 이러한 영적인 삶의 결함이 나타나는 것일까요? 그리스도의 십자가 사건이 왜 오늘을 살아가는 우리에게 예전과 동일한 영향을 주지 못하고 있는 것일까요?

자동 후각기

성경에 나타난 모든 진리들, 특별히 하나님의 성품에 관한 모든 지식들은 우리의 죄로 가득 찬 인성으로는 깊이 체험할 수 없습니다. 우리의 죄로 말미암아 무감각해져 있는 영적 상태로 인하여 이러한 진리들이 깊이 체험되지 않는 것입니다. 물론 이전에 알았던 지식은 유지될 수 있겠지만 그것만으로는 충분하지 않다는 것입니다.

최근 영국에서 발견된 새로운 기계가 많은 사람들의 눈길을 끌었습니다. 그것은 바로 자동 후각기였습니다. 다시 말해서 냄새를 맡아서 그 냄새가 무엇인지 분석하고 그 정도를 디지털로 표시해 주는 편리한 기계였습니다. 인간이 맡을 수 있는 냄새보다 훨씬 더 많은 2,000여 종의 다양한 냄새를 아주 미세한 정도도 포착할 수 있다고 하니 대단한 기계의 발명이 아닐 수 없습니다.

이 기계가 발명되고 나서 가장 심각하게 생계의 위협을 느낀 사람들이 있습니다. 바로 공인 위스키 감별사들입니다. 그들은 코를 가지고 먹고사는 사람들입니다. 냄새로써 그 위스키의 질을 감별하는 사람들입니다. 그런데 이 위스키 감별사들이 얼마나 자신의 코를 소중하게 관리하는지 아십니까? 그들은 자기의 코를 보험에 듭니다. 그리고 남성들이 즐겨 사용하는 스킨과 로션을 전혀 사용하지 않습니다. 그 이유는 후각을 보호하기 위해서입니다.

우리가 만약 그 사람들처럼 영적인 후각을 그렇게 소중하게 생각하고 하나님의 성품을 경험하고 십자가의 도를 현재적으로 체험하여 그 감각을 유지하는 일에 마음을 기울인다면 우리의 신앙 생활은 엄청나게 달라질 것입니다. 그래서 이러한 비밀을 알았던 청교도들은 묵상의 시간을 가졌습니다. 그리고 그것은 매우 중시되었습니다. 침묵하면서 복음 진리에 대하여 깊이 묵상하며 거기에 잠기는 것입니다.

신령한 삶에 깃든 정서

그러므로 우리는 우리의 마음이 세속적인 생각으로 인하여 긴장되어 있는 데서 해방되어 진리의 말씀을 듣거나 읽거나 묵상할 때 우리의 정신이 거기에 침잠되는 일이 필요합니다. 우리가 이러한 영적인 감각을 회복하고 우리의 정서가 하나님의 사랑에 충분히 달구어져 있을 때 이전에 당연하게 느껴졌던, 그래서 무감각하게 지나쳤던 복음 진리들에 대하여 감격하게 되고 지식에 머물던 하나님의 성품을 영혼 깊이 경험하게 되는 것입니다. 그리고 십자가 체험의 재연은 바로 그러한 경험 중의 하나입니다.

설교의 경험은 이러한 사실을 분명하게 입증해 주곤 합니다. 소리를 지르고 고함을 친다고 해서 사람들이 자신들의 죄에 대한 가책을 느끼는 것은 아닙니다. 무엇보다도 중요한 것은 그들의 마음이 하나님의 정서로 가득 차도록 만들어 주는 것입니다.

물론 그것은 하나님이 하시는 일입니다. 그러나 하나님은 방편들을 사용하십니다. 말씀과 설교자의 말씀 전하는 태도와 그가 하나님의 말씀을 전하면서 보여 주는 말씀과 합일된 정서 같은 것들이 도구가 됩니다.

모든 진리는 경험을 요구함

요점은 이것입니다. 우리가 진정한 그리스도인의 삶을 살아가기 위해서는 십자가에 대한 반복적인 체험이 필요하다는 것입니다. 그리고 이러한 반복적인 체험은 모든 성경 진리에 대하여 동일하게 적용되어야 합니다.

하나님이 거룩하시다는 사실을 단 한 번 느끼는 것만으로는 충분하지 않습니다. 그것만으로는 시종일관 거룩한 삶을 살아가게 할 수 없다는 것입니다. 언제나 이런 식으로 반복적으로 경험해야 합니다. 그리고 이것은 우리로 하여금 우리를 구원하신 하나님의 구원 계획에 부합하는 삶을 살게 하는 원동력이 되는 것입니다.

이런 모든 일들은 정서의 움직임 없이는 불가능한 것입니다. 신앙의 중심 자리에는 반드시 정서가 있습니다. 지식이 없는 정서도 위험하지만 정서가 없는 지식도 동일하게 위험합니다. 우리가 무엇인가를 결단하고 행동에 옮길 때 그것은 지식과 정서의 연합의 결과입니다.

그러므로 올바른 신앙 생활을 위하여는 복음에 대한 정확한 지식과 그 복음을 현재적으로 체험하는 일들이 반복되어야 합니다. 또한 이 십자가 체험을 통해 우리의 삶 속에서 거룩한 생활이 나타나기 위해서는 그러한 감격들이 지향하여야 할 삶에 대한 지식과 성령의 요구에 대하여 눈뜨지 아니하면 안 됩니다.

오늘날 조국 교회에 유행하고 있는 신앙 생활을 보십시오. 구원받은 다음에 사람들은 어떻게 살아야 할지 모릅니다. 그래도 처음 구원을 경험하였을 때에는 감격이라도 있었는데 시간이 흐르면서 영적인 삶은 각박해지고 그러한 십자가의 체험과 구원의 사건을 다시 느낄 수 없을 때 그들은 더욱더 불신자와 다름없는 삶을 살면서 교회 생활을 이어 갑니다.

일찌감치 세상을 변혁시킬 도전은 포기한 채 예배용 가면과 세상살이용 가면을 번갈아 썼다 벗었다 하면서 교회와 세상 사이를 오고가고 있는 모습은 분명히 우리를 구원하신 하나님의 거룩한 의도를 이해하지 못한 때문입니다.

하나님께서 은혜로 구원을 베푸셨지만 거저 주신 그 구원 안에는 하나님의 거룩한 의도가 있음을 기억하여야 합니다. 그리고 그것은 구체적인 삶으로 나타나야 합니다.

그러므로 실천적인 삶과 동떨어진 개인의 영적 체험은 아무것도 아닙니다. 역사와 단절된 교회의 영성도 거짓입니다. 이러한 모든 오류는 복음에 대한 무지에서 비롯되는 것입니다. 이제 우리는 이 문제에 대하여 본격적으로 살펴볼 때가 되었습니다.

육체 가운데

이어서 사도 바울은 이렇게 말합니다. "이제 내가 육체 가운데 사는 것은 나를 사랑하사 나를 위하여 자기 자신을 버리신 하나님의 아들을 믿는 믿음 안에서 사는 것이라"(갈 2:20).

보십시오. 그리스도께서 내 안에 살아 계십니다. 그러나 그 그리스도를 모시고 살아가는 나는 진공 상태에서 살아가는 사람이 아닙니다. 나는 '육체 가운데' 살아갑니다.

여기서 이야기하는 육체는 요한복음 1장 14절의 "말씀이 육신이 되어 우리 가운데 거하시매……"라는 말씀에서 볼 수 있는 그 육신을 가리키는 것이 아닙니다. 예수 그리스도의 죄 없는 육신을 가리키는 것이 아니라 성경에서 보편적으로 등장하고 있는 육신을 의미하는 것입니다. 성경에서 이 육신은 끊임없이 죄의 영향을 받고 있으며 죄와 떨어질 수 없고 세상의 영향과 단절될 수 없는 죄된 육체를 가리키는 것입니다. 이것이 바로 그리스도를 자기 안에 모신 그리스도인들이 실제로 살아가는 삶입니다.

우리의 대적은 하늘에만 있는 것이 아니라 우리 안에도 있습니다. 그리스도께서 우리의 죄를 용서하셨지만, 여전히 세상과 죄를 향하여 반응하려고 하는 성향이 우리 안에 있습니다.

담배 이야기

저는 세례를 받고도 몇 해 동안 담배를 끊지 못했습니다. 그러다가 실로 하나님의 은혜로 말미암아 하루에 한 갑 이상 피우던 담배를 끊게 되었습니다. 그러고는 건강도 좋아지고 은혜 생활에 더욱 깊이 들어갈 수 있었습니다.

그런데 어느 날 저 자신에게 깜짝 놀랄 일이 있었습니다. 좌석 버스를 타고 출근을 하는데 앞좌석에서 한 승객이 담배를 피우고 있었습니다. 그가 뿜어 뱉는 담배 연기가 뒤에 앉은 저에게까지 날아왔습니다. 저는 의식할 사이도 없이 몸을 앞으로 내밀며 그 연기를 깊게 들이마셨습니다. 그때는 담배를 끊은 지 무려 3년이 지났을 때였습니다.

보십시오. 이것이 우리의 육체입니다. 이렇게 옛생활로 돌아가고 싶어 하는 것입니다. 그러므로 우리는 그리스도께서 "다 이루었다."라고 십자가에서 말씀하신 그 말씀 앞에서 감격하며 자유를 누리다가, 우리가 육체 가운데 살아가는 사람이라는 사실을 깨닫게 되면서 '아직은'이라는 긴장을 느끼게 되는 것입니다.

그리스도의 구원은 완전하게 우리에게 주어졌습니다. 그러나 그 구원이 한편으로는 완성되었지만 또 한편으로는 완성을 기다리고 있습니다. 땅과 몸의 완전한 구속이 이루어질 날을 대망하며 살아가는 것입니다. 그리스도께서 십자가에서 모든 일을 이루셨음에도 불구하고 우리는 무엇인가 모자라는 것처럼 항상 하나님 앞에 나와서 간구하지 않을 수 없습니다.

몸부림으로 구원을

마치 구원을 잡으려고 몸부림치는 것처럼 그렇게 살지 않을 수 없는 것입니다. 이것이 바로 구원받은 그리스도인들이 거룩한 삶을 향하여 마음과 삶을 기울이지 않으면 안 되는 이유입니다. 그리고 우리가 이렇게 거룩한 갈망을 가지고 살아갈 때 하나님은 우리를 도우시는 것입니다.

십자가의 정신으로 살아갈 때 하나님께서는 우리가 이렇게 연약한 육체에 둘러싸여 살아가는 존재들이라는 사실을 아시기 때문에 오늘을 이기며 살아갈 수 있는 능력을 공급해 주십니다. 그래서 우리의 삶이 그리스도의 고난을 기리고 하나님의 영광을 위한 인생이 되도록 도와주시는 것입니다.

따라서 우리는 구원받았음에도 불구하고 긴장을 늦출 수 없습니다. 육체 가운데 살아가고 있기 때문입니다. 우리는 끊임없이 죄와 야합하며 살려는 육체의 욕심과 더불어 싸우며 살아야 합니다.

그때 우리는 주께서 우리를 구원해 주셨지만 이 세상을 살아가는 동안 구원에 합당한 거룩한 삶을 살기 위해서는 우리 스스로 분투하는 삶을 살아야 한다는 사실을 깨닫게 됩니다. 때때로 실패를 경험하지만 그때마다 오히려 우리는 하나님을 더욱 의뢰하며 그 하나님과의 관계 속에 삶의 모든 자원을 재발견하며 살아가야 할 절박한 필요를 느끼게 되는 것입니다.

거룩한 은혜가 우리의 마음을 채우고 삶을 위한 동기가 새롭게 정화되는 것도 십자가에 대한 현재적인 경험을 반복함으로써입니다. 우리 앞에는 때로는 고난도 있고 어려움도 있습니다. 그러나 우리는 새롭게 변화된 인생의 가치를 가지고 살아갑니다.

그리고 이러한 가치와 인생의 목표는 결코 돌이킬 수 없는 것이라는 사실을 알게 됩니다. 보십시오. 십자가 사건에 대한 반복적인 체험 없이는 정상적인 그리스도인의 삶이 가능하지 않습니다. 십자가 사건의 의미를 거듭 경험함으로써 우리는 단지 우리의 구원을 위해서뿐만 아니라, 그 구원에 합당한 삶을 살아 하나님의 원대한 계획을 드러냄에 있어서도 그리스도만을 붙들고 살아야 할 절박한 필요를 느낍니다. 생사간에 우리의 유일한 소망이 그리스도뿐이라는 사실을 이런 식으로 체험하게 하시는 것입니다.

십자가의 중심성

"이제 내가 육체 가운데 사는 것은 나를 사랑하사 나를 위하여 자기 자신을 버리신 하나님의 아들을 믿는 믿음 안에서 사는 것이라"(갈 2:20). 이것을 통해서 우리는 구원에 있어서만이 아니라 삶 속에서도 그리스도의 십자가가 중심이 되는 것을 깨닫게 됩니다.

사실 이 성경 구절은 그리스도인의 거룩한 삶과 관련하여 치명적인 오해가 가능하게 만들었던 구절이기도 합니다. 많은 사람들이 이 성경을 잘못 해석함으로 말미암아 커다란 고통에 빠져서 귀중한 신앙 생활의 세월을 낭비하기도 하였다는 사실을 기억할 필요가 있습니다. 제임스 패커(James I. Packer)는 이 문제와 관련하여 이러한 고백을 하였습니다.

2차 대전이 끝나던 해 한 옥스포드 대학생이 고민 중에 있었다. 그는 기독교 협회의 활동 덕택에 회심하여 종교적 형식주의를 벗어나 예수 그리스도께 돌아와 이제는 오직 하나님의 뜻을 알고 그대로 행하기만 원하고 있었다. 주저하면서도 그리스도를 전하고자 하였으며 또 노력은 열매를 거두었다.

……그러나 그에게 문제가 있었다. 그는 내적 생명에 대한 가르침을 받는데 그것이 작용하지 않는 것 같았다. ……보다 큰 경건을 추구함에 있어 빨리 진보하지 못하고 있다는 것을 경험하였으며 그런 까닭에 번민했다. 그는 다음과 같은 사실로 인하여 당황했다. 즉 그는 지속적으로 죄를 이기는 상태에 대한 교사들의 묘사를 듣기도 하고 읽기도 했다. 그것은 평화와 능력의 상태로서 그러한 상태 속에 있는 성령 충만을 받는 사람들은 타락하지 않으며 전에는 할 수 없었던 바 하나님을 위한 일을 할 수 있다고 묘사되었다. 자신을 하나님께 복종시키고 헌신하는 것이 규정된 방법이었으며 '하나님께 맡기라.'라는 주제로 행해지는 열렬한 설교는 그것을 간단히 요약해 주는 것처럼 보였다.

……그러나 이 교훈들을 따르려고 노력하면서 겪은 경험은 약물 중독 상태의 환자가 담장 위를 걸어 보려고 필사적으로 노력하는 것과 같았다. ……교사들의 가르침에 의하면 그리스도인들로 하여금 이러한 행복한 생활을 하지 못하게 가로막는 것은 입장료를 내지 않으려는 것, 다시 말하면 자신을 하나님께 완전히 굴복시키지 못하는 데서 기인하는 것이다. 그러므로 그가 할 수 있는 일은 다만 되풀이하여 자신을 성화시키며 자신의 축복을 방해하는 바 아직도 굴복하지 않은 것을 찾아내기 위해서 자기 영혼의 내면을 샅샅이 수색하는 것이었다.

……그는 우연히 어떤 글을 읽게 되었다. 그리고 그것은 있는 그대로의 자신을 다루는 방법을 가르쳐 주었으며……그가 찾고 있는 것들을 그대로 볼 수 있게

만들어 주는 것이었다. 악몽이 사라지고 현실이 그에게 임했다. ……불에 덴 아이가 불을 무서워하듯이 과열된 성화의 잔인하고, 괴로움을 주는 비현실성에 대한 증오심은 오늘날까지 그의 마음에 남아 있다. 그 학생이 바로 나였다.

회심과는 다른 성화

오늘날도 믿고 그리스도를 의뢰하는 행동에 의하여 즉각적인 칭의와 회심을 얻듯이 즉각적으로 성화와 거룩을 얻게 된다는 가르침이 받아들여지고 있는 것 같습니다. 그러나 내주하시는 그리스도에게 굴복하기만 하면 모든 것이 저절로 되는 것처럼 열광적으로 이야기하는 것은 잘못된 것입니다.

그리고 그것은 도덕 폐기론으로 나아가기도 하였습니다. 왜냐하면 역사적으로 나타나는 바와 같이 그러한 사상들은 신비적인 신앙과 연합하여 왜곡되며 종교적인 흥분 상태에 있는 열광주의자들로 하여금 행동은 자신이 하였지만 행위자는 자신이 아니라 그리스도라고 생각하게 만들어 줍니다.

그리하여 자신들이 그리스도에게 전적으로 굴복하였기 때문에 자신들의 행위에 대한 책임이 자기에게 있지 않다고 생각하게 하는 동시에, 자신들의 정서 안에서 느껴지는 다양한 충동들을 그리스도께서 자신의 뜻을 나타내시는 것이라고 오해하기도 하였습니다.

그러나 성경이 말하고 있는 그리스도에 대한 전적인 위탁 그리고 그리스도와 함께 거한다고 하는 것은 신비적인 피동성의 일이 아니라 확고하고 항구적인 순종과 관련된 것입니다. 그 안에서 우리가 열심히 일하고, 열심히 기도하면서 섬기게 되는 것입니다.

왜냐하면 우리는 하나님께서 우리의 내면에 일하시면서 또한 우리로 하여금 하나님 말씀 안에 계시된 바와 같이 하나님을 기쁘게 하기를 원하고 또 그렇게 행동하게 만드신다는 것을 알기 때문입니다.

격렬한 적대감으로 싸우라

결국 사도는 '육체 가운데' 산다는 사실을 강조함으로써 그리스도께서 우리 안에 내주하시지만 여전히 우리는 거룩한 삶을 방해하는 죄의 요소들과 더불어 피흘리기까지 싸워야 한다는 사실을 가르쳐 주는 것입니다.

그래서 청교도 신학자인 존 오웬(John Owen)은 거룩에 대한 안일한 견해는 인간 안에 항존하고 있는 죄의 영향력을 과소평가한 때문이라고 못박으면서 이렇게 말합니다.

> 죄와 더불어 싸울 때, 우리는 죄를 미워하는 격렬한 감정으로 투쟁하듯이 심한 적대감을 가지고 그것을 물리치지 않으면 안 된다.

그렇게 함으로써만 우리의 영혼은 활기를 얻으며 하나님과의 관계에서 오는 십자가의 능력을 현재적으로 누리며 살아가게 되는 것입니다. 육체의 행실을 죽임으로써 살게 된다는 사도의 진술이 바로 이러한 의미인 것입니다.

만약 우리에게 그리스도께서 영생을 주셨다 할지라도 거룩한 삶을 우리의 육체로 살아가는 생활이 뒤따르지 않는다면 모든 건전한 교리도 무익한 것이 되고 맙니다. 무익할 뿐만 아니라 나아가서 혼란을 끼치게 되는 것입니다.

십자가 앞에서 생각함

"내가 육체 가운데 사는 것은 나를 사랑하사 나를 위하여 자기 자신을 버리신 하나님의 아들을 믿는 믿음 안에서 사는 것이라." 구원받은 이후에 자신의 삶이 또다시 그리스도 예수의 십자가를 중심으로 하고 있음을 보여 주고 있는 것입니다. 예수 그리스도 때문에 기꺼이 죽을 수 있는 삶을 살고 고난을 받으면서도 다시 살 것이라는 부활의 소망을 가지고 살아가게 되는 것입니다.

육체가 몸담고 있는 세상을 믿음으로 살아가다가 힘겨워질 때 우리는 십자가를 바라보며 다시 새로운 힘을 얻게 됩니다. 자신이 마냥 무가치해 보이고 무력해 보일 때 십자가를 보면서 우리는 하나님 안에서 발견된 우리 자신의 가치를 새롭게 인식하게 됩니다.

그리고 그 십자가 앞에 나아가 믿음으로 하나님께 다가갑니다. 그리하여 하나님께서는 그렇게 십자가 앞으로 나아온 우리에게 세상을 이기고 육체를 하나님을 섬기는 일에 온전히 쓸 수 있도록 능력을 공급해 주시는 것입니다.

그러므로 우리는 이렇게 말할 수 있습니다. 그리스도인의 삶은 단 한 번 그리스도와 함께 십자가에 못박히고 다시 사는 것이 아니라 계속해서 십자가를 따르는 영적 생활을 이어 가고 죄와 더불어 피흘리기까지 싸우면서 살아감으로 삶의 중심이 십자가에 있도록 하는 것입니다.

사도는 바로 이 사실을 느꼈던 것입니다. 이렇게 함으로써만 하나님의 자녀다운 삶을 사는 것이 가능하다는 사실을 보여 주고 있는 것입니다. 그러므로 그리스도 예수의 사람들은 정과 욕심을 십자가에 못박은 사람들입니다. 그리스도의 십자가로 말미암아 이미 구속받은 사람들이기 때문에 자신들을 창조하신 하나님의 목적에 부합하는 삶을 살고자 하는 소원을 가져야 하는 것입니다.

그리스도의 십자가 안에서, 그것을 믿는 믿음 안에서 내가 가지고 있는 인생의 목표와 가치가 얼마나 헛된 것인가 하는 것을 알고 그 십자가 앞에서 우리를 향한 하나님의 거룩한 새 계획을 깨닫게 되는 것입니다.

그리고 그 십자가로부터 주어지는 능력을 의지하며 그 계획을 따라 살아가는 것입니다. 그런 사람들을 위해서 하나님께서는 십자가 뒤에 이러한 축복을 예비하신 것입니다.

그리스도인은 주님과 함께 십자가에 못박힌 사람입니다.

당신이 바로 그 사람입니다.

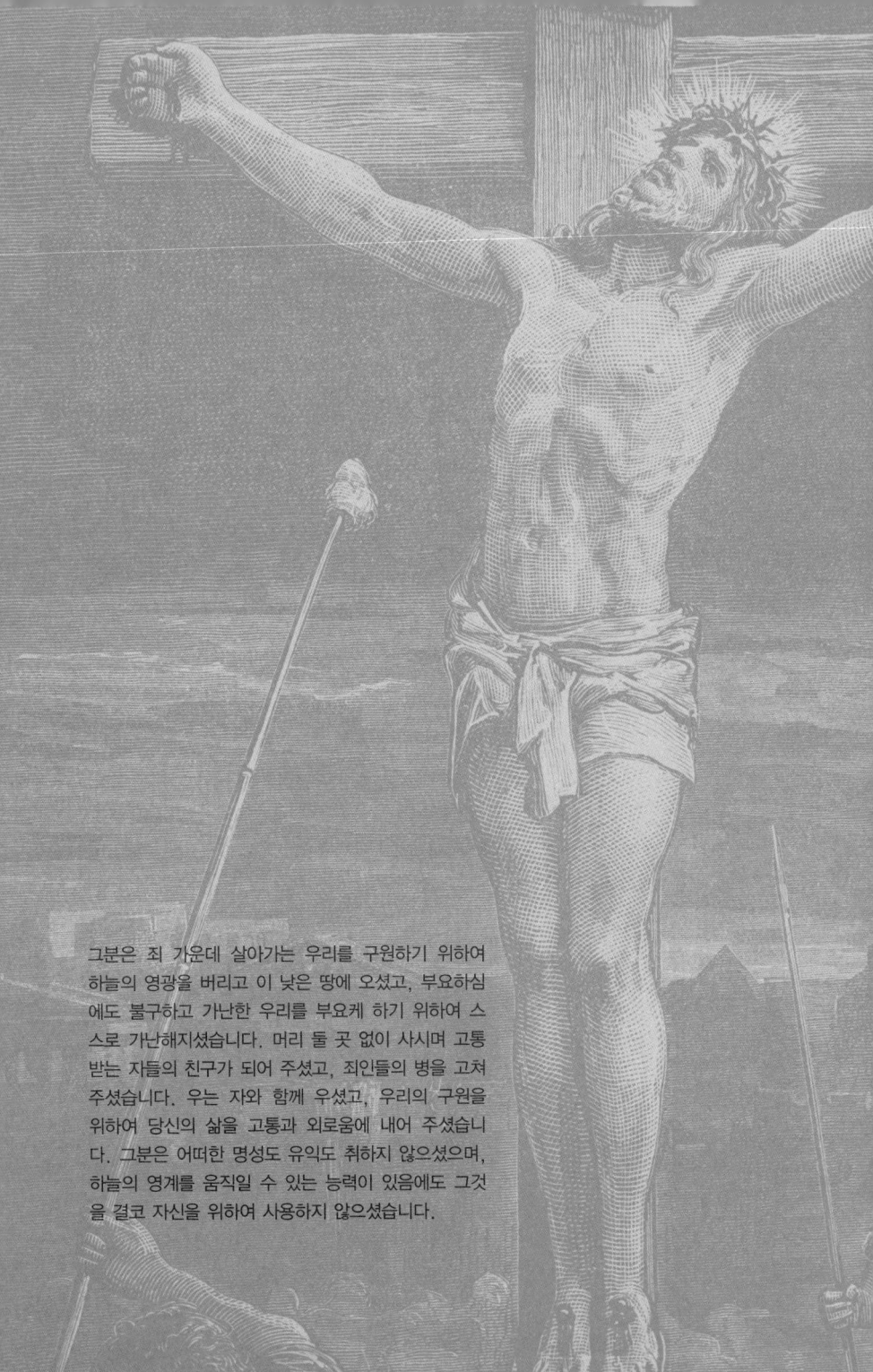

그분은 죄 가운데 살아가는 우리를 구원하기 위하여 하늘의 영광을 버리고 이 낮은 땅에 오셨고, 부요하심에도 불구하고 가난한 우리를 부요케 하기 위하여 스스로 가난해지셨습니다. 머리 둘 곳 없이 사시며 고통받는 자들의 친구가 되어 주셨고, 죄인들의 병을 고쳐 주셨습니다. 우는 자와 함께 우셨고, 우리의 구원을 위하여 당신의 삶을 고통과 외로움에 내어 주셨습니다. 그분은 어떠한 명성도 유익도 취하지 않으셨으며, 하늘의 영계를 움직일 수 있는 능력이 있음에도 그것을 결코 자신을 위하여 사용하지 않으셨습니다.

마치는 글

눈물로
따라간
예수

"또 백성과 및 그를 위하여 가슴을 치며
슬피 우는 여자의 큰 무리가 따라오는지라
예수께서 돌이켜 그들을 향하여 이르시되
예루살렘의 딸들아 나를 위하여 울지 말고
너희와 너희 자녀를 위하여 울라"

눅 23:27-28

애통하는가?

교회가 하나님을 향한 사랑을 잃어버릴 때 세상을 위하여 애통하는 마음을 잃어버립니다. 그리고 그리스도인의 마음에서는 그리스도의 고난에 대한 인식이 흐려지게 됩니다. 그리스도인들이 흘리는 눈물 가운데도 거짓된 눈물이 얼마든지 있을 수 있습니다.

그러나 그리스도의 십자가의 사랑과 성품을 깊이 체험할 때 그 심령 속에는 기쁨이 넘치고 눈에는 눈물이 흐르게 됩니다. 그래서 영국의 설교가 찰스 스펄전(Charles H. Spurgeon) 목사는 이렇게 말했습니다.

> 그리스도인이 마른 눈을 가지고는 하나님의 나라를 볼 수 없다.

불법한 재판

누가복음 23장은 예수 그리스도께서 빌라도에게 재판을 받고 십자가를 지신 채 골고다 언덕으로 올라가시는 행로로부터 십자가에 못박히시고 운명하시는 장면까지 기록하고 있는데, 그중 27절은 십자가의 정신으로 살아가는 것이 무엇을 의미하는지를 우리에게 보여 줍니다.

사람을 십자가에 못박는 것은 죄인을 처벌하는 처형의 한 수단이었기 때문에 예수님이 형벌의 언덕으로 끌려가시기 전에 마땅히 재판을 받으셔야 했습니다. 그래서 본문 말씀이 기록된 누가복음 23장 27절 앞부분에서는 예수님이 어떻게 해서 사형 언도를 받게 되셨는지를 상세하게 기록하고 있습니다.

그러나 빌라도에 의하여 행해진 이 재판은 법을 전혀 모르는 사람들이 보더라도 즉시 그 잘못을 지적해 낼 수 있을 정도로 불법한 재판이었습니다. 재판의 목적은 본래 죄 있는 사람을 잡아다가 벌을 주는 것인데 예수 그리스도는 죄 없으신 분임에도 재판정에 서셨다는 점에서 이 재판은 시작부터가 잘못된 재판이었습니다.

재판도 사람의 일인지라 혹 실수로 죄 없는 자를 잡아다가 재판정에 세우게 되었다고 하더라도 무죄가 입증되면 그를 방면하여 백 명의 죄인을 놓치더라도 무죄한 한 사람을 억울하게 벌하지 않는 것이 법의 정신인데, 이 재판은 재판장도 예수님의 무죄를 확신하였는데도 사형을 언도했다는 점에서 불법입니다.

그래서 성경은 법이 이긴 재판이 아니라 백성들의 외치는 소리가 이긴 재판이라고 기록하고 있습니다(눅 23:23). 마지막으로 죄 없는 예수 그리스도는 십자가에 못박게 하고 실제로 살인하고 민란을 일으킨 죄수는 무죄로 방면한 형평성 없는 재판이라는 점에서도 이 재판은 불법한 것이었습니다.

골고다 가는 길

당시 로마의 관습에는 십자가에서 사형을 당하기로 언도된 사람은 자기가 매달릴 십자가를 형장까지 스스로 짊어지고 가게끔 되어 있었습니다. 예수님이 제자들에게 주신 말씀도 이러한 사실을 배경으로 합니다. "아무든지 나를 따라오려거든 자기를 부인하고 날마다 제 십자가를 지고 나를 따를 것이니라"(눅 9:23).

예수 그리스도께서는 이 같은 관습을 따라서 자신의 무거운 십자가를 지시고 골고다 언덕으로 올라가고 계셨습니다. 이 십자가는 약 120kg에 달하는 무거운 나무 십자가였습니다. 예수님은 그 전날 밤 기도하시던 겟세마네 동산에서 체포되시어 밤새도록 대제사장 가야바의 뜰에서 심문과 모욕과 매맞음을 당하신 상태였습니다.

새벽이 되자 예수 그리스도께서는 장로들과 대제사장들과 서기관들이 모인 공회에서 다시 심문과 고초를 당하셨습니다. 이어서 빌라도에게 끌려가서 온갖 심문을 받으시다가 마침 예루살렘에 와 있던 갈릴리 분봉왕 헤롯에게로 보내져 모욕과 고초를 당하셨습니다. 그리고 다시 빌라도에게로 끌려와 사형 언도를 받고 심한 채찍질과 수모를 당하신 후 유대인들에게 보내져 십자가를 어깨에 메게 됩니다.

이것이 금요일 이른 아침의 일이었습니다.

목요일 저녁 다락방에서의 최후의 만찬 이후로 아무것도 잡수시지 아니한 연약한 몸으로 그토록 혹독한 심문과 채찍질을 당하신 예수님의 어깨 위에 무거운 십자가 형틀이 지워졌습니다. 사실 그처럼 매맞아 피투성이가 되고 밤잠도 못 주무신 몸으로 그 중한 십자가를 지고 형장까지 올라가신다는 것은 불가능한 일이었습니다. 더욱이 이 수난의 과정에서는 철저히 자신의 참 인간되심에 충실하게 고통을 당하셔서 우리 죄인들을 향한 하나님의 진노를 풀어 드려야 했습니다.

따라온 사람들

예수님은 십자가를 지고 가시면서 여러 번 쓰러지셨을 것입니다. 그래서 성경은 "그들이 예수를 끌고 갈 때에……"(눅 23:26)라고 기록하고 있습니다. 여러 가지 이유로 십자가 행렬이 지체되자 인파에 섞여 걸어가던 구레네 지방에 사는 시몬이라는 사람에게 십자가를 지워 앞서 가게 하였습니다.

십자가를 따라 힘없이 쓰러질 듯 걸어가시는 예수님 뒤에는 두 부류의 사람들이 따라가고 있었습니다. "또 백성과 및 그를 위하여 가슴을 치며 슬피 우는 여자의 큰 무리가 따라오는지라"(눅 23:27).

십자가를 지고 골고다 언덕으로 올라가시는 그리스도의 뒤를 따르는 큰 무리는 이렇게 나누어질 수 있었습니다. 첫째는 '백성들'이었고, 둘째는 '그를 위하여 가슴을 치며 슬피 우는 여자의 큰 무리'였습니다.

수난당하시는 그리스도를 따라가는 이 큰 무리는 줄을 따로 나누어 선 것도 아니고, 그저 인파를 이루며 남녀노소가 섞여서 걸어 올라가고 있는 중이었습니다. 그런데 성경은 그 사람들을 굳이 "백성과 및……슬피 우는 여자의 큰 무리"라고 기록함으로써 의도적으로 이 예수님을 따른 인파가 두 부류의 사람들로 나누어져 있었음을 보여 주고 있습니다.

구경하러 온 사람들

이 사람들이 함께 예수님을 뒤따라가서 같은 방향으로 가고 있지만, 결코 같은 부류의 사람들이 아님을 암시하고자 하는 것입니다. 여기서 '백성'이라고 표현된 사람들의 정체는 무엇일까요?

성경은 말합니다. "백성은 서서 구경하는데 관리들은 비웃어 이르되 저가 남을 구원하였으니 만일 하나님이 택하신 자 그리스도이면 자신도 구원할지어다 하고"(눅 23:35). "이를 구경하러 모인 무리도 그 된 일을 보고 다 가슴을 치며 돌아가고"(눅 23:48).

결국 예수 그리스도를 따르던 인파 가운데 '백성'이라고 표현된 무리는 예수님의 십자가 처형을 구경하러 모인 사람들이었습니다. 재미있는 것은 이들도 '슬피 우는 여자의 큰 무리'와 같이 예수님의 뒤를 따랐다는 사실입니다.

저는 이 장면 속에서 그리스도의 십자가에 대하여 냉담한 조국 교회의 형식적인 그리스도인들의 거대한 집단을 봅니다. 이것은 결코 불신자들에게 적용되어야 할 이야기가 아닙니다.

예수 그리스도를 십자가에 못박도록 계략을 꾸미고 채찍질하던 사람들은 지금 예수님을 그 앞에서 끌고 갑니다. 주님이 형벌을 받든지 말든지 관심이 없는 사람들은 이 골고다로 오르는 길목에 모이지도 않았고 예수를 따라가는 인파 속에 섞이지도 않았습니다. 이 백성들은 적어도 예수님의 십자가 처형에 대하여 관심을 가진 사람들이었습니다. 그것이 어떤 종류의 것이든 관심이 있었기에 지금 주님의 뒤를 따라가고 있는 것입니다.

지금도 있는 사람들

지금도 마찬가지입니다. 십자가에 전혀 관심이 없는 사람들은 아예 교회에 나오지도 않습니다. 그리스도의 구원에 전혀 관심이 없는 사람들은 이 자리에 참여하지도 않았습니다. 비록 명목상의 신자들이라 할지라도 오늘날 교회 안에 가득한 교인들은 적어도 기독교 신앙에 대하여 그 필요를 느끼고 신앙하는 내용에 동의하는 사람들일 것입니다.

그러나 오늘 성경이 지적하고 있는 '백성들'은 누구입니까? 이 사람들은 도대체 누구이길래 그리스도께서 십자가를 지고 형장으로 끌려가실 때에 구경하며 따라올 수 있었을까요? 그들은 악랄한 유대인이나 잔인한 로마 병정들이 아니었습니다. 그들은 예수님이 십자가에서 처형을 당하시게 된 사건에 대하여 깊은 관심을 가진 사람들이었습니다.

그래서 여러 가지 바쁜 일을 제쳐 놓고 이 행렬에 모여들었습니다. 주님이 걸어가시는 그 뒤를 말없이 따라가려고 모인 사람들이었습니다. 그들의 실체는 예수 그리스도의 고난의 현장을 구경하려고 모인 사람들이었습니다.

이적을 경험하고도

그러나 그들은 한때 벳새다 광야에서 이적으로 베풀어 주시는 보리떡과 물고기를 받아먹고 허기를 면하던 사람들이었습니다. 그리스도께서

마치는 글 눈물로 따라간 예수

병 고쳐 주시고 싸매어 주시던 사람들이었습니다. 바로 그 주간 그리스도께서 예루살렘 성에 들어오실 때 소리치며 환호하던 사람들이었습니다. 그러나 지금은 처참하게 수난당하시며 끌려가시는 그리스도를 구경하며 따라가고 있습니다.

요즘 문맥으로 말하자면 귀에 소형 녹음기 이어폰을 꽂고 음악을 들으면서 슬리퍼를 끌고 껌을 씹으면서 골고다 언덕을 피흘리시며 모욕받으시며 올라가시는 예수 그리스도의 뒤를 따라가고 있는 것입니다.

그러나 보십시오. 지금 그리스도께서 머리에 가시관을 쓰시고 골고다 언덕으로 올라가는 것이 누구 때문입니까? 죄 없으신 그분이 누구 때문에 채찍에 맞으셨습니까? 누구 때문에 하나님이신 그분이 형벌받을 죄수의 몸이 되어 골고다 언덕으로 올라가게 되셨습니까?

주님이 누구시길래

도대체 좋으신 우리 주님이 이 세상에 대해 무슨 나쁜 일을 하셨습니까? 유대인들도, 빌라도조차 죄를 발견할 수 없었던 그분이 도대체 우리에게 무슨 나쁜 일을 하셨습니까?

그분은 죄 가운데 살아가는 우리를 구원하기 위하여 하늘의 영광을 버리고 이 낮고 어두운 땅에 오셨고, 부요하심에도 불구하고 가난한 우리를 부요케 하기 위하여 스스로 가난해지셨습니다. 머리 둘 곳 없이 사시면서 고통받는 자들의 친구가 되어 주셨고, 죄인들의 병을 고쳐 주셨습니다. 우는 자와 함께 우셨고, 우리의 구원을 위하여 당신의 삶을 고통과 외로움에 내어 주셨습니다.

평생을 우리 같은 죄인들을 위하여 사셨지만 그분은 어떠한 명성도 대가도 유익도 취하지 않으셨습니다. 그분은 하늘의 영계를 움직일 수 있는 거룩한 능력이 있으셨지만 그것을 자신을 위하여 사용하기를 거절하셨습니다.

일평생 섬기는 일에 자신을 바치셨지만 그분에게 남은 것이라고는 잠시 후 제비 뽑는 군병들에게 나누어 주실 호지 않은 옷 한 벌에 둘러싸인 육체뿐이었습니다. 그리고 이제 하나 남은 그 육신마저도 우리를 위하여 화목 제물로 찢으시기 위하여 지금 십자가를 지고 골고다 언덕을 오르고 계신 것입니다.

그가 찔림은

무엇 때문에 좋으신 그분이 그렇게 모질고 쓰라린 고난을 당하셔야 했습니까? 왜 그러셔야 했습니까?

성경은 말합니다. "그는 실로 우리의 질고를 지고 우리의 슬픔을 당하였거늘 우리는 생각하기를 그는 징벌을 받아 하나님께 맞으며 고난을 당한다 하였노라 그가 찔림은 우리의 허물 때문이요 그가 상함은 우리의 죄악 때문이라 그가 징계를 받으므로 우리는 평화를 누리고 그가 채찍에 맞으므로 우리는 나음을 받았도다 우리는 다 양 같아서 그릇 행하여 각기 제 길로 갔거늘 여호와께서는 우리 모두의 죄악을 그에게 담당시키셨도다"(사 53:4-6).

그렇습니다. 주님이 받으신 고난은 모두 우리의 형벌받아 마땅한 죄악 때문이었습니다. 그리스도의 고난을 구경하며 따라가는 사람들이 하나님을 등지고 살아가는 죄악에 대한 형벌과 진노를 대신 담당하시기 위하여 십자가를 지고 골고다 언덕으로 올라가고 계신 것입니다.

그러나 그들은 구경하며 따라 올라가고 있었습니다. 어떻게 그리스도의 십자가 사건이 구경거리가 될 수 있다는 말입니까?

십자가는 어디에?

그러나 지금도 우리의 교회 안에는 이러한 백성과 같은 사람들이 많다는 사실을 인하여 우리는 슬퍼하지 않을 수 없습니다. 교회 속에 사실상 불신자와 다름없는 삶을 살아가고 있는 사람들, 십자가에 대한 경험을 상실한 채 빗나간 열심으로 허한 심령을 달래며 살아가는 사람들이 십자가 앞으로 돌아오는 일 없이는 세상이 하나님의 나라로 변하는 일도 없습니다. 어쩌면 이 책을 읽고 있는 당신이 바로 그런 사람들 중 하나일 수도 있습니다.

그리스도의 십자가가 이제껏 우리의 신앙 생활에 있어서 무엇이었습니까? 우리는 그리스도의 십자가에 나타난 사랑을 인하여 언제나 하나님 앞에서 할 말을 잃고 그 사랑을 인하여 감격할 수밖에 없는 죄인임을 인식하고 있습니까? 그 인식이 우리의 삶을 움직이는 정신이 되고 있습니까? 아이작 왓츠(Isaac Watts)는 이렇게 노래합니다.

> 나 십자가 대할 때에 그 일이 고마워
> 내 얼굴 감히 못 들고 눈물 흘리도다.
>
> 늘 울어도 눈물로써 못 갚을 줄 알아
> 몸밖에 드릴 것 없어 이 몸 바칩니다.

그렇습니다. 이것이 바로 그리스도인의 삶입니다. 언제나 하나님의 사랑을 깊이 경험했던 사람들은 십자가를 알았습니다. 단지 알 뿐만 아니라 거기에 묶여서 그것 때문에 하나님을 섬기며 살아가지 않을 수 없는 사람들이 되었습니다. 그리스도의 십자가에 사로잡힌 사람이 아니면 그 누구도 어두운 세상을 불꽃처럼 살아서 하나님의 사랑을 온누리에 알려 줄 자가 없습니다.

보십시오. 백성들이 그처럼 그리스도의 놀라운 섬김과 사랑을 입었음에도 불구하고 이처럼 구경꾼으로 걸어가는 모습을 말입니다.

이전에 그렇게 그리스도의 예루살렘 입성을 환호하였음에도 불구하고 지금은 냉담한 자들이 되었습니다. 주님의 입술로부터 흘러나오는 거룩한 진리를 들은 것은 단지 추억거리가 되었고, 고귀한 섬김을 통하여 치유를 경험한 것은 단지 우연한 경험이 되어 버렸습니다.

허기진 배를 채울 때는 예수님을 왕 삼으려 했던 사람들이 이제는 차가운 구경꾼으로 돌아섰습니다. 이적도 사랑을 창조하지 못하였고 진리도 그들에게서 거절당했습니다.

통곡하는 여인들

그러나 성경은 예수 그리스도의 뒤를 따르던 또 다른 무리가 있었다고 증언하고 있습니다. "그를 위하여 가슴을 치며 슬피 우는 여자의 큰 무리가 따라오는지라"(눅 23:27).

이들은 여인들이었습니다. 이들 중 어떤 사람들은 멀리 갈릴리로부터 온 이들도 있었습니다. 채찍에 맞으며 끌려가시는 예수님 곁에는 사람들이 접근하지 못하도록 무정한 병정들이 지키며 따라가고 있었을 것입니다. 이 여인들은 예수님께 가까이 다가가지도 못한 채 인파에 섞여서 그 '백성들'과 함께 떠밀려 떠밀려 언덕으로 올라가고 있었습니다.

그러나 그 여인들은 '백성'이라고 불리던 사람들과는 다른 태도와 방식으로 십자가를 따라가고 있었습니다. 그들은 예수 그리스도의 수난 행렬을 단지 구경하기 위하여 따라가는 사람들이 아니라 '그를 위하여' 따라가는 사람들이었습니다. 그 여인들이 그리스도의 뒤를 따라가는 것이 어떻게 '그리스도를 위하는' 일이 될 수 있겠습니까?

이 여인들이 애원한다 할지라도 병정들이 그분을 풀어 줄 리가 없습니다. 그분을 십자가 밑에까지 좇아간다고 할지라도 주님의 고통이 덜해질 리가 없습니다. 그러나 이 여인들은 '예수님을 위하는' 마음을 가진 사람들이었습니다.

여러분의 마음은 누구를 위하고 있습니까? 무엇을 위하고 있습니까? 백성들처럼 구경을 위하는 자들입니까? 아니면 이 여인들처럼 그리스도를 위하는 이들입니까?

뿐만 아니라 이 여인들은 '가슴을 치며' 십자가의 행렬을 뒤따르고 있습니다. 고난을 당하며 끌려가시는 예수님의 모습을 보며 가슴을 칩니다. 그분이 자기들을 얼마나 사랑하셨는지 회상하며 가슴을 칩니다.

굶주린 벌판에서 손수 자신들을 먹이시던 하나님의 아들 예수 그리스도, 귀신들려 소망이 없어 가족들에게조차 버림받았던 자신들을 건지신 주님, 이제는 그렇게 자신들을 섬기고 하나님을 기쁘시게 했다는 이유로 피로 물든 십자가를 지고 골고다 언덕으로 오르시는 주님을 뵈오면서 그들은 "차라리 저 처참한 고난을 내가 당하였더라면……" 하고 가슴을 칩니다.

그들은 아마 그리스도께서 이처럼 고난을 당하고 나시면 위대한 승리의 부활을 영광 가운데 경험하실 것이라는 사실을 아직 모르고 있었을 것입니다. 그들에게 있어서 그리스도께서 지고 가시는 십자가는 단지 멸시와 치욕의 십자가였을 것입니다.

그럼에도 불구하고 그들은 기꺼이 그 십자가의 뒤를 따라갔습니다. 그렇다면 부활과 영광의 약속이 깃든 십자가를 알고 있는 우리는 얼마나 더 잘 따라가야겠습니까?

그 여인들은 흐느껴 울며 그분의 뒤를 따랐습니다. 이따금 소리치는 병정들의 고함 소리와 백성들의 웅성거림에 뒤섞이긴 하지만 결코 끊어지지 아니하고 이어지는 이 슬픈 울음소리가, 행렬이 골고다에 가까이 올수록 피어린 통곡으로 변해 갔습니다.

끝없는 그 사랑

무엇이 그 구경꾼들의 인파 속에서 그토록 예수님을 위하여 통곡하게 하였을까요? 무엇 때문에 남들은 모두 웃고 떠들며 올라갈 수 있는 그 길을 여인들은 가슴을 치지 않고는 올라갈 수 없었을까요? 통곡하지 아니하고는 따라갈 수 없었을까요? 다른 이들이 모두 구경하며 올라갈 수 있는 그 길을 이 여인들은 왜 이토록 절규하는 몸부림으로 통곡하지 아니하고는 십자가를 따라갈 수 없었을까요?

이 모든 질문에 대한 답은 바로 사랑입니다. 자신들을 사랑하신 주님을 영혼 깊이 사랑했기에, 이 여인들은 고난당하시는 주님을 눈물 없이는 좇아갈 수 없었던 것입니다.

이것이 바로 예수 그리스도를 사랑하는 자의 모습입니다. 진정으로 십자가에 나타난 사랑을 경험한 사람이 그리스도를 따라가는 삶의 방식입니다.

그래서 그 십자가의 사랑을 아는 사람들의 결심을 알렉산더(Cecil F. H. Alexander)는 이렇게 노래하였습니다.

> 그 흉한 십자가에서 한없는 고통을
> 이 세상 사람 위하여 다 당한 것일세.
> 그 귀한 주의 사랑이 날 구원하시니
> 그 사랑 나도 본받아 주 위해 힘쓰리.

그렇습니다. 우리가 만약 그리스도의 십자가를 바로 안다면 우리는 도무지 우리 자신을 위하여 살 수 없음을 깨닫게 될 것입니다.

그 한없는 사랑을 입은 우리가 어떻게 주님이 아닌 다른 것들을 사랑하며 살 수 있다는 말입니까? 우리가 어떻게 그리스도를 십자가에 못박게 한 세상의 손을 잡고 그리스도의 고난을 구경하듯 바라보며 살아갈 수 있다는 말입니까?

그가 십자가에 나타난 하나님의 사랑을 진정으로 체험한 사람이라면 그렇게 살 수 없을 것입니다. 나를 살리시기 위하여 죽으신 그리스도의 고난을 기억하면서, 지금도 계속되는 그리스도의 사랑을 따라, 죽어 가시며 사랑하셨던 모든 것들을 사랑하며 살지 않을 수 없을 것입니다.

여전히 있는 두 무리

그날 우리 주님은 이 여인들의 울음소리를 귓전에 두신 채 우리의 구원을 위하여 십자가를 지시고 돌아가셨습니다. 구경하며 따라오던 백성들도 흩어졌고, 슬피 울며 따르던, 주님을 영혼 깊이 사랑하던 그 여인들도 모두 돌아갔습니다. 주님을 매달았던 피 묻은 십자가도 치워졌습니다.

  그러나 지금도 교회 속에는 보이지 않는 골고다 언덕이 있습니다. 그리고 그때처럼 두 무리가 섞여서 걸어가고 있습니다. 고난받으시는 주님을 구경하며 따라가는 사람들과 주님을 뵈오며 가슴을 치며 슬피 울며 따르는, 그분을 진심으로 사랑하며 십자가를 따라가는 사람들이 있습니다.

  당신은 어느 편에 속하십니까?

"그는 실로 우리의 질고를 지고 우리의 슬픔을 당하였거늘
우리는 생각하기를
그는 징벌을 받아 하나님께 맞으며 고난을 당한다 하였노라
그가 찔림은 우리의 허물 때문이요
그가 상함은 우리의 죄악 때문이라
그가 징계를 받으므로 우리는 평화를 누리고
그가 채찍에 맞으므로 우리는 나음을 받았도다
우리는 다 양 같아서
그릇 행하여 각기 제 길로 갔거늘
여호와께서는 우리 모두의 죄악을 그에게 담당시키셨도다"

이사야 53장 4-6절

사명선언문

너희가 흠이 없고 순전하여……세상에서 그들 가운데 빛들로
나타내며 생명의 말씀을 밝혀 _ 빌 2:15-16

1. 생명을 담겠습니다
만드는 책에 주님 주신 생명을 담겠습니다.
그 책으로 복음을 선포하겠습니다.

2. 말씀을 밝히겠습니다
생명의 근본은 말씀입니다.
말씀을 밝혀 성도와 교회의 성장을 돕겠습니다.

3. 빛이 되겠습니다
시대와 영혼의 어두움을 밝혀 주님 앞으로 이끄는
빛이 되는 책을 만들겠습니다.

4. 순전히 행하겠습니다
책을 만들고 전하는 일과 경영하는 일에 부끄러움이 없는
정직함으로 행하겠습니다.

5. 끝까지 전파하겠습니다
모든 사람에게, 땅 끝까지, 주님 오시는 그날까지
복음을 전하는 사명을 다하겠습니다.

서점 안내

광화문점   서울시 종로구 새문안로 69 구세군회관 1층
  02)737-2288 / 02)737-4623(F)

강남점   서울시 서초구 신반포로 177 반포쇼핑타운 3동 2층
  02)595-1211 / 02)595-3549(F)

구로점   서울시 동작구 시흥대로 602, 3층 302호
  02)858-8744 / 02)838-0653(F)

노원점   서울시 노원구 동일로 1366 삼봉빌딩 지하 1층
  02)938-7979 / 02)3391-6169(F)

일산점   경기도 고양시 일산서구 중앙로 1391 레이크타운 지하 1층
  031)916-8787 / 031)916-8788(F)

의정부점   경기도 의정부시 청사로47번길 12 성산타워 3층
  031)845-0600 / 031)852-6930(F)

인터넷서점   www.lifebook.co.kr